# 古代纪历文献丛刊⑦

# 增删卜易

[清]野鹤老人
[清]李文辉
[清]李我平　撰
孙正治　注

（下册）

华龄出版社

# 目 录

## 增删卜易卷之六



## 增删卜易卷之七

## 增删卜易卷之八



## 增删卜易卷之九

## 增删卜易卷之十

## 增删卜易卷之十一



## 增删卜易卷之十二

# 增删卜易卷之六

[清] 野鹤老人
[清] 李文辉
[清] 李我平 撰
孙正治 注

## 身命章第三十六

**【原文】**

诸书占身命，谓“妻财子禄一卦能包，寿夭穷通六爻兼尽”，殊不知父子财官兄弟，各有相忌相伤，若以一卦而兼断者，即如父母旺相，双庆之征，又曰父旺伤子，岂世之有父母者皆无子嗣之人也？又曰“见兄则财莫能得”，又为克妻之神，又曰“兄弟爻兴，紫荆①并茂”，倘值旺兄持世，克妻耶？耗财耶？手足外伤耶？《易林补遗》又曰：“兄动妻亡财耗散。”故执此论者，世之贫人寒士，皆失偶之人耶？至于财官子孙，皆同此论，不暇细辩。必兼而断者，即先贤犹在，执此问之，知亦无从置喙。

觉子曰：余今得其法者，分占之法也。占父母，占兄弟，另占一卦。占终身财富如何，占终身功名有无，占终身夫妻偕老否，占终身子嗣及寿元，俱宜分占。

---

①紫荆：紫荆花。在这里比喻妻妾。

【译文】

各种占卜书讲占身命，都说“妻财子禄，一卦就能包括；寿夭穷通，六爻都能说尽”，却不知道父母、子孙、妻财、官鬼、兄弟，各有相忌讳和相伤害的因素，不能用一卦兼断。比如父母旺相，是双重喜庆的征兆，却又说父母旺相会伤害子孙，难道世上有父母的都是无儿无女的人吗？又说什么“遇到兄弟，财就得不到，又为克妻的爻神”，但又说“兄弟爻发动，紫荆并茂”。照此看来，如果旺相兄持世，是克妻、耗财还是手足外伤呢？《易林补遗》还说：“兄弟发动，就会妻妾死亡，财物耗散。”如果执着于这种说法的话，世上的贫人寒士，难道都是丧失配偶的人吗？至于妻财、官鬼、子孙，也是同样的道理，无暇一一辩驳。如果一定要兼断各种事情，即使先代的贤人还在，用这些话来问他，相信他们也无法回答。

觉子说：我现在得到的方法是分别占问。占父母，占兄弟，另占一卦。占终身财富如何，占终身功名有没有，占终身夫妻能否白头偕老，占终身子嗣及寿命，都应该分别占问。

## 终身财福章第三十七

【原文】

**福财旺相，钟鸣鼎食之家；**

旧系：“既富且寿，世爻旺相无伤。”

觉子曰：占财宜于财旺，占寿独重世爻，未闻财福不旺而世爻独旺，即许富与寿也。

凡占终身财福，世爻、财爻、子孙爻三者无一失陷，定是家殷户足，福禄绵长。财世旺相而福神不旺者，乃先富后贫之人也。何也？子孙者，财之源也。水无源流，终须枯涸，谓之“财旺福空，荣华不久”。世与福爻旺相而财爻不旺者，乃无财享福之人也。既曰无财，焉能享福？此人必有现成之事业，只知坐享，不知生发，或是财托他人掌管，只知花费，不识艰难。财与福爻旺相而世爻不旺者，乃富屋之贫人也。

【译文】

**子孙与妻财旺相，主钟鸣鼎食的人家；**

旧注是："主既富有又长寿，世爻旺相，没有伤害。"

觉子说：占财宜于妻财旺相，占寿命只注重世爻，没听说妻财和福德不旺，只有世爻旺，就许为富有和与长寿的。

凡占终身的财和福，只要世爻、妻财爻、子孙爻三者都不失陷，就一定是殷实的人家，福禄绵长。妻财和世爻旺相而福神不旺相，是先富后贫的人。为什么？因为子孙是财源，水无源，流终究要干涸，叫作"妻财旺而福德逢空，荣华不会长久"。世爻与福德旺相而妻财不旺相的，是无财却享福的人。既说无财，怎么能享福？这人必定有现成的基业，只知道坐享，不知道发展，或者是把财托付给别人掌管，自己只知道花费，不知道经营的艰难。妻财与福德旺相而世爻不旺的，是富屋中的穷人。

【原文】

觉子曰：以上之论不旺，所包者广。无气失陷，谓之不旺；得地有气，亦谓之不旺；空破墓绝，亦谓之不旺。财福旺，而世爻不旺而有气者，后逢生旺之年，仍复旺相，故谓之"财福司权，荣华有日"。财福两旺而世无气者，不为吉也，虽则丰衣足食，不免痴哑暗聋，或遭疾病官非，或系吝啬鄙俗。财福两旺而世爻失陷者，更为凶也，虽有万斛金银，难买长生药石。

野鹤曰：前论财与福神，虽财不旺，亦宜有气，若失陷者，更为凶兆。财福失陷，立见倾家，唯动空及动而破者不妨，定应实破实空之年月也。

【译文】

觉子说：以上所说的不旺，包括得很广泛。无气失陷叫作不旺，得地有气也叫作不旺，空破墓绝也叫作不旺。妻财和福德旺，世爻不旺而有气的，后来逢生旺的年份，仍然旺相，所以称为"妻财和福德当权，富贵有期”。妻财和福德两者都旺相而世爻无气的，算不得吉祥，虽然丰衣足食，不免痴呆聋哑，或者遭遇疾病官非，或者吝啬鄙俗。妻财和福德两旺而世爻失陷的，更为凶险，虽然有万斛金银，却难以买到长生的药。

野鹤说：前文论妻财与福德，即使妻财不旺也要有气，如果失陷，就更凶兆了。妻财和福德失陷，立刻就会倾家荡产，只有发动逢空及发动而逢破的不妨，但是一定应验在实破实空的年月。

【原文】

**财世休囚，灶釜生尘之宅。**

世爻、财爻、福爻三者无气，或空破墓绝，或动而变凶，乃无衣食之人也。世爻得地而财福失陷者，此人身强力健，或有小谋小技，亦可支撑度日。世爻福爻有气，财爻无气者，虽则贫寒，乐享清福。世爻财爻有气，福爻而无气者，此人虽无积蓄，手头常过金银，或代人掌财；再得日、月、动爻生扶者，亦许小成。

【译文】

**妻财和世爻休囚，实为锅灶生尘的宅第。**

世爻、妻财、福德三者无气，或者逢旬空、月破、入墓、遇绝，或者发动而变凶，都属于无衣无食的人。世爻得地而妻财和福德失陷的，这人身强力壮，或者有小智谋小技艺，也可以勉强度日。世爻和福德有气，妻财爻无气的，虽然贫寒，但是乐得享受清福。世爻和妻财爻有气，福德爻无气的，人虽然没有积蓄，手头却常过金银，或者代人掌管钱财；再得到日辰、月建、动爻的生扶，也可以许为小有成就。

【原文】

如卯月甲申日，占终身财福，得复之颐。五爻亥水财，世爻子水财，皆长生于申日，虽不当令，却得日建之生。独嫌酉金福神破而化绝，生平衣禄不少，难于积蓄成家。果此人自三十七岁入典铺，掌柜财东更换者三，此人依然在柜，活至七旬之寿，每年工食养家。此应财爻持世遇长生也。生四子二女。若执古法而兼断者，卦中子孙破而化绝，乃无子也。《黄金策》曰“世位休囚，非贫即夭”，余以为非。贫者须观财福，夭者单用世爻，非夭即贫不是卜易之理。

【译文】

例如，卯月甲申日占终身财福，得到地雷复卦，变为山雷颐卦：

子孙酉金× — — 官鬼寅木● ——

妻财亥水●● — —

兄弟丑土●● — —应

兄弟辰土●● — —

官鬼寅木●● — —

妻财子水● ——世

五爻亥水为妻财，世爻子水也为妻财，都长生于申日，虽然不当令，却得到日建的生扶。只嫌酉金福神逢月破，又化绝。断为生平衣禄不少，但难以积蓄成家。果然，这人从三十七岁入典当铺，掌柜财东更换了三个，这人依然在柜上，每年做工养家，活到七十岁。这是应验了财爻持世而遇到长生。他生了四个儿子，两个女儿。如果固执地按古法兼断多种占问，那么，卦中子孙月破而化绝，是无子女的征兆。《黄金策》说“世爻休囚，不是贫寒就是夭折”，我以为不对。贫穷必须看妻财和福神，夭折单看世爻，不是夭折就是贫寒，卜筮没有这个道理。

【原文】

**世居空位，终身作事无成；**

旧注：“大忌世空，一生百事无成。”

余以此论近理，但未分出旺与动。世爻旺而空者，谓之“带旺非空”；动而空者，动不为空；遇日建冲者，冲空则实。卦中若是财福得地，冲空实空之年，勃然发迹矣，岂曰“无成”？

如戌月辛亥日，占终身财福，得比之观卦。断曰：世父虽空，月建合之，亥日生之，子水财爻动而生世，卯年一定成家。丑年占卦，果至卯年，彼时定鼎①之初，云贵才平，此人于川中带出附子、黄连药材数

①定鼎：指清朝政府的建立。鼎有国家政权的象征。

担，勃然家蓄数千余金，从此立业成家，连年丰足。此岂可谓“终身作事无成”耶？

**【译文】**

**世爻逢空，终身事业没有成就；**

旧注说：“大忌世爻旬空，主平生各种事业无一成就。”

我以这个说法近理，只是没分别谈旺相与发动的情形。世爻旺相而逢空的，叫作“带旺非空”；发动而逢空的，叫作“动不为空”；遇到日辰冲的，叫作“冲空则实”。卦中如果妻财和福德得地，冲空、实空的年份就会勃然发迹，怎么能说“无一成就”？

例如，戌月辛亥日占终身财福，得到水地比卦，变为风地观卦：

妻财子水×　— —应　　官鬼卯木●　——

兄弟戌土●　——

子孙申金●●　— —

官鬼卯木●●　— —世

父母巳火●●　— —

兄弟未土●●　— —

断卦说：世爻父母虽然逢旬空，但是月建合它，亥日生它，子水妻财发动而生它，所以卯年一定会成家。丑年占卦，当时刚刚建国，到卯年云贵才平定。这人从川中带出附子、黄连等药材数担，家中一下了蓄积了数千金，从此立业成家，连年丰足。这种情况，怎么可以说是“事业终生没有成就”呢？

**【原文】**

又如酉月辛未日，占终身财福，得颐卦。断曰：“财爻持世，虽有未日扶拱，不宜旬空。卦中无火生助，占身命最忌也，难许成家。”此人自二十五岁至五十多岁，东奔西走，一事无成；后因贫极从戎，外出不知所之。如此者，谓之生平“作事无成”可也。

**【译文】**

又例如，酉月辛未日占终身的财福，得到山雷颐卦：

兄弟寅木● ———

父母子水●● — —

妻财戌土●● — —世

妻财辰土●● — —

兄弟寅木●● — —

父母子水● ———

断卦说："妻财爻持世，虽然有未日扶拱，但逢旬空。卦中无火生助，是占身命最忌讳的，所以难以成家。"果然，这人从二十五岁到五十多岁，东奔西走，一事无成；后来因为贫困至极而从军，不知流落到哪里去了。这样的人，才可以说他平生事业一无所成。

**【原文】**

**身入墓乡，到老求谋多戾。**

世爻有三墓，但有一墓者，若休囚无气，主其人如醉如痴，不伶不俐，动静行藏，必不响快，凡为不遂。

觉子曰：世爻若得临于日月，或日月生扶，或动而化吉，不逢冲墓之年，果然颠倒昏迷；及逢墓冲开，如苗得雨。谚云"福至心灵"，爻中再有财福相生，或财福旺相者，陡然富足。故曰墓中人逢冲之年而发，岂可谓到老而多戾耶？

如午月丙戌日，占终身财福，得节卦。此人旺财临世，平素手有余钱，亦因世入戌墓，酷好痴赌，后至亥年，因开铅矿连开数穴，富冠一乡。

野鹤曰：古法当应冲开戌墓之年，此卦而应冲世之年。

**【译文】**

**身位入墓，到老谋求多违心愿。**

世爻有三种墓，只要遇到一种，并且休囚无气，就主这人如醉如痴，不伶不俐，动静行藏不响快，所有作为都不如愿。

觉子说：世爻临于日辰月建，或者得到日辰月建的生扶，或者发动而化吉，不逢冲墓的年份，确实颠倒昏迷；但是到逢墓被冲开的时候，却如同禾苗得到了雨。谚语说"福至心灵"，爻中再有妻财和福德相生，或者妻财福德旺相，就会突然伶俐而富足起来。所以说，墓中人发达于逢冲的年份，怎么可以说到老多谋求多违心愿呢？

例如，午月丙戌日占终身财福，得到水泽节卦：

兄弟子水●● — —

官鬼戌土● ——

父母申金●● — —应

官鬼丑土●● — —

子孙卯木● ——

妻财巳火● ——世

这一卦，旺相的妻财临世爻，主这人平素手里有余钱，但因为世爻入戌墓，酷嗜赌博；后来到亥年，因为连开数窑铅矿，居然富甲一方。

野鹤说：按古法，应当应验在冲开戌墓的年份，而这一卦却应验在冲动世爻的年份。

【原文】

**卦宫衰弱根基浅，爻象丰隆命运高。**

爻象兴隆，占身命最重。世爻、财爻、福爻得遇生扶，自然命运高强，唯卦宫之衰弱者不验。常见根基浅薄之人卦宫极旺，不可为法。

若问成家，嫌六冲之为卦；

旧注："凡遇六冲，必主其人作事有始无终。前卦六冲，三十年生涯淡泊；后卦六冲，三十后家业凋零。"

余曰：非也。若只以两卦六冲，断六十年之休咎，而世与财福置之于何地？若世、财、福爻无气，再遇六冲卦者，是也。

【译文】

**卦宫衰弱，主根基浅薄；爻象兴旺，主命运高强。**

占身命最注重爻象兴隆。世爻、妻财爻、福德爻遇到生扶，自然命运高强，只有卦宫衰弱的不应验。常见根基浅薄的人卦宫却极旺，所以这一条不可作为常法。

占问成家，讨厌卦遇六冲；

旧注说："凡遇到六冲卦，必主这人做事有始无终。前一卦六冲，主前三十年生涯淡泊；后一卦六冲，主后三十年家业凋零。”

我说：不是这样。如果只凭两卦六冲，就断人六十年的休咎，那么把世爻与妻财、福德放在什么地位？不过世爻、妻财、福德无气，又遇到六冲卦的，则的确是这样。

【原文】

如寅月乙巳日占财福，得大壮。余见此卦世旺官旺父旺，见其人才品异常，问曰：“近来所作何事？”彼曰：“在庠①。因家寒，意欲行医，不知财福如何？”余曰：“卦中官父两旺，寅年必有际遇，午未年定登金榜。”伊曰：“予知不能，竟无此念。”余曰：“尔虽以财为问，而神告曰，将来还可成名。”后果于寅年医好富翁，厚赠读书。午年一榜，富翁及亲友又赠。援例县令，未几丁艰②，及至补缺，未几挂误而归，囊箧萧然。应寅年者，寅年而实空也；应午年发者，世爻而值年月；功名反复而不久者，六冲之卦也；宦囊萧索者，子水财爻绝于日也。

【译文】

例如，寅月乙巳日占财福，得到雷天大壮卦：

兄弟戌土●●　— —

子孙申金●●　— —

父母午火●　———世

兄弟辰土●　———

官鬼寅木●　———

妻财子水●　———应

我见这一卦世爻旺、官鬼旺、父母旺，又见这人才能和品德不同于常人，就问：“近来做什么事？”他说：“在学校。因为家中贫寒，想要行医，不知道财福怎么样？”我说：“卦中官鬼和父母两爻都旺相，寅年必定有际遇，午未年一定登上金榜。”他说：“我知道不可能，竟没有这样的念头。”我说：“你虽然问的是财，但是神告诉将来还可以成

①庠：古代的学校。

②丁艰：又作丁忧，指父母的丧事。

名。”后来果然于寅年治好了富翁的病，得到厚赠，得以继续读书。午年科考，富翁及亲友又有赠予。后来援例提拔为县令。不久因父母去世而回家守孝；及至补上官缺，不久又因受人连累而回乡，并且囊中匮乏。应验于寅年得以治好富翁的病，是寅年实空的缘故；应验于午年发达，是世爻值年月的缘故；功名反复不久，是遇到六冲卦的缘故；囊中匮乏，是子水妻财爻绝于日辰的缘故。

【原文】

**要知创业，喜六合以成爻。**

旧注：“占身命得六合卦，主其人春风和气，交游必善，谋事多遂。若前合后合，主一生利达，百事如心。”

余以主其人善于交游，春风和气者有之，若以百事如心，未必然也。必以用神兼之。爻象吉者，吉而又吉；爻象凶者，合亦无益。

【译文】

**占问创业，喜欢爻象得到六合。**

旧注说：“占身命而得到六合卦，主这人如春风和气，善于交游，谋事多能如意。若本卦变卦都遇到六合，主一生有利和发达，凡事都能遂心。”

我以为，说这一卦主这人春风和气，善于交游，是对的，但若以为凡事随心，却未必。必须以用神为主，兼看六合。爻象吉的，逢六合吉而又吉；爻象凶的，逢六合也没有意义。

【原文】

**动身自旺，独力撑持；**

旧注：“世爻不遇日辰动爻生扶，而自强自旺，其人必白手成家。”此果屡验。但须财爻持世，而自强自旺，多自成家；若兄父官鬼持世，未必成家，仅可撑持而已。

如申月壬子日，占终身之财福，得泰之临。世临辰土，旺于子日，并无刑伤冲克，亦无生扶，真可谓之自强自旺。此人原来稍有家业，因赌致贫。今问将来还有发旺否？余曰：“兄爻持世，永无发福之秋。且世爻逢退，难许长年。”后当夫头，死于丑年。

【译文】

**发动的身位自强自旺，独力撑持一切；**

旧注说：“世爻没遇到日辰或动爻的生扶，却自强自旺的，这人一定能白手成家。”这一点果然屡次应验，但必须妻财爻持世。这样的爻象，多主自己成就家业。倘若兄弟、父母、官鬼持世，则未必能成就家业，只是勉强度日罢了。

例如，申月壬子日占终身的财福，得到地天泰卦，变为地泽临卦：

子孙酉金●●　— —应

妻财亥水●●　— —

兄弟丑土●●　— —

兄弟辰土○　———世　　兄弟丑土●●　— —

官鬼寅木●　———

妻财子水●　———

世爻临辰土，旺于子日，既没有刑伤冲克，也无生扶，可以说是自强自旺。这人原来稍有家业，后来因赌博而导致贫困。现在问将来还会发达兴旺吗？我说：“兄爻持世，永远没有发福的时候。而且世爻逢退神，主难以长寿。”他后来成为夫役的头目，死于丑年。

【原文】

**衰世遇扶，因人创立。**

此果屡验。世爻无气，得遇日、月、动爻有一而生扶者，必遇好人提拔，但亦要财爻持世，或日、月、动爻作财以生世，因人照管成家；若父兄持世，仅可度日。屡见日月生世，贵人生世，常得官贵垂青。

如丑月丙辰日，占终身财福，得未济之睽。断曰：“兄爻持世，耗财之神，虽得寅木相生，而财不聚。”彼曰：“作何事可以成家？”余曰：“木生火旺，木火通明①，胸中灵巧。况朱雀临父，笔砚可以营

①木火通明：木能生火，火泄木秀而光明，主聪明伶俐，故有此说。

生。”后因叔父作衙门，命之贴写，得上人①之意，尽可度日而财不聚。叔父提拔者，应寅木父爻生世，又是笔墨营生。

【译文】

**衰弱的世爻遇到生扶，主依靠别人而创业。**

这一说法果然屡次应验。世爻无气，得到日辰、月建、动爻中的一种生扶，主一定会遇到好人提携，但也要妻财爻持世，或者日辰、月建、动爻作为妻财而生世爻，这才主因别人的关照而成就家业；倘若父母、兄弟持世，只不过勉强度日罢了。日辰月建生世爻、贵人生世爻的卦，屡见应验为常得长官等贵人的关照。

例如，丑月丙辰日占终身财福，得到火水未济卦，变为火泽睽卦：

兄弟巳火● ———应

子孙未土●● — —

妻财酉金● ———

兄弟午火●● — —世

子孙辰土● ———

父母寅木 × — — 兄弟巳火● ———

断卦说：“兄弟爻持世，属于耗财的爻神，虽然得到寅木相生，但是钱财积攒不下。”他问：“做什么事可以成就家业？”我说：“木生火旺，为木火通明的征象，主心灵手巧，加上朱雀临父母爻，主可以操持笔砚维生。”后来因叔父在衙门做事，让他帮助写作公文，得到长官的垂青，完全可以度日，只是无法积攒钱财。叔父提拔，是寅木父母生世爻，又是笔墨营生的缘故。

【原文】

**日时合助，一生偏得小人心；岁月克冲，半世未沾君子德。**

“世爻不论旺衰，但得岁、月、日建有一而生扶者，君恩宠爱，君子相亲，小人忠敬，平人者必得贵客扶持。”又曰：“父来生得父辈之恩，兄来克受兄之累。”此则间有验者，不可执之。世爻有气，或被日

①上人：在上位的人，在这里指衙门的官长。

月有一而冲克者，仕者上位相凌，同僚不睦，小人毁谤；若太岁五爻冲克者，君恩失宠，世若休囚者更甚。平人而得此者，官贵相欺凌，亲朋妒忌，下辈欺侮，世若休囚更甚。

【译文】

**日时相合相助，一生偏得小人的拥戴；岁月又克又冲，半世全无君子的德行。**

古注说："世爻不论旺衰，只要得到岁君、月建、日辰中有一个生扶，就主君王恩宠，君子亲近，小人忠心敬仰，所以即使一个平常人，也必定得到贵人的扶持。"又说："父母爻来生，主得到父辈的恩宠；兄弟爻来克，主受到兄弟的牵累。"这偶尔有应验的，但不可执着。世爻有气，或者被日辰月建中的一个冲克，主做官的受上位欺凌，同僚间不和睦，遭小人毁谤。如果太岁在五爻冲克，主失去君王的恩宠，世爻休囚的更加严重。平常人得到这样的卦，主受官府贵人欺凌，被亲戚朋友妒忌，遭晚辈欺凌侮辱，世爻休囚的，情况尤其严重。

【原文】

**遇龙子而无气，纵清高亦是寒儒；**

此果屡验。凡得青龙子孙持世，必然立志高远，不慕富贵；即子孙无气，亦主绝俗超群，宁甘寒薄。

如酉月癸丑日，占终身除功名之外，何事可为，得姤之遁。断曰："财星伏于二爻，又值空亡，正所谓'内外无财伏又空，财莫能聚'。且喜子孙独动遇青龙，虽不持世，亦主清高。生平非义不取，不以富贵开心"。彼曰："祖有恩荫，让舍弟承袭，今欲挟技遍游，取乐山水，可能如愿否?"余曰："亥水子孙变鬼，财爻又空，子死妻空，绝俗离群之事。如有此志，此卦验之极矣!"彼曰："余年四十有一，自二十一岁妻亡后，竟未续弦，子女皆无。"余曰："卦之相合，必如其愿。"后闻此人游川、广、滇、黔，及至十余载之后，致书于家，竟人华山，不知所终。

【译文】

**青龙临子孙而无气的，纵使清高，也只是寒儒；**

这种说法果然屡次应验。凡是青龙子孙持世的人，必然立志高远，不羡慕荣华富贵；即使子孙无气，也主超群绝俗，宁可忍受贫寒。

例如，酉月癸丑日，占终身除功名之外，什么事可以做，得到天风姤卦，变为天山遁卦：

父母戌土● ———

兄弟申金● ———

官鬼午火● ———应

兄弟酉金● ———

伏妻财寅木 子孙亥水○ ——— 官鬼午火●● — —青龙

父母丑土●● — —世

断卦说：“妻财爻伏藏于二爻之下，又值空亡，正是所谓‘内外无妻财，伏神又旬空，钱财不能集聚’。好在子孙一爻独发而遇到青龙，尽管不持世，也主为人清高，生平不合道义的财不取，不因为富贵而开心。”他说：“祖上有荫袭的爵位，让弟弟承袭了，现在想凭技能遍游天下，从山水取乐，能如愿吗？”我说：“亥水子孙变官鬼，妻财爻又旬空，主儿子死，妻室空，属于绝俗离群的人。如果有这个志愿，这一卦灵验极了！”他说：“我今年四十一岁，从二十一岁妻子死后，竟没有续娶，连子女都没有。”我说：“与卦相合，所求必定如愿。”后来听说这人遍游四川、两广、云南、贵州，十余年后写信给家里，竟进了华山。不知后来最终老在哪里。

**【原文】**

觉子曰：余因父子兄弟财官各有相忌，难以一卦决之，是以分占得理。然亦有不占财福，卦中现出旺财，不问功名，爻象现出旺官，目下刑妻克子，不待另占。卦中出现刑伤，尤当详细察之。

或曰：“既谓分占，何故又言兼断？”余曰：此理难同俗人而言。来人欲占事者，其机动矣。人之至亲，莫过于骨肉；人之得志，莫过于利名。神不告已问之事，而告未问之事者，以重大者而先告也。即如此卦，福遇青龙，清高之客；子孙空鬼，绝后之人；兼之财伏而空，乃是离尘绝俗。以此数事，正合福遇青龙清高之客也。似此显而易见，何须另卜再卦？不然，此财爻者，以之为财帛空耶？以之为妻妾空耶？

【译文】

觉子说：因为父母、子孙、兄弟、妻财、官鬼各有相忌之处，难以用一卦决断，所以我认为分占法合理。但也有不占财福而卦中出现旺相的妻财，不问功名而爻象出现旺相的官鬼的，这主目下刑妻克子，不必另外占问。卦中出现刑伤，尤其应当详细考察。

有人说："既说分别占问，为什么又谈兼断?"我说：这个道理难以和俗人谈。来人要占事，其机就动了。人的至亲没有超过骨肉的，人的志愿实现没有超过名利的。神不告诉已问的事，而告诉没问的事，是把重大的事先告诉人。拿这一卦来说，福德遇到青龙，主清高的人；子孙旬空而化官鬼，主绝后的人；又兼妻财伏藏而逢旬空，主离尘绝俗的人。依这几条，正合"福德遇到青龙，主清高之客"的说法。像这样显而易见的卦，哪里还需要另外占问？假如不是这样，那么卦中的妻财爻逢空，主财帛空还是主妻妾空呢？

【原文】

**逢虎妻而旺强，虽鄙俗偏为富客。**

旧注为："白虎临财持世，虽其人不知礼仪，然必家道殷实。"此果有验。又曰："旺财若有制服，亦粗知文墨。"此又非理之论。旺财逢制，乃应将来之破败也，岂以文墨言？

如午月丙子日占财福，得明夷之丰卦。世临白虎，化出旺财生世，果此人目不识丁，鄙俗不堪，农庄尽可度日，人丁六畜丰盛。戌年占卦，值子年农庄被蝗虫食尽，全家瘟疫，六畜亦瘟。应子年者，占时原有子日冲其午火，而值月建，可以相敌；今遇子年增其冲克，所以破败。

【译文】

**白虎持妻财而强旺的，虽然鄙俗，却也是富人。**

旧注说："白虎临妻财而持世，虽然这人不懂礼仪，但家道必定殷实。"这一条果然有应验。又说："旺相的妻财若有制伏，也粗知文墨。"这却是又不合理的议论。旺相的妻财逢制伏，是主将来的破败，怎么能说成文墨？

例如，午月丙子日占财福，得到地火明夷卦，变为雷火丰卦：

父母酉金●● — —

兄弟亥水●● — —

官鬼丑土× — —世 妻财午火● ——

兄弟亥水● ——

官鬼丑土●● — —

子孙卯木● ——应

世爻临白虎，化出旺相的妻财而回头生，这人果然目不识丁，鄙俗不堪，但是有农庄，尽可以度日，人丁和六畜都兴旺。但戌年占卦，到子年农庄被蝗虫吃尽，全家遭遇瘟疫，六畜也都瘟死了。应验在子年，是由于占时虽有子日冲克午火，但值月建，可以相敌，而现在遇子年增加了冲克的势力，所以导致破败。

**【原文】**

**父母持世，辛勤劳碌；鬼爻持世，疾病缠绵。**

**遇兄则财莫能聚，遇子则身不犯刑。**

《黄金策》自此之后，皆非理也。父母官鬼持世，竟可以劳碌疾病而断耶？即旧注有云："贵人占者，不可以此断之。"彼占身命，焉知不是贵人？使实知不是贵人，焉知将来不贵？

曾有人占财福，酉月壬辰日占，得恒卦。问曰："尔适间祷告，曾问功名否？"彼曰："生意人何有功名之念？"余曰："此卦财生官旺，竟可问名。"彼曰："天有落下来之官，亦不到我头上。"

**【译文】**

**父母持世，辛勤劳碌；官鬼持世，疾病缠绵。**

**遇兄弟的，钱财无法聚集；遇子孙的，自身不犯刑罚。**

《黄金策》从这一段以后，都不合理。父母和官鬼持世，竟可以劳碌和疾病断吗？旧注说："贵人占，不可以这样推断。"他占身命，卦还没断，凭什么知道他不是贵人？即使知道他不是贵人，又凭什么知道将来也不尊贵？

曾经有人于酉月壬辰日占财福，得到雷风恒卦：

妻财戌土●● — —应

官鬼申金●● — —

子孙午火● ——

官鬼酉金● ——世

父母亥水● ——

妻财丑土●● — —

我问："你刚才祷告，心里问功名没有？"他说："生意人怎么会有功名的念头？"我说："这一卦妻财生官鬼，使官星旺相，居然可以求功名。"他说："即使有天上落下来的官职，也落不到我头上。"

**【原文】**

命再占，得噬嗑变否卦。余曰："世爻未土之财，变出申金之官，明明以财而变官。前卦财旺生官者，因世临月建之官，辰日冲动戌土之财，暗动生世，虽可许名，不敢指以年月。后卦世临未土，动而逢空，实空之年，包尔出仕。"果于卯年援例入监①，巳年初任兵马，即加纳县令，未年再莅江南。

旧注："官鬼持世，疾病缠绵，若是贵人，勿以此断。"此人原非贵人，岂谓之疾病缠绵耶？

**【译文】**

我让他再占一次，结果得到噬嗑卦，变为天地否卦：

子孙巳火● ——

妻财未土× — —世　　官鬼申金● ——

官鬼酉金● ——

妻财辰土●● — —

兄弟寅木●● — —应

父母子水○ ——　　妻财未土●● — —

①入监：指进入国子监。国子监是中国古代隋朝以后的中央官学，为中国古代教育体系中的最高学府。

我说："世爻未土妻财，变出申金官鬼，明明从妻财变官星。前一卦妻财旺而生扶官星，因为世爻是临月建的官星，辰日冲动戌土妻财，妻财暗动而生世爻，所以许你有功名，只是不敢指定年月。后一卦世爻临未土发动而逢旬空，到了实空的年份，包你出来做官。"果然于卯年援例进入国子监，巳年初担任兵马事务，随即增加缴纳而成为县令，未年又莅临江南。

旧注说："官鬼持世，主疾病缠绵，但如果是贵人，就不要依此推断。"这人原来固然不是贵人，但怎么能谈到疾病缠绵呢？

**【原文】**

又如巳月己丑日占终身财福，得归妹之临。余曰："卦中财福不旺，而官父两旺，如何不问功名？"彼曰："功名之念已灰。"予曰："世临日建，月建生身，必主显贵荐举，巳午年富贵逼人来也。"果于午年保举，虽非科甲①，身为科甲之官。此岂可谓父母持身，辛勤劳碌耶？

**【译文】**

例如，巳月己丑日占终身财福，得到雷泽归妹卦，变为地泽临卦：

父母戌土●●　— —应

兄弟申金●●　— —

官鬼午火○　———　　　　父母丑土●●　— —

父母丑土●●　— —世

妻财卯本●　———

官鬼巳火●　———

我说："卦中妻财和福德不旺，官鬼和父母两爻都旺，为什么不问功名？"他说："功名的念头已经没有了。"我说："世爻临日建，月建生世爻，必主有显贵的人保举，巳午年富贵会逼人而来。"果然于午年被保举。他虽然不是科甲出身，但是担任科甲方面的官职。这种情况，难道可以说"父母持世，主辛勤劳碌"吗？

---

①科甲：明清两代称科举为科甲，经科举考试中举人、进士者称科甲出身。

**【原文】**

**父母临身，劳碌贫寒；**

或曰："《黄金策》乃卜筮之宗，未省占身命而以父、子、财、官兼断之理。"余曰："既不为信，即看父母持身之注解，其可知矣。"谓"占身命不可见父、兄、官鬼持世，世爻遇父则克伤子女，一生劳碌，不得安逸"，岂非父为克子之神，又为一生劳碌之神耶？执此论之，但遇父爻持世，不独一生劳碌，抑且无子；世之无子者，悉皆劳碌之人也。

觉子曰：占功名父母持世，以之为诗书文馆；占财福以之为劳碌辛勤。官不旺而父旺者，虽不见用于朝廷，名盛文传；官衰而又逢冲克，即欲寄食于公门，凶多吉少。

**【译文】**

**父母临身位，因为劳碌而贫寒；**

有人说："《黄金策》是卜筮的宗旨，难道不了解占身命而以父母、子孙、妻财、官鬼兼断的道理？"我说："既不相信我的话，去看我对父母持身的注解，就可以知道了。"说"占身命不可以父母、兄弟、官鬼持世，世爻遇到父母则克伤子女，一生劳碌，不得安逸"，这岂不是说父母是主克子孙的爻神，又为主一生劳碌的爻神吗？如果执着于这个说法来断卦，那么只要遇到父母爻持世，就不但一生劳碌，而且没有儿子，而世上没有儿子的人，也就都是劳碌的人了。

觉子说：占功名而父母持世，以它为诗书和文馆；占财福以它为辛勤劳碌。官鬼不旺而父母旺的，虽然不被朝廷任用，但是名气盛大，文章传世；官星衰弱而又逢冲克，即使要吃官府的饭，也主凶多吉少。

**【原文】**

如子月乙未日，占终身财福，得兑卦。断曰："卯木之财而入未之墓，巳火之官休囚无气，名不能成，利不能就，惜乎旺父临身，才愈高而和愈寡；况得卦遇六冲，一事无成之象。"后见屡逢显贵聘之，才高气傲，皆不待瓜期①而辞归矣。目击十有余载贫寒淡泊，后随表弟升任云南，不知所终。

---

①瓜期：瓜熟之期，比喻时机成熟的时候。

【译文】

例如，子月乙未日占终身财福，得到兑为泽卦：

父母未土●●　— —世

兄弟酉金●　———

子孙亥水●　———

父助丑土●●　— —应

妻财卯木●　———

官鬼巳火●　———

断卦说："卯木妻财入墓于未土，巳火官鬼休囚无气，主名不成，利不就。可惜旺相的父母爻临身，才能越高，能够应和的人越少，更何况遇到六冲卦，是一事无成的征兆呢！"后来，他屡次遇到显贵聘请，但是才高气傲，都不等到期就辞归故里了。眼看他贫寒淡泊了十余年，后来随表弟升职去云南，最后不知到哪里去了。

【原文】

又如午月壬寅日，占终身财福，得雷火丰。古以占财者喜财克世，殊不知占目下之财，财克世者必得；占终身之财福，财克世者，乃生平受财之累，因财之害也。此卦财既克世，更嫌父母持身，一生劳苦休囚；又遇日冲而为日破，如蜂酿蜜，谁苦谁甜？果此人原系贫农，苦耕致富，后因其子赌博成讼，产业一空，气愤而死。探之亡于午年，乃因世爻申金午月克之，寅日冲之，故逢火克而死。

【译文】

又例如，午月壬寅日占终身财福，得到雷火丰卦：

官鬼戌土●●　— —

父母申金●●　— —世

妻财午火●　———

兄弟亥水●　———

官鬼丑土●●　— —应

子孙卯木●　———

古法以为，占财喜欢妻财克世爻，哪里知道占眼下的财，妻财克世必得；占终身的财福，妻财克世是生平受财的累，因财受害。这一卦妻财既克世爻，又是父母持身，主一生劳苦而衰落。世爻又为日破，对他来说，如同蜜蜂酿蜜，哪里是谁受苦谁得甜？果然，这人原来是贫农，靠吃苦耕作致富，后来因为儿子赌博而造成诉讼，产业消耗一空，最终气愤而死。经过探问，他死于午年。因为世爻申金被午月克、寅日冲，所以逢午火年受克而死。

【原文】

**兄爻临世，财耗贫寒。**

旧系“遇兄则财莫能聚”。解注有云：“世逢兄爻，必克妻妾，一生必不聚财。”既以之为克妻，又以之为破耗，执此而论，世之伤妻者皆贫困之人也。假使贫者偕老，富者断弦，何以决之？故予以分占之法，实得理也。

觉子曰：凡占财福，兄爻持世，虽不许之富足，亦看旺衰。旺则贫而好义，衰则多疾招非。得日月生扶，贫而乐；得日月作财而合世，富而骄。旺临蛇虎玄武，奸盗诈伪之凶顽；衰遇勾陈雀武，背负肩挑之穷汉。受克受制，下贱隶卒；得合得扶，上人抬举。全在人之通变，当观其轻重而言。

【译文】

**兄弟持世爻，因为耗财而穷苦。**

原赋是“遇兄弟则钱财不能积聚”。注释中有这样的话：“世爻逢兄弟，必定克妻妾，一生无法聚财。”既以它为克妻，又以它为破耗，用这样的说法推论，世上克伤妻室的就都是贫困的人了。假使贫困者夫妻偕老，富裕者断绝琴弦，该怎么决断呢？所以我用分占的方法，实在合理。

觉子说：凡占财福，兄弟爻持世，即使不许作富足，也要看妻财的旺衰。妻财旺相则贫穷而仗义，衰弱则多病，好招惹是非。得到日辰月建的生扶，贫穷而快乐；得到日辰月建作为妻财而合世爻，富裕而骄纵。旺相而临螣蛇、白虎、玄武，是奸盗诈伪的凶顽之人；衰弱而遇勾陈、朱雀、玄武，是背扛肩挑的穷汉。受克受制，是下贱的隶卒；得合得扶，得到长官的抬举。关键在于断卦者善于通变，根据其轻重缓急来推论。

【原文】

**官衰无破，公门异术资生；**

官鬼持世，休囚无气者，乃缠绵疾病、残疾之人也；若有气者，或入公门，或挟术行道①；再遇日、月、动爻、贵人扶助，皆得贵客相亲，从此成家立业。财若无气，空有虚名而已。

**财弱有扶，商贾百工事业。**

财爻福爻自来旺相者，或商或贾，或守农生，乃生成之富乐，足享丰饶。倘遇衰财持世，或得日、月、动爻生扶合助者，暴发兴家。守农庄年时丰稔，习工艺巧夺天工。

【译文】

**官鬼衰弱，但无破败，因巧技就官府谋生；**

官鬼持世而休囚无气，主疾病缠绵或残疾；如果有气，则或者进入官府，或者凭技能行道；再遇到日辰、月建、动爻、贵人扶助，都主得到贵人的亲近，从此成家立业。妻财如果无气，则只是空有虚名罢了。

**妻财衰弱，却有扶助，入商贾等多种行业。**

妻财和福德本来旺相的，或为行商，或为坐贾，或守农业生产，主生来就富裕快乐，足以享受丰饶的生活。倘若遇到衰弱的妻财持世，或者得到日辰、月建、动爻生扶合助，主家业暴发。守农庄的，年时丰熟；学技艺的，巧夺天工。

【原文】

**慕道修持，皆为子孙持世；**

子孙乃恬淡之神，如若持世，孤立无助。又遇财爻失陷者，若有高尚之志，许之为道为僧；若无出家之念，不可妄断。殊不知“见子则身不犯刑”，许之生平不犯官刑可也。

①行道：本指推行大道，这里指施展技艺。

**家倾名丧，乃因官鬼伤身。**

凡遇官鬼克世，世又旺相者，生平多招刑宪，或招嫉妒，或小人暗害，或残疾缠身。若鬼旺身衰，乃身伤家倾之兆，劝之不必以财福为问，寻速趋避之法可也。如世爻动而变鬼克世，及日月作官鬼而克世者，更凶。

【译文】

**慕道德，讲修行，都因为子孙持世；**

子孙是恬淡的爻神，如果持世，一生孤立无助。再遇到妻财爻失陷，若有高尚的志向，可以许为道士或僧人；若无出家的念头，就不可这样妄断。古人说子孙爻出现，自身不犯刑，所以可以许他生平不犯官府的刑罚。

**败家业，丧名声，只由于官鬼伤身。**

凡遇官鬼克世爻，而世爻又旺相的，生平多招惹刑罚，或者招惹嫉妒，或者遭小人暗害，或者病残缠身。如果官鬼旺相而世爻衰弱，是自身受害，家业倾覆的征兆，劝他不必问财福，赶快寻找迅速趋吉避凶的方法。如果世爻发动，变官鬼而克世爻，及日辰月建作官鬼克世爻，那就更加凶险。

【原文】

如辰月甲寅日，占终身财福，得中孚之节。世爻临未土，辰月助之，亦作有气，但嫌日建伤身。上爻卯木之鬼，化出子水之财，正谓之助鬼以伤身也，休问财福，当卜凶灾。彼问："能避否?"余曰："今年九十月不可出门，可以避之。"果于九月奉官差，此人请人代顶而去，中途遇害。似此祸，未尝不可避也。

【译文】

例如，辰月甲寅日占终身财福，得风泽中孚卦，变为水泽节卦：

官鬼卯木○　———　　　　妻财子水●●　— —
父母巳火●　———
兄弟未土●●　— —世
兄弟丑土●●　— —
官鬼卯木●　———
父母巳火●　———应

世爻临未土，得辰月相助，也作有气看，只讨厌日建克世爻。上爻卯木官鬼化出子水妻财，正是所谓“助鬼伤身”。所以不要问财问福，而应当占凶险和灾祸。他问：“能避开吗?”我说：“今年九月十月不出门，就可以避开。”果然于九月要奉官差，这人请别人代替自己去了，结果代去的人中途遇害。像这样的祸患，并非不可以避开。

**【原文】**

如卯月癸未日，占终身财福，得革之家人。外卦世与日月同为三合，以为吉卦，不宜世爻变鬼，又化回头之克，上爻未土又克。日下虽则无妨，今年巳月冲开其合，或是酉月冲开卯木，须防不测。果至巳月而生恶疮，卒于酉月。

**【译文】**

例如，卯月癸未日占终身财福，得到泽火革卦，变为风火家人卦：

官鬼未土×　— —　　　　子孙卯木●　———
父母酉金●　———
兄弟亥水○　———世　　　　官鬼未土●●　— —
兄弟亥水●　———
官鬼丑土●●　— —
子孙卯木●　———应

外卦世爻与日辰月建构成三合局，像是吉卦，可惜世爻变官鬼回头克，上爻未土又克。所以眼下虽然无妨，但是今年巳月冲开三合，或者是酉月冲开卯木时，必须防备灾患。果然他于巳月生了恶疮，到酉月就死了。

【原文】

**财化退兮，不利于己；**

财爻持世化进神，或动而生世者，事业从此而进，家道自此丰亨。若化退神，家业由此渐退，日剥月消，渐至萧条；若世爻再被刑冲克害者，非渐退也，灾非即见，物覆财倾。

**世逢合住，受制于人。**

世临财爻，或被日、月、动爻合住，虽则丰衣足食，定然受制于人，事不由己。世爻若临父兄者，而得日、月、动爻合住，衣食仅可度日，难许丰足。世爻无气而被合，财福无气，兄动卦中，乃奔走受制之下贱人也。

卦遇子爻财爻持世，或子财旺而六合者，终身财足而安享。若遇父母持世，财爻无气，终生辛苦难安。若遇兄弟持世，终生难以积蓄，财多亦耗费一空。至于终身财福、兴衰际遇，本章亦有详论，学者宜细阅之。

【译文】

**妻财化退神的，不利于自己；**

妻财爻持世而化进神，或者发动而生世爻，事业从此进展，家道从此丰足亨通。倘若化退神，则家业由此逐渐倒退，日消月损，逐渐萧条；如果世爻再被刑冲克害，那就不是逐渐消退了，而是灾难和官司是非立刻就会出现，财物随即消耗殆尽。

**世爻逢合住的，受制于他人。**

世爻临妻财，如果被日辰、月建、动爻合住，虽然丰衣足食，但是一定然受制于人，凡事不能由自己作主。世爻如果临父母和兄弟，被日辰、月建、动爻合住，衣食只够度日，难以丰足。世爻无气而被合，妻财和福德无气，兄弟发动，是奔走劳碌而受人管制的低贱人。

遇到子孙爻、妻财爻持世，或者子孙、妻财旺相而逢六合，终身财物丰足，并且能够安心享用。如果父母持世，但妻财无气，则主终生辛苦，难以安享。如果兄弟持世，终生难以积蓄，钱财再多也会耗费一空。至于终身财福和兴衰际遇，本章也有详细讨论，读者应该细读。

# 终身功名有无章第三十八

**【原文】**

**官父兴隆，文章见用；**

凡得旺父持世，官动生之，或官星持世，父爻旺动，或官星、父爻旺动，生合世爻，或日月作官星，父母生合世爻，皆主成名之家，学成文武艺，货与帝王家。

**鬼财摇发，纳粟成名。**

官星持世，财动相生，或世临官动化财，或世临财动化官，或官星、财星动而生合世爻，或日月作官星、财星生合世爻，皆主纳粟以奏名也。

**【译文】**

**官鬼和父母兴隆，凭文章而任用为官；**

凡得到旺相的父母持世，而官鬼发动生它，或者官鬼持世，而父母旺相发动，或者官鬼、父母爻旺相发动，生合世爻，或者日辰月建为官鬼、父母生合世爻，都是成名的征兆，无论学文章还是武艺，都能出售给帝王家。

**官鬼和妻财发动，因纳粟而功成名就。**

官鬼持世，妻财发动相生，或者世爻临官鬼发动而化妻财，或者世爻临妻财发动而化官鬼，或者官鬼、妻财发动而生合世爻，或者日辰月建为官鬼、妻财而生合世爻，都主通过缴纳粟米来获得官职。

**【原文】**

如辰月乙未日，占终身功名有无，得地火明夷变丰卦。此公原是武荫①，已任卑官，因病告退，即无官矣。问将来还有功名否？此卦丑土官星持世，化出午火，财旺生官，卯年占卦，巳年援例，连连加纳，官至府佐。未年出任，戌年升任黄堂②。古法以“动而逢冲谓之散”，此系未冲世爻之丑土，竟不见其散也。

【译文】

例如，辰月乙未日，占终身有没有功名，得到地火明夷卦，变为雷火丰卦：

父母酉金●● — —

兄弟亥水●● — —

官鬼丑土× — —世　　妻财午火● ———

兄弟亥水● ———

官鬼丑土●● — —

子孙卯木● ———应

问卦者原来是从祖上荫袭的武官，已经担任了卑小的官职，后来因病告退，就无官了。他问：“将来还能得到功名吗?”这一卦丑土官鬼持世，化出午火，妻财旺而生官鬼。卯年占卦，巳年援例而得到了官职；又连连增加缴纳，官职达到知府的辅佐。未年出任，戌年升任太守。古法以发动而逢冲为散，而这一卦未土冲世爻丑土，竟没有散。

【原文】

又如戌月壬子日，占终身功名有无，得困之兑。寅财持世，化出官星，终身功名以财而得，但六合变六冲，有始无终之象，恐不能出仕。占后援例考职，双目失明。

【译文】

又例如，戌月壬子日占终身功名有无，得到泽水困卦，变为兑为泽卦：

①武荫：通过荫袭得到武职。

②黄堂：原指太守的正厅，明清时为知府的别称。

父母未土●●　— —
兄弟酉金●　———
子孙亥水●　———应
官鬼午火●●　— —
父母辰土●　———
妻财寅木×　— —世　　官鬼巳火●　———

寅木妻财持世，化出官鬼，主终身的功名因财而得；但六合卦变为六冲卦，是有始无终的征兆，恐怕无法出仕。结果在援例考职的时候，竟然双目失明，为官的事也就此告吹。

**【原文】**

**独旺于官，立功建业；**

凡卦中财爻、父爻皆不得地，而官星独旺，或日月作官星而生世，或虎临世动，或虎临金鬼动而生合世爻，皆主立功以成名也。

如戌月戊辰日，占终身功名有无，得蛊卦。日月作财生世，白虎临金官持世，若入文途必以援例，若入武途，可以立功。彼曰："有功名否？"余曰："官星持世，月建生之，岂曰无官？"后此人亦未食粮①，竟随营破寨，奋勇当先，主帅嘉之，即以职官。不出五载，连建奇功，官至戎元将军。

**【译文】**

**官鬼独旺，主立功建业；**

凡卦中妻财爻、父母爻都不得地，而官鬼一爻独旺，或者日辰月建为官鬼而生世爻，或者白虎临世爻发动，或者白虎临属金的官鬼发动而生合世爻，都主因立功而成就功名。

例如，戌月戊辰日占终身功名有无，得到山风蛊卦：

---

①食粮：吃粮，指从军。

兄弟寅木● ———应

父母子水●● — —

妻财戌土●● — —

官鬼酉金● ———世

父母亥水● ———

妻财丑土●● — —

日辰月建为妻财而生世爻，白虎临属金的官鬼而持世，如果从文，一定会通过援例而得到官职；如果从武，可以立功。他说："有功名没有?"我说："官星持世，月建相生，怎么能说没有官职?"后来这人并没有从军，但是竟随军队破寨，并且奋勇当先，立下了战功。主帅为了嘉奖他，就给了他职官。此后没出五年，又连建奇功，官职达到戎元将军。

**【原文】**

又如辰月己巳日，占已经考职，因缺少人多，将来能出仕否，得豫之萃。五爻申官化进神，长生于巳日，辰月生之，但嫌不来生合世爻，疑是应于独发。请再占之，彼曰："改日再卜。"予曰："更好。"

**【译文】**

又例如，辰月己巳日占已经考职，因为官缺少而人多，将来能出仕否？得到雷地豫卦，变为泽地萃卦：

妻财戌土●● — —

官鬼申金× — — 官鬼酉金● ———

子孙午火● ———应

兄弟卯木●● — —

子孙巳火●● — —

妻财未土●● — —世

五爻申金官鬼化进神，长生于巳日，辰月生它，但是不来生合世爻，疑心应验于独发。请他再占，他说："改日再卜问。"我说："这样更好。"

【原文】

又于辰月丁未日，占得晋之姤。余因此卦，参悟前卦之官化进神，动于五位，不临世合世者，明非分内之官也。此卦内得反吟，巳火之官被亥水冲去，明现出分内之官已冲坏矣。将来功名，另有寄处，非此考定之职也。彼问："何也？"余曰："前卦官摇五位，官出特恩；此卦未土日建动于五位，化长生而生世，定被敕旨而立军功。"彼又问："兄持世，如何有官？"余漫应曰："若非世值兄爻，何得五位之文书而生世？盖官旺化进，前卦已定就矣。"彼复问："意欲随征，何方为利？"余曰："前卦申官化酉，此卦世又临酉，西行大利。"果然往西行，未几建立奇功，官至副使①，加衔方伯②，午年升任山东。

【译文】

又于辰月丁未日，占得火地晋卦，变为天风姤卦。

官鬼巳火● ———

父母未土× — —　　兄弟申金● ———

兄弟酉金● ———世

妻财卯木× — —　　兄弟酉金● ———

官鬼巳火× — —　　子孙亥水● ———

父母未土●● — —应

从这一卦，我对前一卦的官鬼化进神有所感悟。它发动于第五个爻位，不临世，也不合世，说明所主不是分内的官职。这一卦内卦反吟，巳火官鬼被亥水冲去，明白显示出分内的官职已经靠不住，将来另有功名，而不是这次考定的职务。他问："为什么？"我说："前一卦官鬼发动于第五个爻位，主官职出于特别的恩典；这一卦未土值日建而发动于五爻，化长生而生世爻，一定会因执行君王的命令而立下军功。"他又问："兄弟持世，为什么有官职？"我不在意地回答："要不是世爻值兄弟，怎么会有五爻文书生世爻？官鬼旺而化进神，前卦就已经决定了功名。"他又问："想要随军出征，哪个方位有利？"我说："前一卦申金

①副使：应为枢密副使，因为密院主要掌管军事事务。

②方伯：诸侯，在这里指地方行政长官。

官鬼化酉金，这一卦世爻又临酉金，向西走很有利。”他果然向西去了，并且不久立了奇功，官职达到副使，又加衔为一方诸侯，到午年，竟升任山东省地方长官。

【原文】

**岁五生世，平步登云。**

凡得太岁及五爻生世，或日月入爻，动而生世，皆为庶民食禄，平步登云。须要太岁入爻，又宜发动，或五爻生世，亦要发动，而世与官星亦要旺相，方可断之。古有存验：

丙戌年戌月乙卯日，闻驾至，占吉凶何如，得比之坤。占者乃庶民也，闻驾至，率众迎之，爵以将军。此非太岁与五爻月建动而合世，世卯之官又临日建之征乎？

【译文】

**太岁五爻生世，主平步青云。**

凡得太岁及五爻生世爻，或者日辰月建入爻，发动而生世爻，都主庶民得到爵禄，平步青云。这要求太岁入爻，又适宜发动，或者五爻生世爻，也要发动，而世爻与官鬼也要旺相，这样才可以断决断。古代有保存的应验卦例：

丙戌年戌月乙卯日，听说皇帝圣驾来到，占吉凶何如，得到水地比卦，变为坤为地卦：

妻财戊子水●●　— —应
兄弟戊戌土○　——　　妻财癸亥水●●　— —
子孙戊申金●●　— —
官鬼乙卯木●●　— —世
父母乙巳火●●　— —
兄弟乙未土●●　— —

卜卦的是平民。他听说圣驾来到，便率领众人去迎接，被授以将军的官爵。这不正是太岁与五爻月建发动而合世爻，世爻卯木官鬼又临日辰的应验吗？

**【原文】**

**福德动摇，岂是庙廊之客？**

凡得子孙持世、子孙发动，终非庙廊之贵客。

如戌月丁卯日，占终身功名有无，得需卦。断曰："子孙持世，休问功名。"彼曰："作何事可以成名？"余曰："任尔才能倚马，力能举鼎，终身不许成名。"但此人功名之念切甚，读书若胜囊萤，文章当时，竟未游泮①。后从戎二十余载，或立军功，或援例纳粟，奔驰于名利之场，皓首无成。此子孙克官之征验也。

**【译文】**

**福德发动，哪里是庙堂上的官？**

凡得到子孙持世、子孙发动，终究不是官署中的贵人。

例如，戌月丁卯日，占终身功名的有无，得到水天需卦：

妻财子水●●　— —

兄弟戌土●　———

子孙申金●●　— —世

兄弟辰土●　———

官鬼寅木●　———

妻财子水●　———应

断卦说："子孙持世的，不要问功名。"他问："做什么事可以成就功名？"我说："任凭你的才华，倚马就能写成文章，力量能举起千钧鼎，但仍然终身没有功名。"但这人功名的念头急切，读书之用功，几乎超过了囊萤映雪的人，文章也名重一时，但是竟连秀才的功名也没得到。后来从军二十余年，或者立军功，或者援例缴纳粟米，奔驰于名利场，却直到白头也没有成就。这是子孙克官鬼应验的例子。

**【原文】**

**破空临世，终须白屋之人。**

---

①游泮：指成为秀才，因为秀才可以到官办的学校读书，而古代学校前的水池叫泮。

世静而临旬空月破，官逢月破旬空，皆主不得成名；唯世与官星空破而动者，勿以此断。

又如巳月乙卯日，占终身功名，得旅卦。断曰："虽是爻逢六合，嫌其子孙持世，官逢月破，勿想成名。"彼曰："业已援例。"余曰："费尽万金，终难食禄。"至子年得病，丑年得蛊病而终。

又于寅月丁卯日曾占一人，已考职矣，问后运升选何如，亦得此卦。戌年在地方多事，被人告发，革职提问。

【译文】

**世位逢破空，终究是普通人家的人。**

世爻安静而临旬空月破，官鬼逢月破旬空，都主无法成名；只有世爻与官鬼旬空月破而发动的，不依这个说法推断。

又例如，巳月乙卯日占终身功名，得到火山旅卦：

兄弟巳火● ———

子孙未土●● — —

妻财酉金● ———应

妻财申金● ———

兄弟午火●● — —

子孙辰土●● — —世

断卦说："虽然爻逢六合，但是卦中子孙持世，官鬼逢月破，所以不要想功名的事。"他说："已经在按援例办理。"我说："即使你费尽所有的钱，也还是吃不到俸禄。"到子年得病，丑年因蛊病而死。

又曾于寅月丁卯日占一个人，已经考职了，问以后能否得到升职选拔，也得到这一卦。结果他戌年在地方被人告发，被革去官职，捉拿问罪。

【原文】

占终身功名，止知其有无耳，若卦中现有功名，再问或文或武。或入公门。任其本念，指其事而占之，其验如响；若以一卦之中，遂能断为文武者，乃欺人妄语也。

曾有武荫，于卯月戊子日占终身功名，即现在之功名终其身乎？抑另有功名乎？得大过之井。断曰："另有功名，卦中之酉金官星，已临破矣，即是身上现在之官也，破而无用。幸世爻化出申金之官，回头生世。申乃今年之太岁，将来另有显爵出自特恩。"彼曰："从何而得？"予曰："玄武临亥水，父爻发动，必因息盗安民之策而得之也。"彼曰："我何能有此长才？"又问："应在何时？"予曰："寅年得官，申年出仕。"后果因盗贼之事，除首有功，寅年叙功，先得武爵，后又改为文职，申年升任陕西副使，随升粤东杲宪，亥年坐升藩台。

【译文】

占终身功名，只能知有无罢了，到卦中显现有功名时，再问是文职还是武职，或者进入官府。任凭他的本念，就具体事而占，应验就会像回响一样。如果以为一卦中就能断为文为武，就是欺人的妄语。

曾有一位荫袭武职的人，于卯月戊子日占是以现在的功名终身，还是另有功名，得到泽风大过卦，变为水风井卦：

妻财未土●● — —
官鬼酉金● ——
父母亥水○ ——世　　官鬼申金●● — —
官鬼酉金● ——
父母亥水● ——
妻财丑土●● — —应

断卦说："还有另外的功名。卦中酉金官鬼已经临月破，主现在的官职已经无用。好在世爻化出申金官鬼，回头生世爻。申金是今年的太岁，将来另有显要的爵位，出自特别的恩典。"他问："因为什么得到？"我说："玄武临亥水，父母爻发动，一定是因捕盗安民的事。"他说："我哪有这样好的才能？"又问："应验在什么时候？"我说："寅年得到职务，申年出来做官。"后来地方出现盗贼，他因为除掉首恶有功，而于寅年议定职位，先授给武官，后来又改为文职，申年升任陕西省副使，随即升任粤东地方官，到亥年又坐地升为布政使。

【原文】

余于子年至公署，又占：卯月辛丑日，卜后运功名，得归妹之震。

余曰："卦内如何有退休之兆?"彼问："何也?"余曰："月建之财，现于卦象，克世克父，虽无虎动，难免长上之灾；世亦逢伤，自身须虞险厄。"果寅年丁艰，卯年至中途病殁，乃因丑土父母持世，叠叠卯木相克故也。

**【译文】**

我于子年到他的公署，又占了一卦：

卯月辛丑日，占以后的功名，得到雷泽归妹卦，变为震为雷卦：

父母戌土●● — —应

兄弟申金●● — —

官鬼午火● ——

父母丑土●● — —世

妻财卯木○ —— 妻财寅木●● — —

官鬼巳火● ——

我说："卦中怎么会有退休的征兆?"他问："为什么这样说?"我说："月建财妻出现在卦中，克世爻父母，虽然没有白虎发动，但是难免长官降下的灾难；世爻被伤，你自己必须预防危险和厄难。"果然寅年回家处理丧事，卯年在赴任的中途病死。这是丑土父母持世，重重卯木相克的缘故。

## 寿元章第三十九

**【原文】**

**世爻旺相，永享长年；身位休囚，须防夭折。**

凡占寿元，独以世爻为根本。世爻或旺或相，或临日月，或得日月生扶及动爻生扶，或动而化生、化旺、化回头生者，乃大寿之征也。世爻休囚，防之于冲克之年。再有刑伤克害者，动而逢合、逢值之年，静而逢值、逢冲之年，皆在《应期》内断之。休囚随鬼之墓，衰逢助鬼之伤①，皆为凶兆。世动化退、化鬼又化回头之克，化绝、化墓、化破、化空，夕阳无限好，只恐不多时。皆于《应期章》内决之。

【译文】

**世爻旺相，安然得享长寿；身位休囚，必须防止夭折。**

凡占寿元，只以世爻为根本。世爻或者旺或者相，或者临日辰月建，或者得到日辰月建的生扶及动爻生扶，或者发动而化长生，化帝旺，化回头生，都是长寿的征兆。世爻休囚，预防被冲克的年份。又有刑伤克害，发动而逢合住的，应验于逢值的年份；静而逢值的，应验在逢冲的年份，都在《应期章》内决断。休囚而随鬼入墓、衰弱而逢助鬼伤身，都是凶兆。世爻发动而化退神，化官鬼，又化回头克，化绝，化墓，化月破，化旬空，主夕阳虽然无限好，只怕时日不多了。都按《应期章》决断。

【原文】

如辰月乙巳日占寿，得中孚卦。世临未土，巳日生之，月建扶之，遂儿孙期颐之祝，必享长年。彼曰："看在何时？"余曰："占以初爻管五年，二爻管五年，共作三十年；再占一卦，又作二十年。余试四十余载，并无应验，不以为法，止以世爻旺衰而断长短。欺人之法，余不为之。此卦象过二十年，公再卜之。"

【译文】

例如，辰月乙巳日占寿，得到风泽中孚卦：

官鬼卯木●　　——

父母巳火●　　——

兄弟未土●●　— —世

兄弟丑土●●　— —

官鬼卯木●　　——

父母巳火●　　——应

①助鬼之伤：又称助鬼伤身，指兄弟持世，而妻财发动生助官鬼，以至世爻兄弟为官鬼所克的卦象。

世爻临未土，巳日生它，月建扶它，必定得遂儿孙们长命百岁的祝福。他说：“看寿终在什么时候？”我说：“占以初爻管五年，二爻管五年，六爻共计三十年；再占一卦，又作三十年。我试验了四十余年，并无应验，不可为法，所以只根据世爻旺衰来断寿命的长短。欺骗人的方法，我不用它。从这一卦象看，不妨过二十年您再占问。”

**【原文】**

此人占卦之时五十三矣，后至七旬之时，相遇而曰：“向年所占寿元，还可记否？”余曰：“占得中孚卦，原许二十年后再占。”彼笑而再占。

申月己卯日占，得山泽损变复。余曰：“若是父爻鬼动，公之寿则不久矣。今见多鬼摇发，反为不碍。今年太岁在子，还享八年之福，至未年是其时也。”彼曰：“何也？”余曰：“未年者，鬼多入墓，又是世逢年破。”果终于未年七月。

**【译文】**

这人占卦时五十三岁了，后来到七十岁的时候与我相遇，说：“那年所占寿命，还记得吗？”我说：“占得风泽中孚卦，原来许你二十年后再占。”他笑了，又占问。

申月己卯日占，得到山泽损卦，变为地雷复卦：

官鬼寅木○　———应　　　子孙酉金●●　— —

妻财子水●●　— —

兄弟戌土●●　— —

兄弟丑土●●　— —世

官鬼卯木○　———　　　官鬼寅木●●　— —

父母巳火●　———

我说：“如果是父母官鬼发动，你的寿命就不久了。但现在多个官鬼发动，反而无碍。今年太岁在子，还享八年的福，未年是寿终的时候。”他问：“为什么？”我说：“未年官鬼多而入墓，又是世爻逢岁破的年份。”果然终老于未年七月。

【原文】

又如巳年己酉日占寿，得大畜之泰。世临寅鬼，晚景多灾。世值休囚，又逢日克。本年太岁在辰，可保无妨，当虑申年，木绝于申也。后未年得疾，交春之日而死，可称奇验。

【译文】

又例如，巳年己酉日占寿，得到山天大畜卦，变为地天泰卦：

官鬼寅木○　——　　子孙酉金●●　— —

妻财子水●●　— —应

兄弟戌土●●　— —

兄弟辰土●　——

官鬼寅木●　——世

妻财子水●　——

世爻临寅木官鬼，主晚年多灾厄。世爻值休囚，又逢日克。本年太岁在辰，可以保证无妨；应当预防申年，这是木绝于申的缘故。后来未年得病，来年立春日死去，可以说应验到了奇妙的程度。

【原文】

**原神宜于安静，**

占寿世为根本，原神为滋生之物，宜旺而静，不宜动摇。其故何也？占他事宜原神动者，动则有力也。占寿元不宜发动，动则已有限期矣，非原神逢绝墓之年，即在原神被冲克之岁。

如亥月丁卯日占寿，得姤之小畜。世临丑土，化子水合之，应爻午火生之，乃是世爻得地，长寿之征。然反不宜火动生土，犹恐子年冲去午火，殊为不美。果卒于子年。应子年者，世爻动而逢合之年也，又是冲去午火，不能生世也。

【译文】

**原神宜于安静，**

占寿以世爻为根本，原神为滋生物，宜于旺相而安静，不宜动摇。这是什么缘故呢？占其他事适宜原神发动，是因为发动才有力。占寿元不宜发动，是因为动就有期限了，这期限不是在原神逢绝墓的年份，就是在原神被冲克的年份。

例如，亥月丁卯日占寿，得到天风姤卦，变为风天小畜卦：

父母戌土● ———

兄弟申金● ———

官鬼午火○ ———应　　父母未土●● — —

兄弟酉金● ———

子孙亥水● ———

父母丑土× — —世　　子甲子水● ———

世爻临丑土，化子水合丑，应爻午火生它，属于世爻得地，是长寿的征兆。但反而不宜火动生土，又恐怕子年冲去午火，这样就不好了。果然死于子年。应验在子年，因为这是世爻发动而逢合的年份，又是子年冲去午火，使午火不能生世爻的缘故。

**【原文】**

又如辰月乙卯日占寿，得中孚之睽。世爻未土，月拱日克，可以敌之，反不宜巳火动而生世，今年太岁在申，恐亥年不利。后卒于戌年，应戌年者，巳火入墓之年也。

**【译文】**

又例如，辰月乙卯日占寿，得到风泽中孚卦，变为火泽睽卦：

官鬼卯木● ———

父母巳火○ ———　　兄弟未土●● — —

兄弟未土× — —　　子孙酉金● ———

兄弟丑土●● — —

官鬼卯木● ———

父母巳火● ———应

世爻为未土，月建拱，日辰克，可以相敌，不宜巳火发动而生世爻。今年太岁在申，恐怕亥年不利。后来死于戌年，因为戌年是巳火入墓的年份。

【原文】

**忌神最怕动摇。**

忌神不动，自是平安，动则已有限期矣，非应逢合之年，必应逢值之岁。

如寅月己酉日占寿，得剥之无妄卦。断曰："世化申金回头之生，不宜寅月冲破，又嫌戌土、未土动而克水，有克而无生也。须防卯岁。"果卒于卯年，乃应戌土逢合之年而克世也。

【译文】

**忌神最怕动摇。**

忌神不动，自然平安，发动就有限期了，不是应在逢合的年份，必定应验在逢值的年份。

例如，寅月己酉日占寿命，得到山地剥卦，变为天雷无妄卦：

| | | | |
|---|---|---|---|
| 妻财寅木● | ——— | | |
| 子孙子水× | — —世 | 兄弟申金● | ——— |
| 父母戌土× | — — | 官鬼午火● | ——— |
| 妻财卯木●● | — — | | |
| 官鬼巳火●● | — —应 | | |
| 父母未土× | — — | 子孙子水● | ——— |

断卦说："世爻化申金回头生，不宜被寅月冲破，又嫌戌土、未土发动而克水，有克无生，必须预防卯年。"果然死于卯年。死于卯年，是戌土逢合而克世爻的缘故。

【原文】

又如酉月癸亥日占寿，得泰之明夷。寅木鬼动而克世，当应寅年、亥年不测，却卒于辰年，应世爻所值之年也，乃是世爻辰土逢辰年而遭鬼克之故耳。

【译文】

又例如，酉月癸亥日占寿命，得到地天泰卦，变为地火明夷卦：

子孙癸酉金●● — —应
妻财癸亥水●● — —
兄弟癸丑土●● — —
兄弟甲辰土● ——世
官鬼甲寅木○ —— 兄弟己丑土●● — —
妻财甲子水● ——

寅木官鬼发动而克世爻，应当应在寅年、亥年发生不测，却死于辰年，应在世爻所值的年份。这是世爻辰土逢辰年而遭官鬼克的缘故。

**【原文】**

又如子月乙亥日，占终身财福，得节之中孚。余曰："勿以财问，问寿可也。夫巳火世爻日月冲克，何当子水又加克之，逢丑年须防水厄。"彼问："何也？"余曰："坎宫属水，日辰月建是水，又动出子水，是故当防之也。"

**【译文】**

又例如，子月乙亥日占终身财福，得水泽节卦，变为风泽中孚卦：

兄弟子水× — — 子孙卯木● ——
官鬼戌土● ——
父母申金●● — —应
官鬼丑土●● — —
子孙卯木● ——
妻财巳火● ——世

我说："不要问财，可以问寿数。巳火世爻被日辰月建冲克，哪里能顶得住子水又克？逢丑年必须防水的厄难。"他问："为什么？"我说："坎宫属水，日辰月建是水，又动出子水，所以这样说。"

**【原文】**

忽于丑年卯月辛卯日，友偕一人占流年，得兑之随卦。断曰："今年六月，若非水中之险，定逢竹木之灾。卦中日月克世，二爻寅卯又克，目下世空无碍，六月世爻出空，逢群木以伤之，难保无危。"彼曰："向占曾言不利，今又如此，果低乎？"余曰："数与数合，非仅低也。"

【译文】

丑年卯月辛卯日，朋友又带一个人来占流年，得到兑为泽卦，变为泽雷随卦：

父母未土●●　— —世
兄弟酉金●　———
子孙亥水●　———
父母丑土●●　— —应
妻财卯木○　———　　妻财寅木●●　— —
官鬼巳火●　———

断卦说："今年六月，如果不遇到水的危险，就一定遇竹木的灾难。卦中日辰月建克世爻，二爻寅卯又克，眼下世爻逢空无碍，六月世爻出空，逢众多的木来伤它，难保不遇到危险。"他说："以前曾经占问，断为不利，现在又是这样，寿数确实低吗？"我说："卦数与卦数相合，不只是寿数低。"

【原文】

后果于六月随主避暑园林。二十九日向人而言曰："某人说我六月必死，今日廿九，饭吃七碗，如何得死？"少刻持裤往塘内，在独木船上洗之。忽而船已离岸，岸上一人叫曰："无惧乎？"某人说你死于水中，今船离岸，不死何为？其人心忙，以手划船而船不动，竟下水欲以一手扳船一手划之，岂知船轻，连人而覆，既死于木，又死于水。少刻，主人随命家人戽干船水，叫两人翻船，竟翻不过，岂非数耶？

古法占流年，财克世者，以财断之，予竟以木多克世，防木为害。

觉子曰：《千金赋》曰："卦遇凶星，避之则吉"，此卦忌神动摇，世爻空亡，岂可避耶？

【译文】

后来这人于六月随主人到园林避暑。二十九日对人说："某人说我六月必死，今天二十九，饭吃了七碗，怎么会死？"不一会儿，这人拿着裤子去水塘里，在独木船上洗。忽然船离了岸，岸上一人叫道："不怕吗？某人说你死于水中，现在船离了岸，不死怎么着？"这人心慌，以手划船而船不动，竟下水用一手扳船一手划水。哪知道船轻，连人翻过，既死于木，又死于水。不一会儿，主人命家人戽干船里的水，叫两个人翻船，竟翻不过来。这难道不是命数吗？

古法占流年，妻财克世爻的以妻财推断，我竟以木多克世爻，断为防木为害。

觉子说：《千金赋》说"卦遇凶星，避开就吉"，这一卦忌神动摇，世爻空亡，如何避得开？

**【原文】**

又如午月己丑日占寿，得否之遁。此卦不敢定寿，世与妻财同化回头之克，间有应于伤妻者，须再占一卦。

**【译文】**

又例如，午月己丑日占寿数，得到天地否卦，变为天山遁卦：

父母戌土● ▅▅▅应

兄弟申金● ▅▅▅

官鬼午火● ▅▅▅

妻财卯木× ▅ ▅世 兄弟申金● ▅▅▅

官鬼巳火●● ▅ ▅

父母未土●● ▅ ▅

这一卦不敢定寿数，世爻与妻财同时化回头克，有应验于伤妻的，必须再占一卦。

**【原文】**

又得比之屯卦。此卦世爻随鬼入墓，故知前卦乃应自身之寿也。但不敢竟断应期。彼曰："须求直判。"予曰："非我不言，因卦中之年月难定。盖世爻卯木，有应逢值者，有应逢冲者，有应木绝于申者，有应木墓于未者。请再占，为君决其应期。"

【译文】

又得到水地比卦，变为水雷屯卦。

妻财子水●●　— —应

兄弟戌土●　———

子孙申金●●　— —

官鬼卯木●●　— —世

父母巳火●●　— —

兄弟未土×　— —　妻财子水●　———

这一卦，世爻随鬼入墓，所以知道前一卦应在自身的寿数。但不敢直断应期。他说："求您直断。"我说："不是我不说，是因为卦中的年月难定。世爻为卯木，有应在逢值日的，有应逢冲的，有应在木绝于申的，有应在木墓于未的，所以请再占一卦，好为您决断其应期。"

【原文】

又得蒙之临卦。余曰："此卦得应期矣。上下寅木动而克世，木墓之年，乃在未岁。"彼问："有凶事否？"余曰："前卦木被金伤，临玄武而动，须防盗贼。"后于申年，城破而亡，乃应木绝于申也。

【译文】

又得到山水蒙卦，变为地泽临卦：

父母寅木○　———　妻财酉金●●　— —

官鬼子水●●　— —

子孙戌土●●　— —世

兄弟午火●●　— —

子孙辰土●　———

父母寅木×　— —　兄弟巳火●　———

我说："这一卦得到应期了。上爻和初爻寅木发动而克世爻，应当是木入墓的未年。"他问："有凶事吗？"我说："前面的卦木被金伤，临玄武而发动，必须防备盗贼。"后来于申年因城被攻破而死，这应验为木绝于申。

# 趋避章第四十

**【原文】**

圣人作《易》，原令人趋吉避凶。若使吉不可趋，凶不可避，圣人作之何益？世人卜之何用？

或曰："年灾月晦，可以避之，死生如何能避？"余曰：安于正寝者，虽有可避之方，亦不须避。康节①先生临终，呼弟子沐浴更衣，群弟子哭曰："先生何不息神辟谷②，以乐天年？"先生曰："不怕二程③夫子笑，要作神仙不甚难。"故曰可避而不避也。若占得死于水者，莫近河边，死于刑者，不可违条犯法，未有不化凶而为吉也。

**【译文】**

圣人制作《周易》，本来是令人趋吉避凶。如果吉不可以趋向，凶不可避开，圣人制作它有什么用？世人占卜有什么用？

有人说："年月的灾晦可以避开，死生如何能避开？"我说：寿终正寝的，即使有避开方法也不必用。邵康节先生临终时，唤弟子沐浴更衣，那些弟子哭着说："先生何不宁神辟谷，安乐地享天年？"先生说："不怕二程夫子笑话，要作神仙也不是很难。"所以说可以避开而不去避。如果占断死于水的不接近河边，死于刑法的不违规犯法，没有不化凶为吉的。

**【原文】**

曾于汉口，卯月丙寅日占索债得否，得益之中孚。此人欲渡江索债，因屡取不得，欲与之厮闹，问得财否、成非否？余见此卦，本日日

①康节：姓邵名雍，宋代哲学家、易学大师，谥号康节。著有《皇极经世书》等。
②辟谷：不吃五谷，这是方士道家当作修炼成仙的一种方法。
③二程：程颢和程颐，宋代哲学家，程朱理学代表人物。

辰动化进神克世。因世爻落空，辰时出空，被日、月、动爻之克，必有危亡之祸。留之早膳，过此时辰去亦不迟。彼必欲去，余苦留之。饭后去到江边，忽而跑回，向余拜谢活命之恩。余曰："此其何故？"彼曰："今早四只大船摆渡，行之江心，忽起暴风，尽行覆没，此时尸满长江。若不蒙君苦留，已在江中矣。"余曰："依数全无救星，定是兄之德行，我有何功？"此非谓之避之则吉耶？

**【译文】**

曾经于卯月丙寅日，在汉口占索债能得与否，得到风雷益卦，变为风泽中孚卦：

兄弟卯木● ——应
子孙巳火● ——
妻财未土●● — —
妻财辰土●● — —世
兄弟寅木× — — 兄弟卯木● ——
父母子水● ——

这人要渡过江去索债，因为屡次索不到，想与他厮闹，问这样能否得财，会不会造成是非。我见这一卦本日日辰发动，化进神而克世爻。因为世爻落空，辰时出空，被日辰、月建、动爻克，必有危亡的祸患。我留他吃早饭，说过了这个时辰再走也不迟。他一定要走，我苦苦留他。饭后走到江边，忽而跑回来，向我拜谢救命之恩。我说："这是什么缘故？"他说："今天早晨有四只大船摆渡，船到了江心，忽然起了暴风，全都覆没了。这时候长江正满是尸首，若不是蒙您苦留，我就也在江中了。"我说："依卦数，完全没办法解救，一定是因为兄长的德行而得救，我有什么功劳？"这不是躲避就吉的明证吗？

**【原文】**

**最忌官鬼持世，**

凡占防患，克世者皆不为吉，独鬼爻克世更凶。火鬼，须防火灾；木鬼，须防木害。水鬼克世，沉溺之忧；土鬼伤身，岩墙之厄。金鬼，剑刀斧钺。虎玄戾鬼，盗贼兵戈；蛇雀官非，兼防火厄。勾陈田土，又系牢狱；青龙虽是吉神，克世亦为凶象，或因酒色亡身，间有喜中起祸。

**既以五行六神而定，再以八卦参之。**

乾兑为寺庙，又属金形；坎兑以水为灾，勿执自弩。离以火灾，又为蟹鳖。震有舟车之灾，巽防妇女之奸。坤艮郊野山林，又为老妇、妖童之惑。诸类多门，在人通变。

**【译文】**

**最忌讳官鬼持世，**

凡占防患，克世爻都不吉，而官鬼克世爻更凶。火为官鬼，必须防备火灾；木为官鬼，必须防备木的危害。水为官鬼而克世爻，有沉溺的忧患；土为官鬼而伤世爻，有岩石或墙壁的厄难；金为官鬼，必须防备剑刀斧钺。值白虎和玄武，为暴戾的鬼，主盗贼和兵戈；螣蛇和朱雀主官司是非，并且要兼防火灾；勾陈主田土，又属于牢狱之神；青龙虽然是吉神，克世爻也属于凶象，或许为酒色而丧生，也有在喜庆中发生灾祸的。

**已经以五行六神而推论，还要凭八卦六爻来参究。**

乾兑二卦象征寺庙，又为金属的器物；坎兑二卦为水灾，也不要拿弓弩；离卦为火灾，又为蟹、鳖之类；遇震卦有车船的灾难；遇巽卦要防妇女的奸计；坤艮二卦主郊野和山林，又为老妇、妖童的蛊惑。这许多门类，在于人的灵活变通。

**【原文】**

如丑月戊子日占梦，得益之中孚卦。此人因梦一身之血，入河洗之。余曰："血乃财也，洗之去者，破财之兆也。今占得此卦，螣蛇发动化进神，克世克财，不独劫财，还防身遭木害。巽宫属木，又系木动克世，木害须防。"彼曰："何以避之？"余曰："世与木爻皆在内卦，出外可避。巽为长女，勿贪幼妇。"彼曰："应在何时？"余曰："交春可以避之。"彼曰："年近岁逼，如何远去？"不意果于正月亥日宿于妾房，被贼明火入室，席卷一空，身受木器所伤。若不宿于少妇之室，或者扒墙而出，未必身受其伤。

【译文】

例如，丑月戊子日占梦，得到风雷益卦，变为风泽中孚卦：

兄弟卯木●　　———应

子孙巳火●　　———

妻财未土●●　— —

妻财辰土●●　— —世

兄弟寅木×　　— —　　　　兄弟卯木●　　———螣蛇

父母子水●　　———

这人梦见自己一身血污，下河去洗。我说："血是财，洗去是破财的征兆。现在占得这一卦，螣蛇发动而化进神，克世爻妻财，不但劫夺财物，还要防身体遭到木的危害。巽宫属木，又是木动克世爻，也主须防止木的危害。"他说："怎样才能避开？"我说："世爻与木爻都在内卦，出外可以避开。巽为长女，不要贪恋年轻的妇女。"他问："应验在什么时候？"我说："交立春节可以躲避。"他说："年关逼近了，怎么能远走他乡？"没想到正月亥日，他住在妾的房间，盗贼明火执仗地入室，把家中的钱物席卷一空，身上被木器击伤。如果不住在少妇的房间，或者爬墙逃走，就不见得受伤。

【原文】

**独宜福德随身。**

占梦兆，占漂洋过江，占逾险偷关，占防瘟疫，占防病，占误食毒物，占远邻火起，占防伤害，占避难，占贼盗生发，占孤身夜行，占宿店庙，占入山，占仇人讹诈，占已定大罪，占入不毛，大凡一切犹疑惊恐、防灾防患者，皆宜子孙持世，或福神动于卦中。古法曰："但得子孙乘旺动，飞殃横祸化为尘。"

如午月丁亥日，占梦前夫叫去，已随去矣，得到既济之临。断曰："世爻亥水虽临日辰，岂当重重土克？今冬防厄。"果于九月成痨，腊月而死。

【译文】

**只适宜福德随身。**

占梦兆，占漂洋过江，占越过险地，偷渡关隘，占防瘟疫，占防病，占误吃了有毒的东西，占远处的邻居家失火，占防伤害，占避难，占贼盗发生，占孤身夜行，占宿旅店或寺庙，占入山，占仇人讹诈，占已经定了大罪，占深入不毛之地，大凡一切忧惶惊恐、防灾虑患的事，都适宜子孙持世，或者福神在卦中发动。古法说："只要得到子孙乘旺发动，飞殃横祸都会化为尘埃。"

例如，午月丁亥日，占前夫在梦中叫她去，她随丈夫去了，得到水火既济卦，变为地泽临卦：

| | |
|---|---|
| 兄弟子水●● — — 应 | |
| 官鬼戌土○ ——— | 兄弟亥水●● — — |
| 父母申金●● — — | |
| 兄弟亥水○ ———世 | 官鬼丑土●● — — |
| 官鬼丑土 × — — | 子孙卯木● ——— |
| 子孙卯木● ——— | |

断卦说："世爻亥水虽然临日辰，但是怎么能抵挡重重的土克？须防止今年冬令有灾厄。"果然于九月得痨病，于腊月死去。

【原文】

又如戌月戊申日占梦，母叫去，已随去矣，得风山渐。凶梦相同，生死各别。前卦世爻变鬼，死于腊月；后卦子孙持世，竟无凶灾。

觉子曰：虽然子孙持世，难为吉兆。若值月破，许之出月无忧；若临旬空，许之出旬无忧。未至出旬之日，尽属虚疑空忧。

【译文】

又例如，戌月戊申日，占梦见母亲让随着去，自己便随去了，得到风山渐卦：

官鬼卯木● ———应
父母巳火● ———
兄弟未土●● — —
子孙申金● ———世
父母午火●● — —
兄弟辰土●● — —

凶梦虽然相同，生死却各自不同。前一卦世爻变官鬼，死于腊月；后一卦子孙持世，竟没有凶险灾厄。

觉子说：虽然子孙持世，但是难以作为吉兆。若值月破，就许他出月无忧；若临旬空，就许他出旬无忧。没到出月出旬的时候，都属于虚妄的疑惧，徒劳的忧虑。

【原文】

如巳月庚辰日占防患，得夬卦，世临子孙值旬空，事之不结，终日忧煎。又于乙酉日占得无妄。世临午火，子孙又值旬空，事又反复不结。

【译文】

例如，巳月庚辰日占防忧患，得到泽天夬卦：

兄弟未土●● — —

子孙酉金● ———世

妻财亥水● ———

官鬼卯木● ———

父母巳火● ———应

兄弟未土● ———

世爻临子孙而值旬空，事情无法了结，终日忧虑煎熬。

又于乙酉日占得天雷无妄卦：

妻财戌土● ———

官鬼申金● ———

子孙午火● ———世

妻财辰土●● — —

兄弟寅木●● — —

父母子水● ———应

世爻临午火，子孙又逢旬空，又是事情反反复复，无法结束。

【原文】

己酉日又占得节之坎卦。余曰：“甲寅日则事结矣。”彼曰：“何也?”余曰：“世下巳火变出寅木子孙，又值旬空，幸得卦遇六冲，所以结矣。”果结于甲寅日。

**【译文】**

己酉日又占，得水泽节卦，变为坎为水卦：

兄弟子水●● — —

官鬼戌土● ———

父母申金●● — —应

官鬼丑土●● — —

子孙卯木● ———

妻财巳火● ———世 子孙寅木●● — —

我说：“甲寅日事情就了结了。”他问：“为什么这样说?”我说：“世爻下巳火变出寅木子孙，又值旬空，幸而遇到六冲卦，所以了结了。”果然了结于甲寅日。

**【原文】**

**克在内，世在外，宜于外避；**

克神若在内卦，动而克世，宜出外避之；克神若在外卦，动而克世，宜在家避之。

如寅月丁卯日占流年，得噬嗑之睽。余曰：“今秋必有灾厄。寅木动爻临月建，化进神克世，此时太盛，贪荣华不来克害，六七月衰墓之时，防土木之危。”彼曰：“可避否?”余曰：“宜往外方，可避之。”又问：“何方为吉?”余曰：“目下去者宜往西方，六七月去者，宜往东方。”“何也?”“六七月木衰矣，所以反宜于东。”此人竟未出门。捱至七月初七，又得凶梦，此人即往东行。二十八地震，房塌，人口被伤，独伊得免。

**【译文】**

**克爻在内卦，世爻在外卦，应该外出躲避；**

克制的爻如果在内卦发动而克世爻，适宜外出躲避；克的爻若在外卦发动而克世爻，应该在家里躲避。

例如，寅月丁卯日占流年，得到火雷噬嗑卦，变为火泽睽卦：

子孙巳火● ———
妻财未土●● — —世
官鬼酉金● ———
妻财辰土●● — —
兄弟寅木× — —应　　兄弟卯木● ———
父母子水● ———

我说："今年秋令必定有灾厄。寅木动爻临月建，化进神而克世爻，这时太旺盛，贪恋荣华，不来克害，到六七月衰墓的时候，必须预防土木的危难。"他问："可以躲避吗？"我说："去外面可以避开。"又问："哪个方位吉？"我说："眼下去，适宜去西方；六七月去，适宜往东方。"他问："为什么？"我说："六七月的木衰弱了，所以反而适宜去东方。"这人竟没有出门。挨到七月初七，又得到凶梦，于是就往东走。二十八日地震，房子塌了，家人遇难，只有他得以幸免。

**【原文】**

又如卯月己未日，占得履卦。予过鄱阳，忽起暴风，水冲舵去，其舟旋于湖内。小价[①]掷钱，予问："所得何卦？"答曰："天泽履。"予曰："子孙持世，何足为忧？"仍复睡卧。少刻一阵大风，将船吹送其岸。

**【译文】**

又例如，卯月己未日，占得天泽履卦：

兄弟戌土● ———
子孙申金● ———世
父母午火● ———
兄弟丑土●● — —
官鬼卯木● ———应
父母巳火● ———

我过鄱阳湖，忽然起了暴风，水把舵冲走了，船在湖上旋转。仆人掷钱，我问："得到的是什么卦？"他回答："天泽履。"我说："子孙持

①小价：又作小介，是对自己仆人的谦称。

世，有什么可忧虑的?”说完仍然睡卧。不一会儿，刮起一阵大风，将船吹送到了对岸。

**【原文】**

又如申月戊申日，占被人讹诈可成非否?得旅卦。予曰:“子孙持世，何足为惧，必不成非。分文勿使，不必理他。”予详酉金旺财临应爻，又曰:“我虽劝尔分文勿使，应财旺甚，是非虽无，只恐不得不使钱耳。”后果仇家央烦当道说合，无奈费过四数。

**【译文】**

又例如，申月戊申日，占被人讹钱会不会形成是非，得到火山旅卦:

兄弟巳火● ———

子孙未土●● — —

妻财酉金● ———应

妻财申金● ———

兄弟午火●● — —

子孙辰土●● — —世

我说:“子孙持世，不必畏惧，一定成不了是非。分文也不要给，不必理他。”但我详看卦中，发现旺相酉金妻财临应爻，就又说:“我虽然劝你分文不给，但是应爻妻财旺得很，所以是非虽然没有，恐怕还是不得不给钱。”后来仇家果然请当道人物出面说合，无奈的花费超过了四位数。

**【原文】**

**世在外，克在外，宜于家居。**

世爻与忌神皆在外卦者，不可出行，家居可避;世与忌神在内卦者，不可家居，宜于外避。《出行章》云:“路上有官休出外，家中有鬼莫居家。”同此意耳。

如未月丙子日，占仆人为祸否，得解之震。此公知仆役变心，意欲处治，尚无实迹，故占之。断卦者若执奴仆为财，则迂矣。彼既防患，只看忌神。此卦世临辰土，两重寅木伤之。余曰:“不独此人，还有附从者。”彼曰：“何法处之?”余曰：“彼实无迹，如何处之?但未月乃木之墓，七月乃木之绝，此两月乃败露之月也。公宜出外，自能免祸。”果依语而行，往坟庄①上住过半月，两仆人逃矣，一妇随去，一妇未去。未去之妇而曰：“彼二人原欲害主而逃，今因外出，不能相害。”此非避凶之征耶?

**【译文】**

**世爻在内卦，克爻在外卦，适宜在家安居。**

世爻与忌神都在外卦的，不可出行，家居可以避开；世爻与忌神在内卦的，不可在家，应该到外面躲避。《出行章》说：“路上有官鬼，不要外出；家中有官鬼，不要居家。”与这个意思相同。

例如，未月丙子日，占仆人会不会为祸，得到雷水解卦，变为震为雷卦：

| | | | |
|---|---|---|---|
| 妻财戌土●● | — — | | |
| 官鬼申金●● | — —应 | | |
| 子孙午火● | —— | | |
| 子孙午火●● | — — | | |
| 妻财辰土○ | ——世 | 兄弟寅木●● | — — |
| 兄弟寅木× | — — | 父母子水● | —— |

这人知道仆人变了心，想要处治他，但没发现切实的证据，所以来占问。这时，断卦者若执着于以妻财为奴仆，那就迂腐了。他既然是占防患，就应该只看忌神。这一卦世爻临辰土，两重寅木伤害它，所以我说：“不只这人，他还有附从。”他问：“用什么方法处置他们?”我说：“他们既没有露出迹象，怎么能处置?但未月是木的墓地，七月是木的绝地，这两个月是他们败露的月份。您应当外出，自然能免除祸患。”他果然依照我的话离开家，到老家住了半月。期间两个仆人逃跑了，一个妇人随他们而去，一个妇人没有去。没去的妇人说：“他们两人原想害死主人再逃走，现在因为您外出，所以没害成。”这不是避凶成功的例子吗?

①坟庄：故乡。故乡都有祖坟及田庄，故称。

**【原文】**

**避患于生世之方，趋吉于福神之地。**

凡避兵、避瘟、养病、避是非，皆宜避于生世之方，及子孙之方，为吉。子孙若发动于卦中，不拘克世生世持世，俱以为吉。

如巳月戊辰日，占防流兵，得临之睽卦。彼流兵为害，到处遭殃。此人知《易》，占得此卦，终日焦忧。余问其故，彼曰："巳、酉、丑合成金局而克世，世爻又临螣蛇之鬼，数在劫中，万万莫能逃矣！"余笑而曰："尔与兵贼同居，保尔无事。"彼曰："何也？"余曰："子孙合成金局，克身边之鬼，夫复何忧？"彼曰："酉金子孙长生于巳月，又化巳火，论克，如何论生？"余曰："酉金得丑未二土以相生，如何论克？"果屡逢兵变，此人或避或不避，皆不逢惊，自癸未年占得此卦，直至庚寅年地方大定。向余而曰："子孙为福神，信乎有验。世之看书不到、论理不彻、以吉为凶者，不独我一人而已。"

**【译文】**

**避凶要去生世爻的方位，趋吉须往福神的地点。**

凡避流兵、避瘟疫、养病、避是非，都适宜躲避于生世爻的方位，及子孙爻所在的方位，这样才吉。子孙若在卦中发动，不管克世爻、生世爻还是持世爻，都看作吉兆。

例如，巳月戊辰日，占防流兵为害，得到地泽临卦，变为火泽睽卦：

| 子孙酉金× | — — |  | 父母巳火● | ——朱雀 |
|---|---|---|---|---|
| 妻财亥水●● | — — | 应 |  |  |
| 兄弟丑土× | — — |  | 子孙酉金● | ——玄武 |
| 兄弟丑土●● | — — |  |  |  |
| 官鬼卯木● | —— | 世 |  |  |
| 父母巳火● | —— |  |  |  |

那些流兵为害，到处遭殃。这人懂得《周易》，占得这一卦，终日焦虑。我问是什么缘故，他说："巳、酉、丑合成金局而克世爻，世爻又临螣蛇和官鬼，在劫数当中，万万无法逃避！"我笑着说："你只须与兵贼同住，保你无事。"他说："为什么？"我说："子孙合成金局，

克身边的官鬼，还有什么忧虑？”他说：“酉金子孙长生于巳月，又化巳火，应当论克，你怎么论生？”我说：“酉金得到丑未二土相生，为什么论克？”果然屡次遇到兵变，这人或者躲避或者不躲避，都没有受到惊吓。从癸未年占得这一卦，直至庚寅年地方大为安定，都是这样。于是他对我说：“子孙是福神，确实灵验。世上看书不到位，论理不透彻，以吉为凶的，不只我一个人。”

【原文】

如巳月丙戌日，占通乡避乱，得乾之大有。众以子孙属水，金动生之，北方为吉。余曰：“非此议论。兄动化进神，乃破财之象。午火得令而生世，往南避之为吉。”信余之言，皆从南避。后果从北来，放火烧村而去，房屋稻谷尽成灰烬，乃申金兄动破财之故耳。所以生方为吉，子孙之方亦吉。又当以旺衰分别。火虽鬼方，生我何碍？

【译文】

例如，巳月丙戌日占全乡人避乱，得到乾为天卦，变为火天大有卦：

父母戌土●　——世
兄弟申金○　——　　父母未土●●　— —
官鬼午火●　——
父母辰土●　——应
妻财寅木●　——
子孙子水●　——

因为子孙属水，金爻发动而生它，众人以为北方吉。我说：“不是这个说法。兄弟发动化进神，是破财的征象。午火得令而生世爻，以往南躲避为吉。”众人相信我的话，都去南方躲避。后来贼人果然从北方而来，放火烧掉村庄才离去，房屋、稻谷都成了灰烬，这是申金兄弟发动破财的缘故。所以得生方位吉，子孙的方位也吉。又应当以旺衰来分辨。火虽然是官鬼的方位，但是既然生我，有什么妨碍呢？

【原文】

**世遇生扶，百年正寝；身遭克害，五类推详。**

凡占终身结果何如，但得世爻旺相，或有动爻、日、月生扶，或动而化吉，皆许无疾而终。如若世逢克制刑冲，须以五行兼六神而断。受五行之克，以疾病而言；如兼六神之凶，即以横亡而断。

火若伤金，肺经之病；土来刑水，肾受其伤。水克火以伤心，金克木而肝疾。脾虚胃弱，皆因木旺刑冲；肠损腰伤，乃谓仇神独发。兼螣蛇以心惊，带青龙而酒色。勾陈肿胀，朱雀癫狂。虎必血灾，玄因气恼。虎玄金鬼，难免盗贼兵戈；水鬼龙玄，宜远江湖池井。蛇雀木鬼犯官刑，临火须防焚害；蛇木又缢绞，勾陈土鬼牢狱。谚云："一样之生，百样之死"，卦如神见，理宜细详。

【译文】

**世爻遇到生扶，必定百岁正寝；身位遭受克害，要凭五行推详。**

凡占终身结果如何，只要世爻旺相，或者有动爻、日辰、月建生扶，或者发动而化吉，都许他无疾而终。如果世爻遇到克制刑冲，则必须依五行和六神来推断。受五行的克制，以疾病论断；如果兼临六神中的凶神，就以横死论断。

火若伤金，是肺经的病。土来刑水，是肾脏受伤。水克火就伤心，金克木肝就生病。脾胃虚弱，都是因为木旺刑冲。肠和腰损伤，是由于仇神独自发动。兼临螣蛇就会心中惊恐，附带青龙就会伤于酒色。勾陈主肿胀，朱雀主癫狂。白虎必定是血灾，玄武只因为气恼。白虎和玄武值属金的官鬼，难免盗贼和兵祸；属水的官鬼临青龙和玄武，宜于远离江湖池井。螣蛇和朱雀值属木的官鬼，主犯官刑；临属火的官鬼，须防焚烧。螣蛇值属木的官鬼，又为缢死或绞死；勾陈临属土的官鬼，主牢狱。谚语说"一样的生，百样的死"，卦中就像神看见了一样。其中道理，应该细心体察。

【原文】

如未月癸亥日占定何罪，得中孚变临卦。断曰："木鬼临白虎，绞罪定矣。但幸世临月建，木鬼虽动，又被酉金回头之克，外卦反吟，事必反复。虽定绞罪，终有改移。"果议绞罪，后蒙驳番拨活罪。

【译文】

如未月癸亥日占被用什么刑处死，得到风泽中孚卦，变为地泽临卦：

| | | | |
|---|---|---|---|
| 官鬼卯木○ | ——— | 子孙酉金●● | — —白虎 |
| 父母巳火○ | ——— | 妻财亥水●● | — —螣蛇 |
| 兄弟未土●● | — —世 | | |
| 兄弟丑土●● | — — | | |
| 官鬼卯木● | ——— | | |
| 父母巳火● | ———应 | | |

断卦说："属木的官鬼临白虎，绞刑已经定了。幸而世爻临月建，属木的官鬼虽然发动，又化酉金回头克；外卦反吟，事情必主反复无常。所以虽然定了绞刑，终究会有改变。"果然议定绞刑后被驳，死罪改成了活罪。

## 父母寿元章第四十一

**【原文】**

凡占祖父祖母、占父母，须宜分占。古以阳爻为父，阴爻为母，此论非也。

**父临日月，椿庭晚岁荣华；母逢空破，萱草残年憔悴。**

父母爻或旺或相，或临日月，或日、月、动爻生扶，及动而化吉，长享遐龄。父母爻休囚，不遇刑伤克害，晚年多病，还保无伤；休囚又被刑冲，或日、月、动爻之克，及动而变凶，承欢宜早。

**【译文】**

凡占祖父祖母、占父母，必须分别占问。古法以阳爻为父，阴爻为母，这种说法是错误的。

**父爻临日辰月建，就像椿庭晚年荣华；母位逢旬空月破，如同萱草残年憔悴。**

父母爻或旺或相，或临日辰月建，或者日辰、月建、动爻生扶，及发动而化吉，得以享受高龄。父母爻休囚，不遇刑伤克害，晚年多病，但是可以保证不损丧；休囚又被刑冲，或者受日辰、月建、动爻克，及发动而变凶，须及早防范。

【原文】

如丑月庚子日，先占父寿，得姤卦；又占母寿，得大壮之升。断曰："前卦两现父母，取月建丑土为用神，旺于子日，又与日合，蒂固根深，大椿永茂。后卦午火父母动被日冲，初爻子水又动，此午火火有克无生。因初爻子水化出丑土贪合，不来克火，防丙子年；加以太岁冲之，是其时也。"癸酉年占，至乙巳年三十余载，复遇其人而问曰："尊翁健否？"答曰："甚健。"问乃堂[1]，答曰："果终于子年。"若以古法，阳为父，阴为母，前卦丑戌两现，俱以旺而断者，如天远矣。

【译文】

例如，丑月庚子日，先占父亲的寿数，得到天风姤卦：

父母戌土● ———

兄弟申金● ———

官鬼午火● ———应

兄弟酉金● ———

子孙亥水● ———

父母丑土●● — —世

又占母亲的寿数，得到雷天大壮卦，变为地风升卦：

兄弟戌土●● — —

子孙申金●● — —

父母午火○ ———世　　兄弟丑土●● — —

兄弟辰土● ———

官鬼寅木● ———

妻财子水○ ———应　　兄弟丑土●● — —

断卦说："前一卦两处出现父母爻，取月建丑土为用神。用神旺于子日，又与日辰相合，蒂固根深，像高大的椿树长久繁茂。后一卦午火

[1]乃堂：你的母亲。乃，你、你的；堂，母亲。

父母发动而逢日冲，初爻子水又发动，这午火有克无生。因为初爻子水化出丑土，贪合而不来克火，故须预防丙子年有丧；加上太岁冲它，这就光示了有事的时间。”癸酉年占问，到乙巳年三十余年，又遇到这人，问道：“尊父健康吗?”回答说：“很健康。”又问他的母亲，回答说：“果然终老在子年。”如果按照古法，阳爻为父亲，阴爻为母亲，那么前一卦丑戌两个用神出现，都以旺相决断，结论就像天空一样遥远了。

**【原文】**

又如卯月庚寅日占母寿，得蹇之谦。卦中两现父母，取戌土动爻为用神。春占休囚，虽则卯与戌合，嫌日月同克，论克不论合也。占后，至戌年辰月而终。应戌年者，动而逢值之年；应辰月者，冲戌之月也。

**【译文】**

又例如，卯月庚寅日占母亲寿数，得到水山蹇卦，变为地山谦卦：

| | | | |
|---|---|---|---|
| 子孙子水●● | — — | | |
| 父母戌土○ | ——— | 子孙亥水●● | — — |
| 兄弟申金●● | — —世 | | |
| 兄弟申金● | ——— | | |
| 官鬼午火●● | — — | | |
| 父母辰土●● | — —应 | | |

卦中两处出现父母爻，取发动的戌土爻为用神。春季占卦，正值休囚，虽然卯与戌合，却嫌日辰月建一同克制，所以论相克而不论相合。占问后，到戌年辰月终老。应验在戌年，因为这是发动而逢值的年份；应验在辰月，因为这是冲戌的月份。

**【原文】**

又如酉月庚申日占祖母寿，得蒙之涣。寅木父母，秋卜凋零，逢绝，逢冲，逢克。五爻子水，独发相生，无根之木，生亦不久。防午年冲去子水，为子者勿远游也。果终于午年。此应冲去原神之年也。

**【译文】**

又例如，酉月庚申日占祖母的寿数，得到山水蒙卦，变为风水涣卦：

父母寅木● ——

官鬼子水× — — 兄弟巳火● ——

兄弟巳火● — —世

兄弟午火●● — —

子孙辰土● ——

父母寅木●● — —应

寅木为父母，在秋季占卜，正值凋零的时节，逢绝、逢冲又逢克。虽然有五爻子水一爻独发相生，但无根的木，得到生助也不会长久。须防午年冲去子水而有事，做儿子的不要远游。果然终老于午年。这是应验在冲去原神的年份。

**【原文】**

又如巳月乙酉日占父寿，得巽之姤卦。断曰："亥水父母爻临月破，又被未土相伤，虽则酉日冲动卯木克土，土旺木衰，不唯不许长年，且无长月。"果终于本年冬月。应子月者，冲去午火，而未土以克亥水。

**【译文】**

又例如，巳月乙酉日占父亲的寿数，得到巽为风卦，变为天风姤卦：

兄弟卯木● ——世

产孙巳火● ——

妻财未土× — — 子孙午火● ——

官鬼酉金● ——应

父母亥水● ——

妻财丑土●● — —

断卦说："亥水父母爻临月破，又被未土克伤，虽然酉日冲动卯木克土，但是土旺木衰，力不能及。不但没有长年，而且没有长月。"果然寿终于本年冬月。应验在冬月，是子水冲去午火，未土得以克亥水的缘故。

【原文】

又如卯月丙寅日占祖母寿，得中孚。断曰："巳火父母日月生之，且有大寿。"伊曰："家父为祖母拜斗①，许拜七年。我因家父劳于公事，停妻未娶②，代为礼拜。"余曰："可见乔梓③大孝，感格天心。此卦日月相生，勿谓非神之力。"戌年占，及至次年，偶因痰堵，此子又来卜之。

【译文】

又例如，卯月丙寅日占祖母的寿数，得到风泽中孚卦：

官鬼卯木● ———

父母巳火● ———

兄弟未土●● — —世

兄弟丑土●● — —

官鬼卯木● ———

父母巳火● ———应

断卦说："巳火父母，得到日辰月建相生，应当长寿。"他说："家父为祖母礼拜北斗，许愿拜七年。我因为家父操劳公事，订了婚而暂时不娶为妻，好代替父亲礼拜。"我说："可见你们父子的大孝，感动了天心。这一卦日辰月建相生，不能说不是得到了神的佑助。"戌年占问，第二年偶然因为祖母痰堵喉咙，这年轻人又来占问。

【原文】

丑月庚子日占，得归妹变震卦。卦未装毕，家人来曰："老太已去世矣。"此子急去。

余详察此卦，丑土父母既临月建，又有午火暗动相生，虽则木动克土，却是化退神，而贪生忘克，岂无救耶？随即赶到其家。

北人土俗，临终不肯停床，已抬于门板之上。痰壅于喉，稍有微息。余以白生矾三钱，滚水化开，掀牙灌之。忽而叫曰："冷甚！"随

①拜斗：礼拜北斗七星。佛教和道教都有关于礼拜北斗七星可以延长寿命的说法。

②停妻未娶：已经订婚而暂不婚娶。

③乔梓：乔木格梓树。前者高大，后者矮小，用以比喻父子。

即又移热炕，又活十有三载。

【译文】

丑月庚子日占，得到雷泽归妹卦，变为震为雷卦：

父母戌土●● — —应

兄弟申金●● — —

官鬼午火○ ——— 父母丑土●● — —

父母丑土●● — —世

妻财卯木○ ——— 妻财寅木●● — —

官鬼巳火● ———

卦还没有装完，家人就来报信说："老太太已经去世了。"这年轻人急忙走了。

我详细考察这一卦，丑土父母既临月建，又有午火暗动相生，虽然木动而克土，却是退神，又贪生忘克，难道真的无救吗？于是随即赶到他家。

按照北方人的风俗，不肯将临终的人停在床上，已抬放在门板上。痰壅在喉咙里，只有一点微弱的呼吸。我把三钱白生矾用滚水化开，掀开牙缝灌了下去。老太太忽而叫道："冷得很！"随即又移到热炕上。结果此后又活了十三年。

## 兄弟章第四十二

【原文】

凡占兄弟，须宜问明，或因弟兄不睦，问将来和好否；或因弟兄虽多，将来得济否；或问将来有兄弟否；或占兄弟寿元，便于判断。

**兄爻旺相，遇生扶紫荆并茂；**

兄弟爻或旺或相，或临日月，或日、月、动爻生扶，及动而化吉，长炕大被，和睦致祥。

**弟位休囚兼受制，雁序分飞。**

兄弟爻休囚者，若问得济，虽有如无；若问将来有否，从此无矣；若问兄弟之寿元，长年有限。倘休囚又逢破空，及日、月、动爻刑克，或动而化凶者，诸占皆不吉也。

如申月丙辰日，占弟兄和好否，得济否，得大有之乾。弟兄临月建，未土爻动以相生，又化出兄爻。余曰："弟兄虽多，有一位属猴者得济。"彼问何故，余曰："神兆机于动，动而变出以临月建，自是超群拔类。"彼曰："果有舍弟属猴，去年曾叨一第，余三人皆从别业。"可见数之灵验如此。迟一年又登甲榜。

**【译文】**

凡占兄弟，应当问清，或者因为弟兄之间不和睦，问将来能否和好；或者因为弟兄虽然多，不知将来能否得济；或者问将来有兄弟没有；或者占兄弟的寿数，以方便判断。

**兄爻旺相而遇到生扶，紫荆同时繁茂；**

兄弟爻或旺或相，或临日辰月建，或者日辰、月建、动爻生扶，及发动而化吉，主长炕大被，兄弟和睦，导致吉祥。

**弟位休囚而又受克制，鸿雁行列分飞。**

兄弟爻休囚的，问能否得济，答案是即使有也和没有一样；问将来有兄弟没有，答案是从此没有了；问兄弟的寿数，答案是即使长寿也有限。倘若兄弟休囚，又逢月破旬空，及日辰、月建、动爻刑克，或者发动而化凶，答案是各种占问都不吉。

例如，申月丙辰日，占能与弟兄能和好否、能得对方的济助否，得到火天大有卦，变为乾为天卦：

官鬼巳火●　——应
父母未土×　— —　　兄弟申金●　——玄武
兄弟酉金●　——
父母辰土●　——世
妻财寅木●　——
子孙子水●　——

兄弟临月建，未土爻发动而相生，又化出兄弟爻，所以我说："弟兄虽然多，但只有一位属猴的能得济。”他问：“什么缘故？”我说：“神把机微兆显示于动爻，发动变出而临月建，自然是出类拔萃的人物。”他说：“果然有舍弟属猴，去年曾经考中了一次科第，其余三人都从事别的行业。”可见卦数灵验到了这样的程度。过了一年，弟弟又登上了甲榜。

【原文】

又如卯月戊辰日，占弟兄同爨，将来和睦久远否？终有反目否？当分居否？得震之兑。断曰：“此卦大凶，爻凶卦凶，大有不测之祸。内卦兄弟化进之时，金鬼于外卦亦化进神，动而冲克；震木变兑金，亦化回头之克，凶之极矣。”后因寇乱，甲申年弟兄同时被害，妻孥悉陷贼营。应申年者，木绝于申也。

【译文】

又例如，卯月戊辰日占弟兄同灶烧饭，将来的和睦久远吗？终究有反目的一天吗？应当分居吗？得到震为雷卦，变为兑为泽卦：

| | | | |
|---|---|---|---|
| 妻财戌土●● | — —世 | | |
| 官鬼申金× | — — | 官鬼酉金● | —— |
| 子孙午火● | —— | | |
| 妻财辰土●● | — —应 | | |
| 兄弟寅木× | — — | 兄弟卯木● | —— |
| 父母子水● | —— | | |

断卦说：“这一卦大凶，爻凶卦也凶，很可能有不测的灾祸。内卦兄弟化进神的同时，属金的官鬼在外卦也化进神而冲克；震木变成兑金，也化回头克，凶极了。”后来因贼寇的祸乱，甲申年兄弟同时被害，妻子儿女都落入了贼营。应验在申年，是木绝于申的缘故。

【原文】

又如未月辛丑日，占兄弟还有否，得既济变革。余曰：“兄弟虽有，必不得济。亥水兄爻持世，申父动而生之，此一位得济之弟，尚未生也。应爻之子水，虽则出现，已值旬空，故曰不得济。”彼曰：“果一位舍弟，已得癫狂之症，所以再问有无。”余曰：“必有，乃异母所生。”彼曰：“何也？”余曰：“父母化出之爻也，是以知之。”又问：“子水之兄弟，临空而不得力，是也；亥水持世之兄爻，如何亦不得济？”余曰：“第四爻申金化出之亥水，即是此爻。此卦之微妙，尔岂得知？”后果异母有出，父亡而抚之。余曰：“抚其成人，后事尔老。”古法“卦无父母而有兄弟，胞于异母”，余未得试。

**【译文】**

又例如，未月辛丑日，占还有没有兄弟，得到水火既济卦，变为泽火革卦：

兄弟子水●●　— —应
官鬼戌土●　———
父母申金×　— —　　兄弟亥水●　———
兄弟亥水●　———世
官鬼丑土●●　— —
子孙卯木●　———

我说：“兄弟虽然有，但一定不得济。亥水兄弟爻持世，申金父母发动而生它，这位得济的弟弟还没有出生。应爻子水虽然出现，但已经值旬空，所以说不得济。”他说：“家里确实一位弟弟，已经得了癫狂症，所以问还有没有。”我说：“必定有，是异母所生。”他说：“为什么这样说？”我说：“是父母化出的爻，所以这样说。”又问：“子水兄弟临旬空而不得力，是的；亥水持世的兄弟爻，为什么也不得济？”我说：“第四爻申金化出的亥水，就是这一爻。这一卦的微妙，你哪里知道？”后来果然异母生了儿子，因为父亲死了，就由他来抚养。我说：“现在你抚养他成人，以后他会侍奉你终老。”古法说：“卦中无父母而有兄弟，是由异母孕育。”这一条我没试验过。

# 夫妻章第四十三

**【原文】**

**夫妇之占，亦须分别。**

或占妻寿，或占夫妻偕老否，或占夫妻和睦否，或占妻有刑伤破败否，占妻占婢，一卦只占一人，不可概问。

**财福生身，可遂倡随之愿；应爻合世，堪为和睦之神。**

《黄金策》专以应爻为妻，其何故也？因其《身命章》中，父、子、弟兄、妻财、官鬼一卦而兼断之。设以财为妻者，又以何爻为财帛？不得不以应爻而为妻位。不顾验与不验，径以应爻为妻。虽然以应爻为妻者，亦非全非理也。

**【译文】**

**对夫妇的占问，也必须分别。**

或者占妻室的寿数，或者占夫妻能否白头偕老，或者占夫妻和睦与否，或者占妻室有刑伤破败没有。占妻占婢，一卦只占一个人，不可概括地占问。

**妻财和福德生身位，可以遂夫唱妇随的愿望；应爻合于世爻，理应是夫妻和睦的征兆。**

《黄金策》专以应爻为妻室，是什么缘故呢？因为它的《身命章》中，父母、子孙、弟兄、妻财、官鬼一卦兼断，如果以财为妻妾，又以哪一爻为财帛呢？不得不以应爻为主妻室的爻位，而不顾应验与不应验。虽然径以应爻为妻位，但也不是全无道理。

**【原文】**

占妻，财爻为重，应爻次之。财爻旺相，应爻空破，仍以吉断；应爻旺相，财爻空破，即以凶推。应旺财旺，吉而又吉；应破财破，凶而更凶。更以应爻为附和也。财爻或旺或相，或临日月，或日、月、动爻化扶及动而化吉，又与世爻相生合者，如占偕老，定然白头相守；如问和睦，必无反目；若问妻命之好否，入夫门，夫家随旺。占妾占婢，指而问者，亦同此断。

**财动化凶，失履遗管[①]之叹；弟兄持世，鼓盆箕踞[②]之悲。**

财动而化凶者，乃化鬼、化回头克、化退神、化绝、化墓、化破、化空之类是也，不拘何问，玉碎珠沉；弟兄持世，或兄弟动于卦中，或日月临兄弟以伤财，或兄化财爻，不拘问妻问妾，皆不得长年。

**【译文】**

占妻，以妻财爻为重，应爻次于它。妻财爻旺相，应爻旬空月破，仍按吉卦论断；应爻旺相，妻财爻旬空月破，就作为凶卦推论。应爻旺相，妻财也旺相，吉上加吉；应爻月破，妻财也破，凶上加凶。还要以应爻为附和。妻财爻或旺或相，或者临日辰月建，或者日辰、月建、动爻化生扶，及发动而化吉，又与世爻相生合，如果占问能否白头偕老，答案是必定白头相守；如果占问和睦与否，答案是一定不会反目；若问妻室命运的好歹，答案是进了夫家门，夫家随即兴旺。占妾占婢女，指实而问的，也同样论断。

**妻财发动化凶，有失履遗管的慨叹；弟兄之爻持世，有鼓盆箕踞的悲哀。**

妻财发动而化凶，即化官鬼、化回头克、化退神、化绝、化入墓、化月破、化旬空之类，不论问什么，都主美玉破碎，珍珠沉没；弟兄持世，或兄弟在卦中发动，或日辰月建临兄弟而伤妻财，或者兄弟化妻财，不论问妻还是问妾，都不得长寿。

**【原文】**

**财旺兄衰，终须反目；克财财退，必主生离。**

---

①失履遗管：履，即鞋，丢一只就不能穿。管，指大管，又叫箫，比笛子小，两个相并而奏。所以用失履遗管来比喻夫妻损丧其中一个。

②鼓盆箕踞：典出《庄子》。书中说庄子的妻子死了，他没有像别人一样悲切，而是箕踞在地上，敲着瓦盆歌唱。在这里比喻妻室去世。

兄爻持世而财爻旺者，不能克妻，终乖琴瑟，相见如仇。兄爻持世，财化退神者，亦同此意，非反目即生离。

酉月辛巳日，占夫妇将来和好否，得泰卦。兄爻持世以克妻财，幸财爻亥水，酉月生之，财旺难于克害。彼曰："目下不睦，将来和好否？"余曰："巳日冲动亥水，又临驿马。妻财临马而暗动，心去难留，生离之象。"此人自此之后，常为此事而占，十有余次，若非兄爻持世，定逢财化退神，后竟生离。

《黄金策》曰："世为一生之本，应为百岁之妻。"此卦世应相生，何以有生离之事耶？如鲍宣娶桓氏①之断者，失于理也。

**【译文】**

**妻财旺而兄弟衰，终究要反目；克妻财而妻财退，必定主生离。**

兄弟持世而妻财爻旺，主不能管束妻室，终究琴瑟不谐，相见像仇人一样。兄弟持世，妻财化退神，也同样论断，不是反目就是生离。

酉月辛巳日，占夫妇将来和好否，得到地天泰卦：

子孙酉金●●　— —应

妻财亥水●●　— —

兄弟丑土●●　— —

兄弟辰土●　———世

官鬼寅木●　———

妻财子水●　———

兄弟爻持世而克妻财，幸而酉月生妻财亥水，妻财旺而难以克害。他说："眼下不和睦，将来能和好吗？"我说："巳日冲动亥水，又临驿马。妻财临驿马而暗动，主心已经离去，难以挽留，是生离的征兆。"这人从此以后，为这件事而占问十余次，但不是兄弟持世，就一定逢妻财化退神。后来果然生离。

《黄金策》说："世爻为一生的根本，应爻为百岁的妻室。"而这一卦世应二爻相生，怎么会有生离的事呢？如果推断为像鲍宣娶桓氏那

①鲍宣娶桓氏：鲍宣，汉代人。他的老师将女儿桓少君嫁给他，鲍宣说："我很贫贱，不敢当。"桓少君就穿上粗布衣服，出门去提水。后来两人终于成了相敬如宾的好夫妻。

样，是不合理的。

【原文】

又如戌月癸卯日，占夫妇何如？有刑克否？得旅之蹇。不独世应相生，而且世与财合，当许百年相守。奈何世爻空而且破，是欲合而不能合也；再加财化退神，决有生离之事。果自娶之后，憎嫌反目，竟休之。

【译文】

又例如，戌月癸卯日占夫妇何如，有刑克没有，得到火山旅卦，变为水山蹇卦：

兄弟巳火○　———　　　官鬼子水●●　— —
子孙未土×　— —　　　子孙戌土●　———
妻财酉金○　———应　　妻财申金●●　— —
妻财申金●　———
兄弟午火●●　— —
子孙辰土●●　— —世

不但世应相生，而且世爻与妻财相合，应当许为百年相守。无奈世爻旬空又月破，主要合而不能合；再加上妻财化退神，必定有生离的事。果然娶妻以后，因为憎恶她而反目，最后竟休了妻。

【原文】

**应财受制，结发难于偕老；动妻旺相，续弦堪许白头。**

卦中财爻多现，若分正庶者，自当以应爻临财而作正妻之位也。倘被日、月、动爻冲克，及动而化凶，乃结发之妻伤也。若得他爻之财旺相，或动而化吉，及他爻变出之财旺相生合世爻者，乃再娶之妻反遂白头。如若财爻不临于应，又以正卦之财为正妻，变爻之财为再娶。

【译文】

**应爻与妻财受制，结发而难于偕老；发动的妻财旺相，续弦却可以白头。**

卦中多个妻财爻出现，如果分正室和庶妻，自然应当以临妻财的应爻作正妻的爻位。这样的一爻倘若被日辰、月建、动爻冲克，及发动而化凶，是结发之妻受到伤害。如果其他爻的妻财旺相，或发动而化吉，及其他爻变出的妻财旺相而生合世爻，是再娶的妻室反而能实现白头偕老的愿望。倘若妻财爻临应位，又以正卦的妻财为正妻，变爻的妻财为再娶的。

**【原文】**

**妻财克身，非刑伤必然凶悍；**

妻财克世，世若休囚空破，或墓绝，或动而变凶，或随鬼入墓，但逢一者，夫命夭亡。旺财克世，世爻得地者，虽无刑伤，必遭悍妒。

**应财生世，非内助即招外财。**

卦中但遇财爻生合世爻，亦不可只以和美断之，间有应得妻家之财力也，否则内君①必善于持家。

**【译文】**

**妻财克世爻，如果无刑伤，就一定凶悍；**

妻财克世爻而世爻休囚、旬空、月破，或者入墓遇绝，或者发动而变凶，或者随鬼入墓，只要遇到其中一种，就主丈夫早死。旺相的妻财虽克世爻，但世爻得地的，虽然并无刑伤，但是必定遇到凶悍而妒忌的妇人。

**应财生世位，不做贤内助，则能招外财。**

卦中遇到妻财爻生合世爻，也不可以只以关系和美论断，偶尔有应验为得到妻子家的财产的，否则的话，妻子一定善于持家。

**【原文】**

如巳月丁未日，占夫妻偕老否，得无妄变观卦。满盘俱是财爻。世爻变出之未土与世爻相合，此未土之财，乃正妻也。临日建，遇月生扶，不独偕老，且许贤比《周南》②。果此公美妾十余，正夫人贤而无

①内君：内人，即妻子。

②《周南》：《诗经·国风》中的一部分，内容多写周朝以南地方男女的情爱和夫妻关系，体现了当时当地人们的美好品德与追求。

妒。夫妻同庚①而生，妻活八旬有一，夫年八十有二岁。此卦若以世应相冲相克而断之，远如天壤。

【译文】

例如，巳月丁未日，占夫妻能否白头偕能老，得到天雷无妄卦，变为风地观卦：

妻财戌土● ——

官鬼申金● ——

子孙午火○ ——世 妻财未土●● — —

妻财辰土●● — —

兄弟寅木●● — —

父母子水○ ——应 妻财未土●● — —

满卦都是妻财爻。世爻变出的未土与世爻相合，这未土妻财主正妻。未土临日辰，遇到月建生扶，不但白头偕老，而且许为贤惠，可以和《周南》所歌咏的相比。果然，这人有美妾十多个，正夫人贤良而没有妒意。夫妻同年而生，妻子活到八十一岁，丈夫年纪八十二岁。这一卦倘若根据世应相冲相克来决断，就离题到天边去了。

## 子嗣章第四十四

【原文】

**凡问子嗣，须明告之。**

或问已有子，后还生否；或问现在之子，将来可保长年否；或从未生育，终有子否，宜告未来，不告已往。即如占天时，神报将来之旱涝，不言昨日之阴晴。尔若含糊而问，假如从前有子，问后来还可生否？后若不生，神必现无子之卦，不报以前之有，乃现后来之无。断卦

①同庚：同岁。

之人，依卦而断，尔肯服耶？又有现今有子，将来若难存者，神亦现无嗣之卦：尔虽曰有，神告曰无，神肯阿谀耶？

【译文】

**凡有问子嗣的，要明确告诉他。**

或者问已经有儿子，以后还生不生；或者问现在的儿子，将来能不能长寿；或者问从来没有生育过，最终有儿子没有，对这些问题，应该告诉的是未来的情况，而不是以往的情况。这就像如占天时，神只报将来的旱涝，而不说昨天的阴晴。你若含糊地问，假如从前有儿子，后来如果不能再生，神必定呈现无儿子的卦，不报告以前的有，而显示后来的无。断卦的人依卦而断，你肯信服吗？还有现在有儿子，将来难以存活的，神也呈现无子嗣的卦：你虽然说有，神还是告诉说没有，神难道会阿谀吗？

【原文】

即如寅月癸亥日，占子嗣多少，得坤之艮。断曰："鬼变子孙，子孙变鬼，有一而遇者，皆无子也。此卦两显无子之兆。"彼曰："少年艰于子嗣，自五旬之外，连得四子，长子已六岁矣。"余曰："依此卦象，恐俱难存。"彼甚不悦。岂知婢妾极多，三五年内，生者生而死者死。生过九子，并无一存，临终过侄立嗣，承袭世职。

【译文】

例如，寅月癸亥日占子嗣多少，得到坤为地卦，变为艮为山卦：

子孙酉金× — —世 官鬼寅木● ———

妻财亥水●● — —

兄弟丑土●● — —

官鬼卯木× — —应 子孙申金● ———

父母巳火●● — —

兄弟未土●● — —

断卦说："官鬼变子孙，子孙变官鬼，这两者遇到其中一个，就是无子的卦。这一卦有两处兆示没有无儿子。"他说："年轻时难得子嗣，从五十岁以后，一连得到四儿子，长子已经六岁了。"我说："依照这一卦象，恐怕都难以存活。”他很不高兴。哪知道他的婢女和妾极多，三五年内，生的生死的死，生过九个儿子，一个存活下来的也没有，临终只好过继侄子作为后嗣，来承袭世代的职务。

**【原文】**

**福德旺隆，育儿贤德；**

福德即子孙爻，若旺，遇生，扶或临日月，或帝旺长生于日，或动而化吉，必产贤儿。

**子孙衰弱，生子愚痴。**

子孙爻衰弱而被克，休囚无气，或墓绝空破，或动而化凶，或日、月、动爻冲克，或父化子、子化父、鬼变子孙，或父空持世，皆生不肖①子孙。逢空不碍，必得子于冲空实空之年。

觉子曰：《黄金策》曰：“子化兄生儿不肖。”殊不知化兄乃回头之生，如何不肖？注解又曰：“化鬼亦不肖。”化鬼者，百无一活，岂不肖而已耶？

**【译文】**

**福德兴旺，所养子女贤德；**

福德即子孙爻，如果旺相，遇生扶，或者临日辰月建，或者帝旺、长生于日辰，或者发动而化吉，必生贤良的儿子。

**子孙衰弱，所生子嗣愚痴。**

子孙爻衰弱而被克，休囚无气，或者入墓、遇绝、旬空、月破，或者发动而化凶，或者日辰、月建、动爻冲克，或者父母化子孙、子孙化父母、官鬼变子孙，或者父母旬空持世，都生不肖的子孙。逢旬空无碍，必定在冲空实空的年份得子。

觉子说：《黄金策》说：“子孙化兄弟，所生的儿子不如父辈。”殊不知化兄弟属于回头生，为什么不肖？注解又说：“化官鬼也不肖。”化官鬼的，一百个当中没有一个能够存活，哪里只是不如父辈呢！

---

①不肖：肖指骨肉相似，不像先人为不肖。后来称不孝之子为不肖，又以无才无德为不肖。

【原文】

申月辛卯日，占子嗣，得复卦。断曰：“‘身带吉而子扶，喜闻鹤和①。’此卦申金月建，作子孙以生世，有子之兆。上爻酉金子孙冲动以生世，定有远方之子来家之象。”彼喜而曰：“我于三十七岁有子，已十八矣！因乱失散，至今并无所出。”余曰：“恭喜！明现子从六爻动来生世，此子必归。”彼曰：“何时得见？”余曰：“明岁甲辰与酉金相合，定然得意而归。”果于次年六月父子相逢。

【译文】

申月辛卯日占子嗣，得到地雷复卦：

子孙酉金●● — —

妻财亥水●● — —

兄弟丑土●● — —应

兄弟辰土●● — —

官鬼寅木●● — —

妻财子水● ——世

断卦说：“‘世爻带吉神而子孙扶助，喜听老少仙鹤间的互相应和’。这一卦申金月建作为子孙而生扶世爻，是有儿子的征兆。上爻酉金子孙被冲动而生世爻，必定有远方的儿子认祖归宗。”他高兴地说：“我在三十七岁上生有儿子，已经十八岁了！因为动乱而失散，至今没有再生。”我说：“恭喜！卦中明白呈现，儿子是从六爻发动，来生世爻，这儿子一定会回来。”他问：“什么时候能见面？”我说：“明年甲辰与酉金相合，一定是得意而回。”父子果然于第二年六月相逢。

【原文】

**财化子，可辨正出庶出；**

卦有财而无子孙者，须看变出之爻。变爻子孙，乃庶出也，即断曰：“正无所出，定得偏生。”卦有子孙，变爻亦有子孙，又非此论，

①鹤和：老鹤与小鹤之间的和谐应答。语出《周易·中孚》九二爻辞：“鸣鹤在阴，其子和之，吾有好爵，我与尔靡之。”

即以变爻之子为晚子也。倘若正庶俱已生子，而问贤愚者，又以正卦之子为正出，变卦之子为庶出也。

如巳月己酉日，占生子不存，将来存否？得贲之无妄。余曰："克过正妻否？"彼曰："仍是结发。"余曰："伤过正妻，方能存子。盖以内卦亥水之财，即为正妻，破而被克；五爻子水之财，乃为再娶，变出申金子孙，必生子也。但五爻子水，亦被戌土之克，虽化长生，而兼酉日之生，不免多病。"卯年占，巳年而正妻死；即于冬月续娶，申年得子，而因产成疾矣。

【译文】

**妻财化子孙，可以辨别生于正妻还是偏室；**

卦中有妻财而无子孙的，必须看变出的爻，变爻子孙主庶出的儿子。所以断卦说："正妻没有生育，一定会有偏室生的儿子。"如果卦中有子孙，变爻也有子孙，则不这样看，而是要以变爻子孙为晚生的儿子。倘若正室和偏房都已经生子，而问儿子是贤良还是愚蠢，则以正卦的子孙为正妻所生，变出的子孙为偏室所生。

例如，巳月己酉日，占生了儿子没有存活，再生能存活吗？得到山火贲卦，变为天雷无妄卦：

| | | | |
|---|---|---|---|
| 官鬼寅木● | ——— | | |
| 妻财子水× | — — | 子孙申金● | ——— |
| 兄弟戌土× | — —应 | 父母午火● | ——— |
| 妻财亥水○ | ——— | 兄弟辰土●● | — — |
| 兄弟丑土●● | — — | | |
| 官鬼卯木● | ———世 | | |

我说："克过正妻吗？"他说："仍然是结发夫妻。"我说："伤过正妻，儿子才能存活。因为内卦亥水妻财为正妻，月破而又被克；五爻子水妻财为再娶之妻，变出申金子孙，一定生子。但五爻子水也被戌土所克，虽然化长生，又有酉日相生，还是不免多病。"卯年占问，巳年正妻死去；于是在冬月续娶，到申年又有了儿子。但续妻却因为生产而得了病。

**【原文】**

**子化子，须知本宫他宫。**

子孙化子孙，得验者三：少年无子，得此者应多生子也；现有子得此者，乃应多子而多孙也；老年无子得此者，抚他人之子而为子。须宜分别。化出他宫者，立异姓之子；化出本宫，立族中子侄。

**【译文】**

**子孙化子孙，必须知道属于本宫还是其他宫。**

子孙化子孙，得到应验的有三种情况：少年没有儿子而得到这样的爻象，应验为多生儿子；现在有儿子而得到这样的爻象，应验为多子又多孙；老年无子而得到这样的爻象，应验为抚育别人的儿子为后嗣。这三种情况必须加以区别。化出其他宫的，立异姓的人为嗣；化出本宫的，立族中的子侄为嗣。

**【原文】**

如亥月庚子日，占现已有子，还有子否，得屯之节。子孙化子孙，又逢月建相生，不独多子，抑且多孙。彼问曰："命有几个？"予曰："古有此法，予因不合其理，不敢以之而欺人也。"彼曰："古法如何有错？"予曰："古以水一、火二、木三、金四、土五，数止于五，假使文王生百子，何以定之？予以占多寡者，旺相者多；占贤愚者，另占一卦，旺相者贤，屡试不错。予今以聪明而断此卦，看后来验否。动爻寅木子孙，乃现在之子也；化出卯木子孙，乃将来之子孙也。目下现有几位？"彼曰："有四。"予曰："还有四位。"

后过十余载，果得四子。予至其家，见属兔者一只眇眼，其余不带残疾。予曰："此子将来贵显。"彼曰："何知？"予曰："前卦变出卯木子孙，与月建相刑，与日辰相合。刑中带合，既带破相，自然荣贵。"此子十四岁入学，因明末大科①未举，考贡首选②，官至参政③。后事未考。

①大科：大考，指会试和殿试。

②考贡首选：考贡，指参加乡试，合格者为贡士；首选，指考中第一名会元。

③参政：官名。唐宋时期为最高政务长官之一。明代在各省布政使下设左右参政，分领各道，为地方长官的副县长贰。清入关前六部、理藩院有承政、参政。顺治元年（1644）改为尚书、侍郎，参政地位似侍郎。清初各省布政使下酌置参政、参议，多由道员兼任。

【译文】

例如，亥月庚子日，占现在已经有儿子，以后还有没有，得到云雷屯卦，变为水泽节卦：

兄弟子水●●　　— —
官鬼戌土●　　——应
父母申金●●　　— —
官鬼辰土●●　　— —
子孙寅木×　　— —世　　　子孙卯木●　　——
兄弟子水●　　——

子孙化子孙，又逢月建相生，不但多子，而且多孙。他问：“命中有几个？”我说：“古代有这种方法，我因为它不合理，不敢用它欺骗人。”他问：“古法怎么会有错？”我说：“古人以水一、火二、木三、金四、土五，数止于五，假使文王生百子，凭什么定数？我以为占多少，旺相的多；占贤愚，另占一卦，旺相的贤良。这样来占，屡试不曾出错。我今以聪明来断这一卦，看以后应验不应验。动爻寅木子孙，主现在的儿子；化出卯木子孙，主将来的子孙。眼下有几位？”他回答：“有四位。”我说：“还有四位。”

后来过了十余年，果然又得到四个儿子。我到他家，见属兔的一只眼盲，其余不带残疾。我说：“这个儿子将来贵显。”他说：“凭什么知道？”我说：“前卦变出卯木子孙，与月建相刑，与日辰相合。刑中带合，既带破相，自然荣华富贵。”这个儿子十四岁入学，因明末没有举行大考，考中了首选贡士，官职达到参政。后来的事没有考证。

【原文】

又如巳月丁酉日，占子有无，得未济之节卦。内卦辰土子孙空而被克，乃无子也，幸外卦未土化出子孙，劝之早继螟蛉①。彼曰：“意继妻侄，可乎？”余曰：“离宫化出他宫，原应异姓子也。”

---

①螟蛉：螟蛉之子，即过继的儿子。古人认为蜾蠃不产子，喂养螟蛉为子。因此，人们以螟蛉比喻义子。

**【译文】**

又例如，巳月丁酉日占会不会有儿子，得到火水未济卦，变为水泽节卦：

| | | | |
|---|---|---|---|
| 兄弟巳火○ | ———应 | 官鬼子水●● | — — |
| 子孙未土× | — — | 子孙戌土● | ——— |
| 妻财酉金○ | ——— | 妻财申金●● | — — |
| 兄弟午火●● | — —世 | | |
| 子孙辰土● | ——— | | |
| 父母寅木× | — — | 兄弟巳火● | ——— |

内卦辰土子孙旬空而被克，是无子的征兆；幸而外卦未土化出子孙，劝他早些过继。他说："想过继妻子的侄儿，可以吗?"我说："离宫化出其他宫，本来就应当是异姓的儿子。"

**【原文】**

又如亥月庚子日，占子嗣有无，得屯之节。此公年逾六旬，并无所出，自知易理，得此卦甚喜，以为世爻子孙又化子孙，月建合之，日辰生之，有子必多，岂知子孙化子孙，非己出也。次年三月终于任，后立侄孙承嗣。

**【译文】**

又例如，亥月庚子日，占子嗣有无，得到云雷屯卦，变为水泽节卦：

| | | | |
|---|---|---|---|
| 兄弟子水●● | — — | | |
| 官鬼戌土● | ———应 | | |
| 父母申金●● | — — | | |
| 官鬼辰土●● | — — | | |
| 子孙寅木× | — —世 | 子孙卯木● | ——— |
| 兄弟子水● | ——— | | |

这人年纪已经超过了六十，还没有儿子。他自己懂些易理，得到这一卦很欢喜，以为世爻子孙又化子孙，月建合它，日辰生它，儿子一定多，哪知道子孙化子孙，不是自己生的。只好于第二年三月结束任期

后，立侄孙为后嗣。

【原文】

**父占子知其易养，子临贵难曰成名。**

父占子只知易养，难断富贵。子孙旺相，克制官星；子若休囚，焉能食禄？所以易养否，则不难知也。子孙化相，或动而化吉，或临日月，或日、月、动爻生扶，或长生帝旺，皆许成人；如休囚空破，动而变凶，水泡风灯。

至于子孙之富与贵者，旺相而遇生扶，自然富贵。若以科甲科名而断者，乃欺人法也。《黄金策》曰："子带贵人，自有登天之日。"又曰："禄贵临爻，童年拜相。"以贵禄临子孙而化鬼者，不为化鬼，而为化官，即许登天拜相。余查天乙贵人临爻，并无禄到；贵人临马，只有丁巳日见亥水子孙，乃为贵人与马同宫，余皆不是。有禄者并无贵人与马。此信笔之妄谈也，何尝经验？况余屡占子女者，子孙变鬼，万无一活。

【译文】

**父亲占儿子，可以知道他是否容易养；子孙临贵人，难以断定他能否成就功名。**

父亲占儿子，只能知道他是否容易养大，难以判断富贵与否。子孙旺相，就会克制官星；如果休囚，又怎么能食朝廷的俸禄？所以易养与否不难知道。子孙旺相，或者发动而化吉，或者临日辰月建，或者日辰、月建、动爻生扶，或者长生帝旺，都许他长大成人；如果休囚、旬空、月破，发动而变凶，则类似水中的泡，风中的灯，转眼就会消灭。

至于子孙的富贵，旺相而遇到生扶的，自然富贵。那种以科甲科名来断的，是欺骗人的做法。《黄金策》说："子孙带贵人，自有登天的一日。"又说："禄马与贵人临爻，童年就拜为国相。"以为贵人和禄马临子孙而化官鬼不是化鬼，而是化官，许为可以登天拜相。我查天乙贵人临爻的时候，并没有禄到这回事；贵人临驿马，只有丁巳日见亥水子孙，是贵人与驿马同宫，其余都不是。有禄的，并没有贵人与驿马。这是信笔妄谈，哪里经过检验？何况我屡次占子女，凡子孙变官鬼的，一万个里面也没有一个存活的。

【原文】

如亥月丙辰日，占子易养否，得姤之旅卦。亥水子孙临月建，五爻兄动以相生，旺莫旺于此也；若以吉神论之，丙日以亥为贵人，贵莫贵于此也。岂知子孙变鬼，死于次年五月。

【译文】

例如，亥月丙辰日，占儿子容易养与否，得到天风姤卦，变为火山旅卦：

| | | | |
|---|---|---|---|
| 父母戌土● | ——— | | |
| 兄弟申金○ | ——— | 父母未土●● | — — |
| 官鬼午火● | ———应 | | |
| 兄弟酉金● | ——— | | |
| 子孙亥水○ | ——— | 官鬼午火●● | — — |
| 父母丑土●● | — —世 | | |

亥水子孙临月建，五爻兄弟发动而相生，再旺也没有旺过这种情形的。倘若凭吉神推论，丙日以亥为贵人，再贵也没有贵于这种情形的。哪知道子孙变为官鬼，结果死于第二年五月。

【原文】

《黄金策》旧有“官鬼无伤，曹彬[①]取印终封爵。”觉子曰：官鬼无伤者，必是子孙爻被伤被克，休囚无气，所以不能伤克官鬼。既是如此，衰弱之子孙又能封爵拜官，余不信也。又曰：“父身有气，车胤[②]显名。”觉子曰：父占子，父为忌神，或动或旺，必于克子，救死不

①曹彬（931—999）：字国华，真定灵寿（今属河北）人，北宋初年大将。以败契丹、北汉功，任枢密承旨，灭后蜀，任都监，复任枢密使。传说他在抓周的时候取印，预示了后来的官位。

②车胤（约 333-401）：字武子，东晋南平（今湖北公安）人。自幼聪颖好学，家贫，夏夜就捕捉萤火虫，用以照明夜读，后来成为知名学者。

暇，何得显名？

或曰："疑是婴儿之自占也。"余曰：婴儿者，乃无知无识之孩童。占富占贵，全在人之一念，三五岁之婴孩，可知富贵而动念耶？况身命后章有曰："若卜婴儿之造化"，固知非代占也。

【译文】

《黄金策》原有"官鬼无伤，曹彬在抓周的时候取印，终于封侯"的说法。觉子说：官鬼无伤的，一定是子孙爻被伤被克，休囚无气，所以不能伤克官鬼。既然如此，衰弱的子孙又能封爵拜官？我不信。又说："父母和世爻有气，像囊萤苦读的车胤一样声名显扬。"觉子说：父亲占儿子，父母爻为忌神，或发动或旺相，一定克子，救命尚且来不及，怎么能声名显扬？

有人说："疑心这是婴儿自己占卜。"我说：婴儿是无知无识的孩童。占富占贵，全在人的一念，三五岁的婴孩，知道为富贵而动念吗？况且《身命章》说到"若卜婴儿造化"，这不是代占的证据吗？

【原文】

**代占六亲，不宜世爻化鬼；**

占父母、兄弟、妻妾、儿孙，先看世爻。虽占六亲，常有带出自身之凶者。世爻化鬼，化回头克，休囚化空破墓绝及随鬼入墓、日月同克，休问他人，且防自己。

**虽问父母，亦有兼应儿孙。**

常见占父母之卦爻中，带出刑伤兄弟、儿孙、妻妾者，有占儿孙兼应父母、兄弟、妻妾者，不可不知。此谓占此而应彼也。此论前已表明，非余谆谆告之，因余屡见也。

【译文】

**代占六亲，世爻不宜化为官鬼；**

占父母、兄弟、妻妾、儿孙，先看世爻。虽然是占六亲，但是常有带出自身的凶事的。世爻化官鬼，化回头克，休囚而化旬空、月破、墓、绝，及随鬼入墓、日辰月建一同来克，不要问别人，要防备自己的危险和厄难。

**虽问父母，也有兼应在儿孙的现象。**

常见占父母的卦爻中，带出刑伤兄弟、儿孙、妻妾的，有占儿孙兼应父母、兄弟、妻妾的，不可不知道。这叫作占此应彼。这个观点前文已经表明。不是我谆谆嘱咐，因为我屡次遇到。

**【原文】**

李我平曰：《黄金策·身命章》，父子、官鬼、兄弟、妻财，虽则不当概论，其理还细；惜乎悖谬者多，全镜微尘，不宜有也。

《易冒》虽有分占之意，论理太粗。即如问寿夭，而曰“破散冲空定之夭”。存有占验：戊子命，亥日占，后行午限①，绝于亥，是以终也。倘占非亥日，何处而寻限绝？生平占验，如果有灵，何不多存一二，以为后法？殊不知死生事大，三言两句，何以能尽？尚谓“推之深者，虽日时可知”，予不信也。

**【译文】**

李我平说：父子、官鬼、兄弟、妻财，以一卦笼统论断，这还是《黄金策·身命章》中的小错误，其他大的谬误很多，简直好比整个镜面都是灰尘，这是不应该的。

《易冒》虽然有分别占问的意思，但是说理太粗疏。比如问寿夭，说“月破、动散、冲击、旬空，定为夭折”，并且存有占验：戊子为本命，亥日占卦，后来行午火运限，绝于亥，所以命终。倘若占卦的时间不是亥日，到哪里去寻运限和运限的绝地？生平占卦如果灵验，为什么不多存一两个，作为后人的法式？殊不知死生的事情重大，三言两语怎么能说尽？这样还说什么“推论得深入的，即使日时也可以知道”？我是不信的。

①限：指运限。计算十年运气为大限，计算一年运气为小限。

【原文】

又如，问我能贵乎？“龙为文翰[①]，虎为武卫[②]”。以龙虎而定文武，《周易》之理如此易耶？又曰“三为守牧[③]，五为台省[④]”，初爻二爻，竟不知是何职也。朦胧混过后学，何以为法？

又云：“问子忌子虚，问财忌财陷。”空与陷，便足断其无财无子耶？圣人作《易》以前民用，后人问卜，无过身命，身命之外，夫复何求？

后学得其精者，赖前人传授得法；问者得其趋避，赖卜人识理之微。此书身命，较之他章，愈加详细，反复通明，足为教人之法也。

【译文】

又例如，问我能荣贵吗？“以青龙为文章翰苑，白虎为武卫军官。”用青龙和白虎来定职位的文武，《周易》的道理这样简单吗？又说“三爻为郡守州牧，五爻为尚书台和中书省”，而初爻二爻，竟不知道是什么职位。这样糊涂地混过后学的人，凭什么作为法式？

又说：“问子孙，忌子孙爻旬空；问财，忌妻财爻失陷。”只凭旬空与失陷，就足以断为无财无子吗？圣人作《周易》，以便百姓在做事前运用，后人问卜，没有比身命更受注重的，身命之外还有什么可问的？

后学的人得到精髓，靠的是前人传授得法；问卦的人得以趋吉避凶，靠的是占卜者识得精微的易理。本书论身命，比其他书更详细，并且反复论说，使它通达明了，足以作为教人的方法。

---

①文翰：指翰林。翰林是皇帝的文学侍从官，供职的机构为翰林院。翰林院从唐朝起开始设立，开始为供职具有艺能人士的机构，但自唐玄宗后演变成了专门起草机密诏制的重要机构，院里任职的人称为翰林学士。

②武卫：军制名。汉末曹操为丞相，有武卫营，置武卫将军，统率禁军。隋、唐左右两卫，各设大将军、将军。清代也有武卫的官职名称。

③守牧：州郡一级的军政长官。

④台省：指中央政府机构。台，原指汉代的尚书台；省，原指魏的中书省。

# 增删卜易卷之七

[清] 野鹤老人
[清] 李文辉
[清] 李我平　撰
孙正治　注

## 学业章第四十五

**【原文】**

**儒业者，父母世爻同旺，终须变化成龙；日月动爻相生，定是王家储器①。**

世爻、父母爻皆宜旺相，或动而变吉，或父母持世，日、月、动又生合世爻，攀龙附凤，指日可期。

**财动卦中，青灯②不久；子孙持世，白首无成。**

**财动克文章，读书中道而废。子动无官之象，皓首必不成名。**

**九流③者，财兴官旺，道重人钦；兄动世衰，有毁无誉。**

财持世，官持世，财官世爻皆宜得地。兄动卦中，兄爻持世，只可糊口，难以成家。

---

①王家储器：供帝王驱使的国家栋梁一流人才。

②青灯：光线青荧的油灯。借指孤寂、清苦的生活。

③九流：指社会上具有不同社会地位的人。又分为上九流、中九流和下九流，但具体说法不一。

【译文】

**占儒家学业，父母世爻同时旺相，终究会变化成龙；日辰、月建、动爻相生，一定是国家栋梁。**

世爻、父母爻都应该旺相，或者发动而变吉，或者父母持世，日辰、月建、动又生合世爻，这样，攀龙附凤的机会指日可待。

**妻财发动，青灯苦读已经不久；子孙持世，白了头发也无成就。**

**妻财发动而克文书，主读书半途而废。子孙发动，是无官职的征兆，白了头发也没有功名。**

**九流人物，妻财兴起而官鬼强旺，道德学问受人敬重；兄弟发动而世爻衰弱，只有诋毁而无赞誉。**

妻财持世，官鬼持世，妻财和官鬼世爻都宜于得地。兄弟发动在卦中，或兄弟爻持世，只可以糊口，难以成就家业。

【原文】

觉子曰：古以九流皆以官鬼为吉，殊不知天师①家及驱鬼之家、巫师、医家，皆以子旺能于治鬼，必以子孙持世及子孙发动而为吉也。百工皆以财为用神，子孙为原神，最忌兄爻持世及兄爻旺动者，劳碌终身。余以《求财章》同断。

以上皆不宜世爻空破墓绝休囚，诸事无成。世若休囚，而无随鬼入墓及受日、月、动爻冲克，或动而化鬼、化绝、化克者，不唯学业难成，且防不测。

【译文】

觉子说：古法以为，九流都以官鬼为吉，哪知道天师家及驱鬼家、巫师、医家，都以子孙旺相为能治鬼，一定要以子孙持世及子孙发动为吉。各种工匠都以妻财为用神，子孙为原神，最忌兄弟爻持世及兄弟旺相发动，主劳碌终身。其余与《求财章》同样推断。

以上都不宜世爻逢旬空、月破、入墓、遇绝、休囚，主各种事业没

①天师：道教创始人张道陵的传衣钵的人，被选为道教的首领。但后世也有个别道士称天师。从元朝忽必烈开始，官方上正式承认天师的称号，在《制》文中称张宗演为嗣汉三十六代天师。从此时开始，张天师开始总领江南道教，并形成正一道。

有成就。世爻如果休囚，但无随鬼入墓，及受日辰、月建、动爻冲克的现象，或者发动而化官鬼、化绝、化克，都主不但学业难成，而且要防备不测的灾祸。

## 治经章第四十六

**【原文】**

**占以金作《春秋》①，木作《毛诗》②，水为《书经》③，火为《礼记》④，土为《易经》。**

觉子曰：不可概问，须指定一经而卜之，祷于神曰："我习此经何如?"

**父旺官兴，王家栋梁；世空子动，蓬荜寒儒。**

父持世，官鬼动相生，或临日月父母生世，或官爻旺相父持世，或世爻动而化吉，皆飞腾变化之兆也。世空世破及动而变凶，或子孙财爻持世，父母官鬼空破，须宜另习一经，虔诚再卜。

**【译文】**

**占法以金为《春秋》，木为《毛诗》，水为《书经》，火为《礼记》，土为《易经》。**

---

①《春秋》：鲁国的编年史。孔子据鲁国的史书编著，其中记载从鲁隐公元年（前722）到鲁哀公十四年（前481）242年的史事。后人为其注解，有《左传》《公羊传》和《谷梁传》。

②《毛诗》：西汉时鲁国毛亨和赵国毛苌所辑和注的古文《诗经》，也就是现在流行于世的《诗经》。《诗经》为孔子编定，今存305篇，各篇时代早晚不一，早至周初，晚至春秋中期。

③《书经》：指《尚书》，即我国上古时代王室诰命、誓辞和追述古代史迹的著作汇编。

④《礼记》：西汉时人所编定的儒家关于礼的阐释，分为《小戴礼》和《大戴礼》两种，戴圣所编49篇并由郑玄作注的为《小戴礼》，戴德所编85篇称为《大戴礼》。

觉子说：不可概略占问，必须指定一部经来占卜，向神祈祷说："我修习这部经怎么样？"

**父母旺而官鬼兴，是帝王家的栋梁；世爻空而子孙动，为蓬荜中的寒儒。**

父母持世，官鬼爻发动相生，或者日辰月建临父母生世爻，或者官鬼旺相，父母持世，或者世爻发动而化吉，都是飞黄腾达的征兆。世爻旬空、月破及发动而变凶，或者子孙和妻财爻持世，父母和官鬼旬空月破，必须另外修习一部经，并虔诚地重新卜问。

**【原文】**

如酉月丙子日，占本经能发否，得益之观。断曰："卦中旺官合世，不宜初爻朱雀子水文章，皆被土回头之克，宜于改经。"彼问："何宜改何经？"余曰："古法有之，余占不验。意欲何经，再占一卦。"

**【译文】**

例如，酉月丙子日占本经能发否，得到风雷益卦，变为风地观卦：

兄弟卯木●　———应<br>
子孙巳火●　———<br>
妻财未土●●　— —<br>
妻财辰土●●　— —世<br>
兄弟寅木●●　— —<br>
父母子水○　———　　妻财未土●●　— —朱雀

断卦说："卦中旺相的官鬼合世爻，但初爻朱雀子水文章都遭未土回头克，所以应该改经。"他问："应当改修什么经？"我说："古代有这方面的方法，但我试来不应验。想要修习什么经，请再占一卦。"

**【原文】**

即卜《易经》，得天火同人。余曰："旺官持世，难以为吉；父临月破，宜再更之。"

**【译文】**

随即占学《易经》如何，得到天火同人卦：

子孙戌土● ——应
妻财申金● ——
兄弟午火● ——
官鬼亥水● ——世
子孙丑土●● — —
父母卯木● ——

我说："旺相的官鬼持世，难以断为吉卦；父母爻临月破，应该再次改经。"

【原文】

又占《书经》，得丰之离。旺父持世，官动生之。只因今日子日冲动午火伤金，此经相宜，下科壬子冲去午火，管许高发。果于子科中魁。

【译文】

又占学《书经》，得到雷火丰卦，变为离为火卦：

官鬼戌土× — — 妻财巳火● ——
父母申金●● — —世
妻财午火● ——
兄弟亥水● ——
官鬼丑土●● — —应
子孙卯木● ——

旺相的父母爻持世，官鬼发动生它。因为今日子日冲动午火伤金，主修这部经适宜，下次科考时壬子冲去午火，管保高中。果然于子年的科考中高中第一名。

# 延师[1]章第四十七

【原文】

**父爻旺相，就而正焉；**

父母爻既为师长，又为诗书，延师受教，即以此爻为用神。宜旺相，或临日月及动而化吉，可式可矜；如若休囚空破墓绝，及动而化凶，有素食之讥，无师资之益。

**世位相生，博约善诱。**

父旺生合世爻，成人有德；若克世爻而世爻得地者，有责成之功。世若休囚，必受师尊之累。

**父入墓中，懒于教训；**

父爻入三墓及临绝者，若非偷安懒惰，定是师不授教。

**财临世上，懦弱不严。**

财爻持世，乃我克父母，若非师教不严，定是我师畏陵。

【译文】

**父母旺相，值得请教，从而修正自己；**

父母爻既为师长，又为诗书，请老师受教育，就以这一爻为用神。父母爻宜于旺相，或者临日辰、月建及发动而化吉，值得学习，可以引为自豪。如果休囚、旬空、月破、入墓、遇绝，以及发动而化凶，就有白吃饭的讥嫌，而没有做老师的资格。

**世爻相生，博学守约，善于诱导学生。**

父母旺相，生合世爻，有造就贤才的德行；倘若克世爻而世爻得地，有督导后学，造就人才的功绩。反之，如果世爻休囚，反而一定会受老师的牵累。

---

①延师：聘请老师。

**父母入墓中，懒于教导和训诫；**

父母爻入三墓及临绝，老师如果不是偷安懒惰，就一定是不肯教授。

**妻财临世上，懦弱而不够严格。**

妻财爻持世，是我克父母，如果不是老师教导不严，就一定是老师忌惮我的蛮横。

**【原文】**

**鬼化文书克世，讼由乎学；**

鬼动化父母，冲克世爻，异日必主争讼，纵使日、月、动爻制服鬼爻，亦不相宜。此何故也？神兆机于动，目前虽可制服，他日鬼逢生旺，必见灾非。不唯鬼动化父，但系鬼动克世，或世动变凶，皆不宜从。

**月扶世爻日动，青出于蓝。**

世爻旺相或父母持世，或官星持世、日、月、动爻生扶，及世爻动而化吉，必有长进，青出于蓝。

**【译文】**

**官鬼化文书而克世爻，争讼必定由于学馆；**

官鬼发动，化父母而冲克世爻，必主以后发生争讼，纵使日辰、月建、动爻制服官鬼爻，也不合适。这是什么缘故呢？神示兆于发动的爻，从这一爻看，目前虽然可以制服，以后官鬼逢生旺，一定遇到灾祸和是非。不但官鬼发动化父母，只要是官鬼发动克世爻，或者世爻发动变凶，这人都不宜追随。

**月建扶持而世爻值日发动，弟子定然超过老师。**

世爻旺相，或者父母持世，或者官鬼持世，日辰、月建、动爻生扶，及世爻发动而化吉，必然有长进，乃至青出于蓝而胜于蓝。

**【原文】**

**动衰变旺，先惰后勤；动旺变衰，先勤后怠。**

父爻衰而化生、化旺、化日月、化进神，皆主后勤；父爻旺而化空破墓绝，化退神，皆主后怠。父化父而殊经，父化财而多病，父化鬼显贵之交，父化兄贪财好利。

**三合连年受教，六冲半载难留。**

世与父爻兼日月作三合者，情同父子，连年受业，门墙始终成就；卦得六冲，或世克父爻，或父爻克世者，彼此不投，难收一岁之功。

【译文】

**衰弱发动而变旺相，先怠惰后勤恳；旺相发动而变衰弱，先勤恳后怠惰。**

父母爻衰弱而化相生、化旺相、化日辰月建、化进神，都主后来勤恳；父母爻旺相而化旬空、月破、墓、绝，化退神，都主后来懈怠懒惰。父母化父母，主改变修习的经典；父母化妻财，主多病；父母化官鬼，主与显贵人物交游；父母化兄弟，主贪财好利。

**三合成局，连年近观受教育；六爻相冲，半载也难停留。**

世爻与父母爻、日辰、月建构成三合局，师生之间情同父子，连年接受教育，关系始终不渝；得到六冲卦，或者世爻克父母，或者父母克世爻，彼此不投合，聘用难以达到一年。

【原文】

**父为子而延师者，应为西席，世乃东家。**

**宜世应相生相合，不宜相克相冲。**

**应生世我得其益，应空破延之不就。**

**应动他心有变，世空我意不专。**

觉子曰：虽以世应为主，父爻不可缺之，父旺与子孙相合，名实兼收；父动伤克子孙，无益有害。子动化克，不宜延之；子动化鬼，速宜辞绝。

【译文】

**父亲为儿子请老师，以应爻为老师，以世爻为东家。**

**适宜世应相生相合，不宜相克相冲。**

**应爻生世爻，主我得到教益；应爻旬空月破，为他不肯应邀。**

**应爻发动，他心有变化；世爻旬空，我意不专注。**

觉子说：虽然以世应为主，父母爻却不可缺少。父母旺相，与子孙相合，名誉和实利都能得到；父母发动而伤克子孙，不但无益，而且有害；子孙发动而化回头克，不要请他；子孙发动，化为官鬼，未聘的立刻拒绝，已聘的马上辞去。

**【原文】**

如寅月戊午日，占子从师，得旅之离卦。子动化克，不宜从之。不听。后因师责，逃至桥头，跌折右足。

**【译文】**

例如，寅月戊午日占儿子从师，得到火山旅卦，变为离为火卦：

兄弟巳火● ———

子孙未土●● — —

妻财酉金● ———应

妻财申金● ———

兄弟午火●● — —

子孙辰土× — —应　　父母卯木● ———

子孙发动而化回头克，不宜跟随他。问者不听从。后来儿子因为老师责罚，逃到桥头，摔断了右脚。

## 求名章第四十八

**【原文】**

野鹤曰：凡占小考①，尝见占得吉卦，后竟道考无名。何也？神每应近而不应远，已应府县之有名也。必先占县考，再占府考，又占道

①小考：指科举制度中由童生参加的考试，包括县试、府试和院试三个阶段。县试、府试和院试，也称县考、府考和道考。

考，俱得吉卦者许之。内有卦而不吉者，勿望道考而成名也。

**【译文】**

野鹤说：凡占小规模的考试，曾经遇到占得了吉卦，后来在道考中却榜上无名的。这是为什么呢？神往往回应近期而不回应远期，已经回应府县榜上有名。必须先占县考，再占府考，最后占道考，都得吉卦的才能许他成就功名。其中有卦不吉的，不要指望道考成就功名。

## 童试章第四十九

**【原文】**

**父旺官兴，堪期首选；官衰父发，亦许抡收①。**

官星持世，得日、月、动爻相生相合，首选无疑。父爻持世，得日、月、动爻相生相合者，亦要官星有气，始许成名。

**子兴财发于卦中，难游泮水②；**

子动无官，财动克父，或持于世爻者，皆不宜也。

**世破身空兼墓绝，再奋芸窗③。**

世爻空破墓绝，或被日、月、动爻冲克，及动而变凶者，不能遂志。

**父旺遭伤，收而复弃；冲中逢合，见弃复收。**

父母旺相，若化休囚空破墓绝，化回头之克及被冲克者，始取终弃。世与父爻动而逢冲，若得日、月、动爻相合者，谓之“冲中逢合”，必获续取。

**【译文】**

**父母旺官鬼也旺，有望荣膺首选；官鬼衰而父母动，也须许作选收。**

---

①抡收：选收。

②游泮水：到学宫读书。古代学宫前有泮水，故称学宫为泮宫。

③芸窗：书斋。

官鬼持世，得到日辰、月建、动爻相生相合的，主成为首选无疑。父母持世，得到日辰、月建、动爻相生相合的，也要官鬼有气，才许为成名。

**子孙妻财发动于卦中，难以进入学宫；**

子孙发动而无官鬼，妻财发动而克父母或者持世爻，都不相宜。

**世爻月破、旬空、墓、绝，继续在书斋奋斗。**

世爻旬空、月破、墓、绝，或者被日辰、月建、动爻冲克，及发动而变凶，无法实现志愿。

**父母旺相而受伤，录取后又摒弃；冲击当中逢合住，摒弃后又录取。**

父母旺相，如果化休囚、旬空、月破、墓、绝，化回头克及被冲克，主开始被录取，最终被抛弃。世爻与父母发动而逢冲，如果得到日辰、月建、动爻相合，叫作“冲中逢合”，一定被重新录取。

**【原文】**

**父衰变旺，愈出愈奇；爻化退神，日长日短。**

父衰动而化旺，及化回头生、化进神，文章得意，后胜于前。皆不宜化退神。旺化退神者，前篇稍遂，后劲不力；衰化退神及化克、化空破墓绝，或回头克者，窗下千日之长，场中一日之短。

如亥月丙戌日占道考，得丰之革卦。父母持世化进神，日建作官星而生世，文章愈出愈奇，后胜于前，定蒙首选。后果取案首①。

**【译文】**

**父母由衰变旺，文章越写越好；用神化作退神，一天比一天差劲。**

父母衰弱，发动而化旺，及化回头生、化进神，文章得意，后来的胜过先前的。都不宜化退神。旺相而化退神的，前一篇稍好，后劲不够；衰弱而化退神及化克，化旬空、月破、墓、绝，或者化回头克的，寒窗下千日都好，考场中这一天却表现很差。

例如，亥月丙戌日占道考，得到雷火丰卦，变为泽火革卦：

---

①案首：科举制度中县试、府试、院试的第一名。

官鬼戌土●● — —
父母申金× — —世　　父母酉金● ———
妻财午火● ———
兄弟亥水● ———
官鬼丑土●● — —应
子孙卯木● ———

父母持世而化进神，日建作官星而生世爻，文章越写越出奇，后来胜于先前，必定名列榜首。后来果然考取第一名。

【原文】

又如卯月壬子日占道考，得风天小畜。子水父母临日建，旺文持世，佳作定然得意，但不宜酉金官星临月破，伏藏不露。幸得辰土作飞神，破而逢合，若在三月考之，必取。果考于三月，取之。

【译文】

又例如，卯月壬子日占道考，得到风天小畜卦：

兄弟卯木● ———
子孙巳火● ———
妻财未土●● — —应
妻财辰土● ———
兄弟寅木● ———
父母子水● ———世

子水父母临日建，旺相的文书持世，佳作一定得意。但酉金官星临月破，伏藏而不出露，幸而得到辰土作飞神，月破逢合。若在三月考试，一定被录取。果然三月考试而被录取。

【原文】

又如辰月丁巳日，占续案能取否？得革之既济。世爻亥水，月克日冲，幸化回头之生，续取无疑。果续取之。前说父衰变旺为吉，此其验也。

【译文】

又例如，辰月丁巳日，占补考能不能录取，得到泽火革卦，变为水火既济卦：

官鬼未土●●　— —
父母酉金●　———
兄弟亥水○　———世　　父母申金●●　— —
兄弟亥水●　———
官鬼丑土●●　— —
子孙卯木●　———应

世爻为亥水，受月建克日建冲，幸而化为回头生，主补考后录取无疑。果然后来录取了他。前文说父母由衰变旺为吉，这就是验证。

## 岁考科考[①]章第五十

【原文】

**父宜旺相，最忌休囚；官宜生身，不宜克世。**

父与世爻旺相，又得日、月、动爻生扶，及动而化吉、全无破绽者，定考超等；若此两爻旺相，而逢生旺遇扶，无刑冲克破者，次之；有一而遇刑冲者，又次之。世爻受克，教刑不免；世父同受克，劣等无疑。

野鹤曰：此云是也，亦要人之通变，观其父世两爻轻重而言之。卦之全美，世父同爻，有生扶又无刑克，许之超等。以此推之查之，或有生扶而六冲、变冲、反吟、伏吟、变克、化绝，即是破绽。

【译文】

**父母宜于旺相，最忌休囚；官鬼适宜生自身，不宜克世爻。**

---

①岁考科考：清朝的院试每三年举行两次，其中辰、戌、丑、未年的称为岁考，寅、申、巳、亥年的称为科考。

父母与世爻旺相，又得到日辰、月建、动爻生扶，及发动而化吉、完全没有破绽，必定考得超等成绩；这两爻旺相，或遇到生扶，而无刑冲克破，主成绩略差一等；有一个遇刑冲的，又差一等。世爻受克，主教训和惩罚无法免除；世爻和父母爻同时受克，考得劣等成绩无疑。

野鹤说：这种说法是对的，但也要人通变，考察父母和世爻的轻重而论断。圆全美满的卦，世爻与父母在同一爻，既有生扶又无刑克，许他成绩超等。用这种方法推论，虽有生扶，但值六冲，变冲，遇反吟或伏吟，化回头克或化绝，都是破绽。

**【原文】**

**父爻受克而无救，难免涂鸦；世爻受克而有扶，亦蒙姑许。**

觉子曰：此以父爻之旺衰而列等第是也。《易冒》云：“卦得进神，考于上等，退神而考下等。”假使卦无进退之神，何以定之？

如申月乙巳日占岁考，得大过之鼎卦。尝曰财动克父，乃不通变之论也。此卦乃亥水父爻持世，申月生之，父旺而身亦旺，巳日冲之为暗动。未土财爻虽动，喜其生助酉金，酉官生世，名为“接续相生”，一定篇篇锦绣；财生官旺，优等帮粮①。后果取超等补廪。

野鹤曰：大凡卦逢六冲变冲及六爻乱动，爻旺世旺还考平等；倘若父衰受克，及世爻休囚受克及变凶者，孙山②无疑。

**【译文】**

**父母受克而无救应，难免胡乱涂鸦；世爻受克而有扶助，也被将就录取。**

觉子说：这是根据父母爻的旺衰来推论成绩的等级次第。《易冒》说：“卦得进神，考中上等；退神，考下等。”既然如此，假使卦无进退神，怎么定呢？

---

①帮粮：又叫增廪、补廪，被指成为廪生，即公费读书的生员。生员分三等，成绩最好的称廪生，由官府按月发给粮食。

②孙山：名落孙山的简说。孙山，宋朝人，善滑稽。曾与人一起参加乡试，考中了最后一名。乡人问他同去者的成绩，他说：“举人榜上的最后一名是我孙山，而令郎的名字又还在我孙山的后面。”

例如，申月乙巳日占岁考，得到泽风大过卦，变为火风鼎卦：

妻财未土×　— —　　子孙巳火●　——

官鬼酉金○　——　　父母未土●●　— —

父母亥水●　——世

官鬼酉金●　——

父母亥水●　——

妻财丑土●●　— —应

曾经说妻财发动克父母，这是不懂通变的议论。这一卦亥水父母爻持世，申月生它，父母旺世爻也旺，巳日冲它为暗动。未土妻财虽然发动，但是生助酉金，而酉官鬼生世爻，称为“接续相生”，主文章一定篇篇都像锦绣一样。妻财生，官鬼旺，主考中优等，能得到帮粮。后来果然考取超等成绩，增补为廪生。

野鹤说：大凡卦逢六冲变冲，及六爻乱动，假使文书旺，世爻也旺，可以考取平常等级；倘若父母衰弱而受克，及世爻休囚受克，及变凶，主名落孙山无疑。

**【原文】**

**飞神无助身无克，荣辱无施；**

父爻出现，不旺不衰，虽无生扶，亦无克制，而世爻不被冲克者，可保平等。

**伏藏旺相世遭伤，赏罚并见。**

如午月乙卯日占岁考，得地天泰卦。午火月建为父母，而卦中之巳火伏藏于寅木之下，旺而又遇飞神之生，爻逢六合，只不宜日辰克世。发落之日，蒙宗师①面叱，念字法古贴，姑取三等。后悟之，此巳午之火非文旺也，乃字端也。但此卦虽多逢，事却少见，存之为法。

以上总而言之，父与世爻旺相、遇生扶为上；略有破绽者次之；刑伤有救者又次之；刑伤无救而轻者又次之；世爻父爻被刑冲克破而重

①宗师：原为官名，如西汉平帝时置宗师掌管散处郡国的宗室子弟的训导；这里指主考官。

者，劣等必矣。全要通变，须以卦之吉凶，兼用神衰旺之轻重也。

【译文】

**飞神无扶助，世爻无克制，荣与辱都谈不上；**

父母爻出现，不旺也不衰，虽然无生扶，但也无克制，如果世爻不被冲克，可以保证考取平常等级。

**伏神值旺相，世爻遭伤害，赏和罚同时发生。**

例如，午月乙卯日占岁考，得到地天泰卦：

子孙酉金●● — —应

妻财亥水●● — —

兄弟丑土●● — —

兄弟辰土● ———世

官鬼寅木● ———

妻财子水● ———

午火月建为父母，而卦中的巳火伏藏在寅木下，旺相而又遇到飞神相生，爻逢六合，可以称为吉卦，只讨厌日辰克世爻。结果在决定录取与否的日子，被宗师当面叱责，念着字让他摹仿古贴，结果被将就录取为第三等。后来悟到，原来这巳午火不主文章好，而是主字体端正。但这样的卦虽然多能遇到，事情却少见，姑且留给后人做参考。

总结以上所说，以父母与世爻旺相、遇生扶为上等；略有破绽的次一等；有刑伤也有救应的又次一等；有刑伤而无救应，但刑伤轻的又次一等；世爻和父母爻被刑冲克破，而刑伤重的，注定是劣等。断卦全靠通达权变，必须根据卦的吉凶，兼看用神衰旺的程度。

## 增廪章第五十一

【原文】

觉子曰：占廪若不得其秘诀，而望灵者少也。何也？占廪用财，财乃文章之忌神。不知其窍，卜岁考而兼问廪，财爻若旺，父母受伤；财如休囚，如何得廪？余有法也。先占岁科之吉凶，再占一卦而问廪，即其秘也。

廪以财爻为用神。财爻持世，或动而生世为吉，与《求财章》同断。有廪而恐失者，忌兄弟持世、兄爻发动及财逢空破墓绝、动而变凶，皆有失也。如官鬼兄爻克世者，轻则革粮①，重则追罚。倘卦中三合兄局者，亦主革粮。

**【译文】**

觉子说：占增廪得否而不懂其秘诀，灵验的很少。为什么？占成为廪生用妻财爻，而妻财是文章的忌神。不知道其中诀窍，可能占岁考而兼问增廪，妻财爻若旺相，父母就会受伤；妻财如果休囚，又怎么能得以增廪？我有一个办法，先占岁考或科考的吉凶，再占一卦来问能否得廪，这就是秘诀。

占得廪以妻财爻为用神。妻财爻持世，或者发动而生世爻，主吉，与《求财章》同样决断。已经得廪而恐怕失去的，忌兄弟持世、兄弟爻发动，及妻财逢旬空、月破、墓、绝，还有发动而变凶，都主失去。如果官鬼和兄弟克世爻，轻则革去廪粮，重则被追回已得廪粮，甚至被罚粮。卦中三合成兄弟局，也主革去廪粮。

## 考遗才②章第五十二

（凡告考同例）

**【原文】**

**官爻持世生世，我必蒙收；父母空破墓绝，他不见用。**

如世爻受克及空破墓绝，或动而变凶，或子孙持世，或动于卦中，

---

①革粮：革去廪粮。

②遗才：秀才参加乡试，先要经过学道的科考录送，临时添补核准的，称为遗才。

皆不录之。父母生世者吉，休囚空破者凶。

【译文】

**官鬼持世生世，我必蒙录取；父母空破墓绝，他不被任用。**

如世爻受克，及旬空、月破、入墓、遇绝，或者发动而变凶，或者子孙持世，或者发动于卦中，都不能录取。父母生世爻的吉，休囚空破的凶。

# 发案挂榜章第五十三

【原文】

父为用神。衰者，宜生旺之日；旺而静者，逢值逢冲之日，动而逢值逢合之日；空与入墓，必待冲开；破与旬空，须期填实。

余又得验：心有忧惧，若得子孙持世，值子孙之日而发案；心有欢喜，若得官星持世，逢官鬼之日而挂榜。

【译文】

以父母为用神。衰弱的，宜于生旺的日子；旺相而安静的，逢值逢冲的日子；发动的，逢值逢合的日子。旬空与入墓，必须等待冲开的时日；月破与旬空，必须等到填实的时日。

我得到应验的还有：心中有忧惧的，如果子孙持世，就值子孙的日子发回案卷；心中有欢喜，如果官星持世，就逢官鬼的日子而挂榜。

# 廷试[①]章第五十四

（与会试兼断）

【原文】

官星为用，父爻次之。若持世爻得日、月、岁五生合者，定蒙首拔。官、父、世爻三合，定蒙异宠隆恩。世与官爻有一而逢空墓绝刑冲克害，及动而变凶者，不祥之兆。岁五官鬼冲克世爻者，不测之灾。

【译文】

以官鬼为用神，父母爻次之。如果世爻得到日辰、月建、岁五生合，必定被首先选拔。官鬼、父母和世爻构成三合局，必定蒙受异样的宠幸和恩典。世爻与官鬼有一个逢旬空墓绝、刑冲克害，及以动而变凶，就是不祥的征兆。岁五和官鬼冲克世爻，主不测的灾祸。

# 乡试会试章第五十五

【原文】

**父旺官兴，姓标虎榜[②]；**

父官持世而旺相，或临日月，或日、月、动爻生扶及动而变生，名登

①廷试：也称殿试，即科举制度中皇帝对会试取录的贡士在殿廷上亲发策问的考试。殿试是科举中最高级别的考试。到明清两朝，殿试分三甲发榜，第一甲赐进士及第，第二甲赐进士出身，第三甲赐同进士出身。第二、第三甲人数不定，第一甲却仅取三名，按文章优劣依次称状元、榜眼、探花，合称三鼎甲。状元居鼎甲之首，因此又称鼎元，在科举中的地位变得至高无上。

②虎榜：龙虎榜的简称，即进士榜。

龙虎。

**子摇财动，名落孙山。**

子孙财爻持世而旺相，或动于卦中，终须下第。

**【译文】**

**父母和官鬼旺相，姓名写在进士之榜；**

父母和官鬼持世而旺相，或临日辰月建，或者日辰、月建、动爻生扶，及发动而变为相生，主姓名登上龙虎榜。

**子孙与妻财发动，名字落在孙山之后。**

子孙和妻财爻持世而旺相，或者发动于卦中，终究不免落第。

**【原文】**

**兄弟乃夺标之恶客，**

俗传“兄弟爻兴难上榜”，凡见兄爻持世及动者，皆以为之不吉，殊不知有喜有忌。所喜者卦中财爻同兴，喜其兄动以制财也。卦中父官两动者，又喜兄爻持世，父动以生世也。故谓之兄弟乃夺标之客。

觉子曰：卦中官鬼子孙同动，官临旺相遇生扶，子孙衰弱而被克，再宜父动，最怕兄兴。

**日月为制煞之将军。**

官星、父母、世爻有一而被动爻克制，或化回头之克，若得日月冲制克神，亦许得意，故谓之“制恶煞之将军”。又如世爻旺相，而官父两爻有一而伏藏不现，倘得日月冲制飞神，提出伏神者，亦许高发。又如官爻世爻有一而不生者，若得日月生扶，亦同此意。

**【译文】**

**兄弟是夺夺标的恶客，**

世上传言“兄弟爻兴难上榜”，凡见兄弟爻持世及发动，都以为不吉，却不知道其实有喜有忌。如果卦中妻财爻同时发动，喜欢兄弟发动而克制妻财；如果卦中父母和官鬼同时发动，又喜欢兄弟爻持世，这样就会导致官鬼、父母和世爻连续相生。这就是为什么说兄弟是夺标的人。

觉子说：卦中官鬼和子孙一同发动，官鬼临旺相而遇生扶，子孙衰弱而被克，又适宜父母发动，而最怕兄弟兴起。

**日月为制伏恶煞的将军。**

官星、父母、世爻有一个被动爻克制，或者化回头克，只要得到日辰月建冲克的爻神，也主得意，所以称它为“制煞的将军”。又如世爻旺相，官鬼和父母两爻中有一个伏藏而不出现，倘若日辰月建冲克制伏飞神，提起伏神，也主高中。又如有官鬼或世爻而不得生助，倘若得到日辰月建的生扶，也同样占断。

**【原文】**

**二合无冲，定登甲第；**

官、父、世爻合成父局官局，不遇日月冲破者，定许连登。倘若合成兄局，得遇日月生扶，官星亦旺者，亦许得意。唯忌合成子孙局者，不为吉也。合成财局虽不为美，然亦得验于吉者。

如卯月甲申日占会试，得艮之益。寅木旺官持世，申日冲之暗动，又得日辰会成财局，不唯不克世爻，反来生世，一定高捷。果得及第。

**六爻竞发，空赴科场。**

旧系“六爻竞发，功名恍惚以难成”。此论是理。余见占功名之必中者，卦象一成，若非旺父生身，定是旺官持世；功名若无成者，不是子孙持世，即是子孙财辰发动，或是世破世空，或是六爻乱动，名必无成。

**【译文】**

**用神二合无冲，高中甲等；**

官鬼、父母、世爻合成父母局、官鬼局，而不遇到日辰月建冲破，一定许为连考连中。倘若合成兄弟局，得到日辰月建的生扶，官星也旺，也主得意。只忌合成子孙局，不吉。合成妻财局虽然不美满，但也有应验为吉的。

例如，卯月甲申日占会试，得到艮为山卦，变为风雷益卦：

官鬼寅木●　　——世
妻财子水×　　— —　　父母巳火●　　——
兄弟戌土●●　— —
子孙申金○　　——应　　兄弟辰土●●　— —
父母午火●●　— —
兄弟辰土×　　— —　　妻财子水●　　——

寅木官鬼旺相持世，申日冲它暗动，又与子、辰二爻会成妻财局，于是不但不克世爻，反而来生世爻，主一定传来捷报。果然会试及第。

**六爻竞相发动，白去科场。**

原文是“六爻竞相发动，功名恍惚难成”。这种说法是对的。我见占功名而必中的，卦象一成，不是旺相的父母生世，就一定是旺相的官鬼持世；功名若不成的，不是子孙持世，即是子孙或妻财爻发动，或者是世爻逢月破旬空，或者是六爻乱动，主功名一定不成。

**【原文】**

**出现无情，难遂青云之志；**

父与官星虽则出现，若不生合世爻，或不持世，或世爻空破，亦属无益。父与官星生合世爻，若又被日、月、动爻冲坏者，亦作无情之喻。

**伏藏有用，终辞白屋之人。**

官父有一而不上卦，而看伏神。若伏而旺相，或得日月冲去飞神，生起伏神，一准登科。

**【译文】**

**出现而无情，难以称遂青云的志愿；**

父母与官星虽然出现，但如果不生合世爻，或者不持世，或者世爻旬空月破，终究无益。父母与官星生合世爻，若又被日辰、月建、动爻冲坏，也作无情推论。

**伏藏而有用，终究是告别白屋的人物。**

官鬼和父母有一个不上卦的，就要看伏神。如果伏神旺相，或者得到日辰月建冲去飞神，生起伏神，一定能登上科第。

【原文】

**太岁作官星，终登黄甲①；**

太岁乃人君之爻，官临太岁，动而生合世爻，乃人臣面君之象，当主君臣契合，连捷无疑。太岁必要入爻，入爻亦要发动或持世爻，始如此说。

**日月冲克世，且守青灯。**

卦中官父虽旺，而世爻休囚空破墓绝，及动而变凶，或日月冲克世爻，须知求名在我，我位既失，何以成名？

【译文】

**太岁作为官星，到底要荣登皇家的甲榜；**

太岁是象征君王的爻，官鬼临太岁发动而生合世爻，是人臣面见君王的征兆，主君臣契合，所以连续报捷无疑。不过，只有太岁入爻，并且发动或持世的，才这样断。

**日月冲克世爻，暂且苦守冷寂的青灯。**

卦中官鬼和父母虽然旺，如果世爻休囚、旬空、月破、墓、绝，及发动而变凶，或者日辰月建冲克世爻，须知世爻是我，求名的也是我，我都失去了，凭什么成就功名？

【原文】

**卦遇六冲，此去难题雁塔；爻逢六合，这回必占鳌头。**

如午月丙辰日占乡试，得兑卦。旧注“卦逢六冲，冲之即散”，余见此卦虽系六冲，世父皆逢旺地，不敢决之。

【译文】

**遇到六冲卦，此去难以题名雁塔；逢六合爻，这回可以独占鳌头。**

例如，午月丙辰日占乡试，得到兑为泽卦：

①黄甲：科举甲科进士及第者的名单。因用黄纸书写，故名。

父母未土●●　— —世　　青龙

兄弟酉金●　　———　　玄武

子孙亥水●　　———　　白虎

父母丑土●●　— —应　　螣蛇

妻财卯木●　　———　　勾陈

官鬼巳火●　　———　　朱雀

旧注说："卦逢六冲，一冲就散。"我见这一卦虽然属于六冲卦，但是世爻和父母都逢旺地，所以不敢决断。

【原文】

请再占一卦，又得临之师。此卦官星持世，虽则不旺，而初爻官生文旺，与前卦相合，许之必发。果得中式。

凡得六冲卦，官、父、世爻旺，不必再占，竟许必得。如父旺者，须再占一卦，再得吉者，以吉断之，后卦凶者，即以凶推。

野鹤曰：凡得六合卦，亦要官、父、世爻得地，有一失陷不遇生扶者，虽六合亦无益矣。

【译文】

请他再占一卦，又得到地泽临卦，变为地水师卦：

子孙酉金●●　— —

妻财亥水●●　— —应

兄弟丑土●●　— —

兄弟丑土●●　— —

官鬼卯木●　　———世

父母巳火○　　———　　官鬼寅木●●　— —

这一卦官鬼持世，虽然不旺，初爻化官鬼回头生，使父母旺相，与前一卦相吻合，所以许他必定考中。果然考中了。

凡得六冲卦，官鬼、父母、世爻都旺相，不必再次占问，径直许为必中就可以了。如果不够旺，则必须再占一卦，后一卦吉的就决断为吉，后一卦凶的就推论为凶。

野鹤说：即使得到六合卦，也要官鬼、父母、世爻得地，只要有一个失陷而又不遇生扶，就主无益。

【原文】

**父旺官衰，终须下第；**

父爻旺相，官临空破墓绝，及动而变凶变克，虽有锦绣文章，终遇红纱蔽日。

**父衰官旺，堪许登科。**

官爻旺而生世持世，若是父爻不旺，谓之“福齐文不齐”，反许遂志。

【译文】

**父母旺而官鬼衰，终究还要落第；**

父母旺相，官鬼临旬空月破墓绝，及发动而变凶变克，虽然有锦绣文章，终究要遭遇红纱蔽日般的命运。

**父母衰而官鬼旺，可以判为登科。**

如果官鬼旺而生世持世，但父母爻不旺，称为“福够文不够”，反而许为得志。

【原文】

**应合日生，必资鹗荐①；**

官父两旺而世爻不旺，或得日月扶助，又得应爻动而生合世爻者，必得推荐之力。

**动伤日克，还守鸡窗②。**

应爻动爻虽来生合世爻，而应爻动爻又被日月冲克者，荐亦无功。

【译文】

**应爻合而日辰生，必须靠举荐；**

官父两旺而世爻不旺，或得日月扶助，又得应爻动而生合世爻的，

---

①鹗荐：举荐。语出东汉孔融《荐祢衡表》：“鸷鸟累百不如一鹗，使衡立朝必有可观。”

②鸡窗：书斋。典出南朝宋刘义庆《幽明录》：“晋兖州刺史沛国宋处宗，尝买一长鸣鸡，爱养甚至，恒笼着窗间。鸡遂作人语，与处宗谈论，极有言智，终日不辍。处宗因此言功大进。”

一定得到推荐。

**动受伤而日辰克，还要守寒窗。**

如果应爻和动爻虽然来生合世爻，却被日辰月建冲克，那么举荐也没有用。

**【原文】**

**世动化官化克，蝶梦①堪忧；**

旧有“身官化鬼月扶，连步蟾官②”，又曰“身兴变鬼，来试方成”，又曰“身动化空用旺，豹变③翻成蝶梦”，皆以卦身而言，余试总无应验，唯验于世爻，而世爻化鬼亦有两验。

卦中父母旺相，而世爻化出官星者，若不回头克世，乃为变官，今科即中，岂等来科？世若休囚被克、动而化出官星者，乃为化鬼，不唯不中，且见危灾；化出鬼爻克世者，更凶。

**【译文】**

**世爻发动化官鬼或化克，蝴蝶之梦值得忧虑；**

旧注说：“卦身值官鬼或化官鬼，又有月建扶助，主连连登上月宫去折桂。”又说：“世爻发动变官鬼，再试才成功。”又说：“世爻发动而化旬空，如果用神旺相，君子豹变的愿望反而成为蝴蝶梦。”这都是就卦身而言，我试来没有应验。只有应验于世爻的，其中世爻化官鬼也有两次应验。

卦中父母旺相，世爻化出官星，如果不回头克世爻，就是变出的官星，主这一科就能考中，哪里需要等来科？如果世爻休囚被克、发动而化出官星，则属于化鬼，主不但考不中，而且会遇到危险和灾难；化出鬼爻克世爻，更凶。

---

①蝶梦：形容天机深不可测。典出《庄子·齐物论》。庄周梦见自己是一只蝴蝶，怎么样都感觉自己是蝴蝶，不知道庄周；不一会儿醒了，仍然是庄周。于是不知是庄周梦见了蝴蝶，还是蝴蝶梦见了庄周。

②蟾宫：月宫。

③豹变：本义是豹子毛色的变化，用来比喻君子的变化。语出《周易·革》上六爻辞：“君子豹变，小人革面。”

【原文】

如卯月戊辰日占乡试，得离之既济。旧注："身官化鬼月扶，鹏程连步蟾宫。"谓卦身如得官爻临之，必有成望；若得出现发动，化出官爻，又得月建生之合之者，必主连捷。

觉子曰：此卦巳为卦身，又是世爻变出子水官星，又得月建生合，正合此说，竟未见其连捷；不唯不能连捷，且难保其长年。其故何也？因变出子水之鬼回头克世，客死于途中。

【译文】

例如，卯月戊辰日占乡试，得到离为火卦，变为水火既济卦：

| | | | |
|---|---|---|---|
| 兄弟巳火○ | ——世 | 官鬼子水●● | — — |
| 子孙未土× | — — | 子孙戌土● | —— |
| 妻财酉金○ | —— | 妻财申金●● | — — |
| 官鬼亥水● | ——应 | | |
| 子孙丑土●● | — — | | |
| 父母卯木● | —— | | |

旧注说："卦身值官鬼化官鬼，而月建扶助，连连登上月宫去折桂。"意思是说官鬼临卦身，必有成功的希望；如果出现发动而化出官鬼，又得到月建的生合，必主连考连捷。

觉子说：这一卦巳为卦身，又是世爻变出的子水官星，又得到月建的生合，正合乎这种说法，但竟没见他连考连捷；不但没能连捷，而且难保他长寿。这是什么原因呢？因为变出子水官鬼回头克世爻，所以结果客死在乡试的途中。

【原文】

如酉月丁巳日占乡试，得小过之泰。觉子曰：旧以"世动化空用旺，豹变翻成蝶梦"。此卦世爻午火官星，化出丑土文章，官文两旺，因丑父旬空，午岁乡试，入丑年甲榜先登。此宁非世动化空耶？止见其占鳌头，而未见其成蝶梦。所以化空者，必应实空之年也。

【译文】

例如，酉月丁巳日占乡试，得到雷山小过卦，变为地天泰卦：

父母戌土●●　　— —
兄弟申金●●　　— —
官鬼午火○　　——世　　　父母丑土●●　— —
兄弟申金●　　——
官鬼午火×　　— —　　　妻财寅木●　　——
父母辰土×　　— —应　　子孙子水●　　——

觉子说：旧注说："世爻发动而化旬空，如果用神旺相，豹变的愿望反而成了蝴蝶梦。"这一卦世爻午火官星化出丑土文书，官鬼和文书都旺，因为丑土父母旬空，午年参加乡试，入丑年高中甲榜。这难道不是世爻发动而化旬空吗？只见他占鳌头，而不见他成什么蝶梦。所以化旬空的，一定应验在实空的年份。

**【原文】**

**身兴化旺化生，龙池变化。**

世爻旺相，动而变出官星回头生合世爻者，不作变鬼，乃为变官。

如卯月乙未日占会试，得观之履卦。未土父母临日建而持世，化出午火官星回头生世，二爻巳火又生世爻，初爻未土又来扶拱，许之高发。果中会魁。

**【译文】**

**身位兴起而化旺相或相生，龙池中如龙变化。**

世爻旺相而发动，化官星回头生合世爻，不作变鬼来看，属于变出的官星。

例如，卯月乙未日占会试，得到风地观卦，变为天泽履卦：

妻财卯木●　　——
官鬼巳火●　　——
父母未土×　　— —世　　官鬼午火●　　——
妻财卯木●●　— —
官鬼巳火×　　— —　　　妻财卯木●　　——
父母未土×　　— —应　　官鬼巳火●　　——

未土父母临日建而持世，化出午火官星回头生世，二爻巳火又生世爻，初爻未土又来扶拱，所以断他高中。果然考中会试的第一名。

【原文】

**世退官星化退，窗下囊萤；**

世与官父相旺，内有一而化进神者，名姓高悬，占乡试必然连捷。独不喜化退神。世化退神，若非临场之阻，必无勇往之心；父化退神，学问日颓，文章渐腐；官化退神，皓首无成。当于《进退章》中参考。

**财临白虎持身，帏前枕块①。**

旧系“财临白虎必丁忧”。然亦不唯临虎，凡遇财爻持世，或财动卦中、父母又值休囚空破，及财动化父、父动化财，皆枕块之兆。

【译文】

**世爻和官星化退神，寒窗下囊萤苦读；**

世从前与官鬼、父母相旺，其中只要有一个化进神，就主名姓高悬，占乡试必然连考连捷。就是不喜欢化退神。世爻化退神，不是临场有阻碍，就是没有勇往直前的心；父母化退神，学问日益颓废，文章逐渐酸腐；官鬼化退神，白了头发也成不了名。建议参考《进退章》。

**妻财与白虎持世爻，妻子枕土块睡觉，以表示哀悼。**

旧注说：“妻财临白虎，必然遇到父母的丧事。”但也不只临白虎，凡遇妻财爻持世，或者妻财发动于卦中，父母又值休囚、旬空、月破，以及妻财发动化父母、父母发动化妻财的，都是父母死丧的征兆。

【原文】

**乾卦如天，亦要官父两旺；雷声如震，犹有空破之嫌。**

古以乾震之卦即以为吉，余试务必官父两旺，始以吉断，否则未见为吉。

**衰旺克冲，轻重须宜细玩；墓绝空破，《应期章》内详之。**

前《应期章》须宜熟记，各门各类无不问其应期，熟则触类旁通，随心应变。凡遇用神，衰要有根，旺宜中和，刑克要有救，冲要逢合。

①枕块：古代丧礼。居父母之丧，子女要头枕土块、身卧草垫以示哀痛。

【译文】

**乾卦如天，也要官鬼父母两旺；雷声如震，还有旬空月破之嫌。**

古法以为遇到乾、震二卜就吉，我试验的结果是，只有官鬼和父母两爻都旺才以吉断，否则未必吉。

**衰旺克冲的轻重，必须仔细玩味；墓绝空破的占断，要按《应期章》论断。**

前面的《应期章》，必须记熟，各门各类的占问，没有不问应期的，熟了就能触类旁通，随机应变。凡用神，衰弱的要有根，旺要的要中和，刑克的要有救应，逢冲的要逢合。

# 升选候补章第又五十五

【原文】

**官爵荣身，须宜持世；财禄恩养，最喜生身。**

旺官持身，及日、月、动爻作官星生合世爻，或世爻发动，化出官星生世，皆吉。又曰："财动生官得美缺，官临日月必超迁。"

**子孙持世，休望荣升；官位空破，勿思升迁。**

子孙持世，子孙动于卦中，升迁无期；官临空破墓绝及动变凶，补升何望？

【译文】

**官爵增荣耀，但必须持世爻；财禄为恩养，最喜欢生身位。**

旺相的官鬼持世，及日辰、月建、动爻作官星生合世爻，或世爻发动，化出官星生世爻的，都吉。又说："妻财发动生官鬼，主得到美缺；官鬼临日辰月建，主必定升迁。"

**子孙持世，别指望荣升；官位空破，不妄想中选。**

占升迁，子孙持世，子孙发动于卦中，主遥遥无期；占补缺或升职，官鬼临旬空、月破、墓、绝，及发动而变凶，有什么指望？

**【原文】**

**雨露承恩，合中逢合；**

世与官星三合官局、财局，或生世，或世在局中，或官星持世、与日、月、动爻相合、得逢六合卦，及动变六合者，皆是天赋之恩。

如申月乙亥日占缺得否，得井之节卦。断曰：“内卦巳、酉、丑合成官局而生应爻，不来生世，正所谓‘出现无情’，此缺不得。”彼曰：“如何不得？”余曰：“官生应爻，一定不得。”后果选别人。

**风云未际，冲上加冲。**

世官不旺，又得六冲，或是官被日月相冲，或是卦得六冲、变六冲，乃风云未际之时也。

**【译文】**

**承雨露之恩，出自合中逢合；**

世爻与官鬼三合成官鬼局、妻财局，或者生世爻，或者世爻在局中，或者官星持世，与日辰、月建、动爻相合，得逢六合卦，及发动变为六合卦，都主上天赋予的恩泽。

例如，申月乙亥日，占能得官缺否，得到水风井卦，变为水泽节卦：

父母子水●●　— —
妻财戌土●　———世
官鬼申金●●　— —
官鬼酉金○　———　　妻财丑土●●　— —
父母亥水●　———应
妻财丑土×　— —　　子孙巳火●　———

断卦说：“内卦巳、酉、丑合成官鬼局，去生应爻而不来生世爻，正是所谓‘出现而无情’，主这官缺得不到。”他问：“为什么得不到？”我说：“官鬼生应爻，一定得不到。”后来果然选了别人。

**未能风云际会，缘于冲上加冲。**

世爻和官鬼不旺，又得到六冲卦，或者官鬼被日辰月建冲击，或者是得六冲卦、变为六冲卦，主还没到风云际会的时候。

【原文】

**原神衰静，泄气爻摇，问升迁以无期；**

假令官爻属木，世爻衰而不动，火爻发动是也。余仿此。

**世爻发动，官化进神，望荣升而在即。**

世爻发动，或动而化吉，或禄、马、日、月临世，及官动化吉生合世爻，皆可束装以待。

【译文】

**原神衰静，泄气之爻发动，高迁遥遥无期；**

比如官鬼爻属木，世爻衰弱不动，而火爻发动，就是如此。其余依此类推。

**世爻发动，官鬼化作进神，荣升就在目前。**

世爻发动，或者发动而化吉，或者禄位、驿马、日辰、月建临世爻，及官鬼发动化吉，生合世爻，都主可以整装待命。

【原文】

**世破而休望，福空而亦升。**

世临月破，即使官星持世，不独不能升选，且防他变。子孙持世值旬空，亦不当升，若占两三日之内者，许之必得。其故何也？子孙尚未出空，不克官也。

野鹤曰：占过三人，俱皆得官，得官之后，随即死亡。

申月戊寅日，占得差否，得泽天夬卦。断曰："子孙持世，此差不得，世空亦不得。"岂知不出三日得差，行至中途而死。其何故也？三日之内而得差者，子孙未出空也；中途而死者，世爻空也。

【译文】

**世爻月破休指望，福德旬空却升迁。**

世爻临月破，就算官星持世，也不但不能升迁，而且要防备其他变故。子孙持世而值旬空，也不应当升迁，但占两三日内的事，许他一定升迁。这是什么缘故呢？这是子孙尚未出空，不克官鬼的缘故。

野鹤说：占过三个人，都得到了官职，但刚得到官职就死了。

申月戊寅日，占能否得到官差，得到泽天夬卦：

兄弟未土●● — —
子孙酉金● ——世
妻财亥水● ——
兄弟辰土● ——
官鬼寅木● ——应
妻财子水● ——

断卦说："子孙持世，主得不到这个官差；世爻旬空，也主得不到。"哪知道，不出三日就得到了官差，只是走到中途就死了。这是什么缘故？三日内得到官差，是子孙尚未出空的缘故；在中途死去，是世爻逢旬空的缘故。

**【原文】**

又寅月庚辰日，占得缺否，得水天需卦。子孙持世遇旬空，与前卦同，亦是只在三两日命下之事。又悟前占卦之差，余竟许之。果得缺，不出两月而亡。

**【译文】**

又，寅月庚辰日，占能否得到官缺，得到水天需卦：

妻财子水●● — —
兄弟戌土● ——
子孙申金●● — —世
兄弟辰土● ——
官鬼寅木● ——
妻财子水● ——应

子孙持世而遇旬空，与前一卦相同，也是只在三两日得到任命的。想到前面问官差的一卦，我竟许他得到官缺。后来果然得到官缺，但没出两个月，人就死了。

**【原文】**

又，辰月丁丑日占起用，已列名矣，得渐之观。此与前二卦大同小异。前二卦子孙持世遇旬空，未曾发动，此卦动而变官，况亦系两三日内事，子孙尚未出空，竟许必得。果得起用，行六日而家内子死，抵任八阅月而疾终。身死子亡者，乃是世与子孙同变鬼也。

野鹤曰：后二卦，予得验者，乃因前卦不灵，刻刻留心之故耳。今人占过即忘，何由精奥？

【译文】

又例如，辰月丁丑日，占已列入起用人名单，结果如何，得到风山渐卦，变为风地观卦：

官鬼卯木● ——应
父母巳火● ——
兄弟未土●● — —
子孙申金○ ——世　　官鬼卯木●● — —
父母午火●● — —
兄弟辰土●● — —

这一卦与前两卦大同小异。前两卦子孙持世遇旬空，没有发动，这一卦发动而变官鬼，况且也是两三日内的事。因为子孙尚未出空，竟许他一定被起用。果然被起用，但是离家的第六天，家中儿子就死了；到达任所才八个月，本人又因病而死。自身死，儿子亡，是世爻与子孙一同变鬼的缘故。

野鹤说：后两卦我能得到应验，是因为前一卦不灵，从此刻刻留心的缘故。现在的人占过就忘了，怎么能达到精深的程度？

【原文】

**随官入墓，世旺者官升；助鬼伤身，身衰者祸至。**

古以随官入墓、助鬼伤身，皆以为凶，余屡试之，世旺者竟升，世衰者不吉。助鬼伤身，原神同动者，其官必升；世若休囚者，必有祸至。

如寅月乙未日占升，得比之观。断曰：“卯木旺官持世，子水财动相生。虽则墓于未日，幸世爻得助，无妨。”果得升于亥月。

【译文】

**随官入墓，世爻旺的，官职升迁；助鬼伤身，身位衰者，祸患到来。**

古法以为随官入墓、助鬼伤身都凶，我屡次试验，世爻旺的竟能升迁，世爻衰弱的不吉。助鬼伤身，原神一同发动的，其官职必升；世爻休囚的，一定有祸患到来。

例如，寅月乙未日占升迁，得到水地比卦，变为风地观卦：

妻财子水× — —应　　官鬼卯木● ——

兄弟戌土● ——

子孙申金●● — —

官鬼卯木●● — —世

父母巳火●● — —

兄弟未土●● — —

断卦说："旺相的卯木官鬼持世，子水妻财发动来生。虽然墓于未日，但好在世爻得到生助，无妨。"果然得升迁于亥月。

**【原文】**

又如戌月辛酉日，占何月补官，得蹇之需。寅木财爻生助午火之鬼，火鬼克世，乃为助鬼伤身。幸辰土生申金，午火贪生忘克，今年冬月必升。果得升于冬月。应冬月者，辰土化子水空亡，十一月则不空矣。

古以晋、升为吉，又云屯、蹇为凶。晋卦、升卦果得应验，亦要世爻得地，若失陷亦不为吉；屯卦、蹇卦，世爻旺者何妨？前篇亥月丙寅日之占验，世爻旺者竟得超升，岂非屯卦耶？

**【译文】**

又例如，戌月辛酉日，占哪个月补任官职，得到水山蹇卦，变为水天需卦：

子孙子水●● — —

父母戌土● ——

兄弟申金●● — —世

兄弟申金● ——

官鬼午火× — —　　妻财寅木● ——

父母辰土× — —应　　子孙子水● ——

寅木妻财生助午火官鬼，属火的官鬼克世爻，属于助鬼伤身。幸而辰土生申金，午火贪生忘克，断为今年冬月必升。果然得升迁于冬月。应验在冬月，是由于辰土化子水落空亡，到十一月就出空了。

古法以火地晋、地风升二卦为吉，又说云雷屯、水山蹇二卦为凶。火地晋卦、地风升卦的吉即使得到应验，也要世爻得地，若失陷，也主不吉；云雷屯卦和水山蹇卦，世爻旺相的，能有什么妨碍？前一篇亥月丙寅日的占验，世爻旺，竟然得以高升，难道不是云雷屯卦吗？

# 升迁何方章第五十六

**【原文】**

官金而应西土，木官必应于东，水北、火南、土升中土。此古法也。余之得验，木官而应山东，亦有应广东者；金官虽应山西，亦有应江西广西者。又有以住处而分东西南北者。

如未月乙巳日，住在京都占地方，得归妹变解。彼时有山东真定两缺，此卦巳火官星，许之真定。彼曰："何也？"余曰："巳火官星，乃南方也，必得真定，乃都门之南也。"果得真定。

**【译文】**

属金的官鬼应在西方，属木的官鬼必定应在于东方，水为官鬼应验北方，火为官鬼应验南方，土为官鬼升迁到中央方位。这是古法。我得到应验的是：属木的官鬼应验在山东，也有应广东的；属金的官鬼虽说应在山西，但也有应在江西或广西的。又有根据住处来分东西南北的。

例如，未月乙巳日，占住在京都，去哪个地方为官，得到雷泽归妹卦，变为雷水解卦：

父母戌土●●　— —应

兄弟申金●●　— —

官鬼午火●　———

父母丑土●●　— —世

妻财卯木●　———

官鬼巳火○　———　　妻财寅木●●　— —

当时有山东和真定两个官缺，这一卦巳火为官星，许他升室真定。他问："为什么？"我说："巳火官星是南方，必定得到真定的官缺，地点是京都的南面。"果然去补真定的官缺。

**【原文】**

又有以初爻为内地，以五爻六爻为边缺。应初爻者，世与官星皆在初爻者是也；应五六爻者，或世在五爻，官在六爻，或世在六爻，官在五爻，戌土官星持世，同在五爻六爻是也。若在二、三、四爻，仍以五行决之。

如丑月癸亥日，占升于何方？得山风蛊。此卦酉官持世，许任西方。至次年，临期见选。

**【译文】**

还有以初爻为内地，以五爻六爻为边疆的官缺的。应在初爻的，世爻与官星都在初爻。应在五六爻的，或者世爻在五爻，官鬼在六爻，或者世爻在六爻，官鬼在五爻，或者戌土官星持世，同在五爻六爻。若在二、三、四爻，仍依据五行来决断。

例如，丑月癸亥日，占升迁到哪个方位为官，得到山风蛊卦：

兄弟寅木●　———应

父母子水●●　— —

妻财戌土●●　— —

官鬼酉金●　———世

父母亥水●　———

妻财丑土●●　— —

这一卦酉金官鬼持世，许为任职于西方。到第二年，果然临期被选任西方。

**【原文】**

又于寅月甲戌日，占升何地，得震卦。余犹忆前卦酉金持世，曾许西方，今此卦仍是金官，西方必矣。但世在六爻，必是边缺。彼曰："有庆阳。"余曰："即此缺。"果升庆阳。

野鹤曰：大概问其地方，虽则有验，然有不如指其缺而问：此缺我得否？我得词林[①]否？我得部属[②]否？我得科道[③]否？我得正印否？官星持世者必得，官动生合世爻者必得，三合官局而生世者必得。世空世破、官破官空俱不得，子孙持世、子孙发动不得，官临应爻不得，三合官局而生应爻不得。

**【译文】**

又于寅月甲戌日，占升迁到什么地方为官，得到震为雷卦：

妻财戌土●●　— —世

官鬼申金●●　— —

子孙午火●　———

妻财辰土●●　— —应

兄弟寅木●●　— —

父母子水●　— —

我还记得前一卦酉金持世，曾经许他去西方为官；现在这一卦仍是金为官鬼，西方是一定的。但世爻在六爻，一定是边疆的官缺。他说："有庆阳。"我说："就是这个官缺。"果然升迁到了庆阳。

野鹤说：大概说来，问地方虽然有应验，但是不如指官缺而问：这个官缺我能得到吗？我能成为翰林吗？我能成为六部下的属员吗？我能得进入给事中或都察院吗？我能得到正职吗？官星持世的必得，官星发动而生合世爻的必得，三合成官局而生世爻的也必得。世爻旬空或月

①词林：翰林或翰林院的别称。

②部属：旧指中央六部各司署的属官。

③科道：明、清六科给事中与都察院十三道监察御史总称，俗称为两衙门。给事中分为吏、户、礼、兵、刑、工六科，其职守为侍从皇帝，推举人才，纠劾官吏，督察六部，封驳制敕和章奏，评议政事，随时谏言。都察院下分十三道，共有监察御史一百一十人，其职守为纠察内外百司之官。

破、官星月破旬空的，都得不到；子孙持世、子孙发动的，得不到；官星临应爻的，得不到；三合成官局而生应爻的，也得不到。

## 在任吉凶章第五十七

**【原文】**

**官旺财兴，仕途显赫；子摇兄动，减俸休官。**

官旺遇生扶，或动而化吉，世旺财旺，或财动以生世，皆主兵民颂德，宦海无波。官临日月，生合世爻，三合官局生合世爻，或官星持世，日月生扶，岁五又相生合，近君者必蒙异宠，在位者不久超升，外任者必叨卓异。兄弟持世，兄爻发动，若非破耗财物，定然减俸除粮。子孙持世及子动爻中，有剥官削职之忧。倘得官星休囚而有扶，子孙动而有制，降级而已。

**官旺兄兴，清风两袖；父发鬼旺，恩露三赐。**

兄动虽为减俸耗财之神，亦不可执之，若得官星旺相，乃是为官清正，非义不取，非无财也。官星旺相，财临空破者，亦同此断。旺父临世，官动临岁五，或日月生扶，外任者必蒙上官推荐，近君及大位者三赐荣加。

**【译文】**

**官鬼和妻财旺相，仕途显赫；子孙与兄弟发动，减俸休官。**

官鬼旺相而遇生扶，或者发动而化吉，世爻旺妻财也旺，或者妻财发动而生世爻，都主功德大，被军民颂扬，在宦海中没有波澜。官鬼临日辰月建而生合世爻，三合成官局而生合世爻，或者官星持世，日辰月建生扶，太岁又在五爻相生合，接近君王者必定蒙受特别的恩宠，在位者不久就会高升，在朝外任职者必定得到特别的赏赐。兄弟持世或兄弟发动，不是破耗财物就是减少俸禄、扣除粮米。子孙持世及子孙在爻中发动，有剥官削职的忧患。倘若官星休囚而有扶助，子孙发动而有制伏，则只是降职罢了。

**官鬼生旺而兄弟兴起，为官两袖清风；父母发动而官鬼生旺，再三得赐恩荣。**

兄弟发动，虽然是减俸耗财的爻神，但也不可以执着，只要官星旺相，就是为官清正，非义不取，而不是无财。官星旺相而妻财临旬空月破，也这样推断。旺相的父母临世爻，官星发动而作为太岁临五爻，或者日辰月建生扶，在朝外任职者，必定蒙受上级的推荐，接近君王及高位者，得到再三的赏赐。

**【原文】**

**兄鬼安宁，地方少事；**

兄鬼乱动于卦中，旱涝兵蝗，地方不宁之兆。

**日月冲克，诽谤多招。**

日月克官，或克世爻，及朱雀螣蛇克世，世爻休囚者，得祸不轻。世爻旺相有救者，多招是非，须宜检点，政事勤慎，以免愆尤。官鬼克世，世旺官衰者，亦主诽谤；世衰官旺，若临蛇雀，必见弹章。

**【译文】**

**兄弟和官鬼安宁，地方上公事少；**

兄弟和官鬼在卦中乱动，主旱涝、兵蝗等灾害频繁，是地方不宁的征兆。

**日辰与月建冲克，招惹的诽谤多。**

日辰月建克官鬼或者克世爻，及朱雀或螣蛇克世爻，世爻休囚的，得祸不轻；世爻旺相而有救应的，多招是非。这两种情况，都必须凡事检点，勤劳而谨慎于政事，以免过失和怨尤。官鬼克世爻，即使世爻旺相而官鬼衰弱，也主诽谤；世爻衰弱而官鬼旺相，如果又临蛇雀，必定会有弹劾的奏章。

**【原文】**

**化进神，冲变合，加官晋爵；**

世爻旺相，官化进神，及世官得地，财化进神，皆有晋爵之征。

**爻反吟，入三墓，反复昏庸。**

卦得反吟，虽是身动不宁，若得世与官旺，一定升迁。世爻若与官星衰者，必遭降罚，后还忧虑焦灼。世与官星被冲被克者，定有不测之祸。世爻休囚、被克、化墓入墓者，事多反复，立见灾非；世爻有气，化墓入墓者，亦主朦胧昏愦。

**【译文】**

**官化进神，由冲变合，荣加官职，晋升爵位；**

世爻旺相，官鬼化进神，及世爻和官鬼得地，妻财化进神，都是加官晋爵的征兆。

**爻逢反吟，入于三墓，主事情反复，为官昏庸。**

得到反吟卦，虽然自身反复，不得安宁，但是如果世爻与官鬼旺相，也一定升迁；若世爻与官星衰弱，则必定被降职和惩罚，并且以后还有忧虑焦灼。世爻与官星被冲被克，必定有不测的灾祸。世爻休囚、被克、化墓、入墓，事情多反复，主立刻遇到灾祸和是非；世爻有气，而化墓、入墓，也主朦胧昏愦。

**【原文】**

**世破兄空，居官不久；身衰化鬼，命尽当危。**

世破世空，官破官空，在任无多日矣。世衰动而化鬼，及化回头之克者，须防寿命无坚。

**世化官而遇官，政权多摄；**

世爻旺相，化出官星生合比助世爻者，得权摄之济。世爻旺相，化出官星刑世克世者，反受权摄之害也。化出官星泄世爻之气者，因权摄以赔累也。官星持世两旺，爻中又动出官星拱助比合者，亦主政权多摄。

**世临官而遇马，差遣烦劳。**

官星持世，明动暗动加驿马者，必有差遣。日、月、动爻作财而生扶者，差中得利。卦中兄爻发动，日、月、动爻刑克世爻者，辛苦赔财。心有望于差遣者，不待驿马驾临，但遇世动，即有差矣。

**【译文】**

**世爻月破而兄弟逢空，为官不会长久；自身衰弱而化为官鬼，寿命即将到头。**

世爻月破或旬空，官鬼月破或旬空，在任没有多少天了。世爻衰弱发动而化官鬼，及化回头克，须防备寿命将尽。

**世爻化官鬼又遇官鬼，掌控多种权柄；**

世爻旺相，化出官星来生合比助世爻的，主多掌权柄的好处。世爻旺相，化出官星来刑世爻或克世爻的，反受所掌权柄的害。化出官星泄世爻的气的，因多掌权柄而导致赔偿或受连累。官星和世爻两旺，爻中又动出官星来拱助比合的，也主多掌握权柄。

**身位临官鬼而逢驿马，差事辛苦麻烦。**

官星持世，或明动或暗动，有驿马驾临，必定被差遣。日辰、月建、动爻作妻财而生扶世爻的，主在差事中得利；卦中兄弟爻发动，日辰、月建、动爻刑克世爻的，主不但辛苦，还要赔钱。心中希望被差遣的，不用等到驿马加临，只要世爻发动，就有差事了。

**【原文】**

**官合龙兴恩命至，**

青龙官星持世，或世临日月，或日、月、动爻生合世爻，或世临岁五之爻，或岁五生合世爻，或世官三合，皆为吉兆。大位者上恩特用，平位者加级超升。

**财临虎动讣音来。**

财爻持世，及卦中财动，或父母爻休囚空破，若有尊长，切不可以财断之，须防孝服。

**【译文】**

**官鬼合青龙而发动，任命将到；**

青龙临官星而持世，或者世爻临日辰月建，或者日辰、月建、动爻生合世爻，或者世爻临五爻而值太岁，或者太岁在五爻生合世爻，或者世爻与官星三合成局，都是吉兆。对在高位者来说，主得到皇上的恩泽和特别的委任；对一般地位的人来说，主晋级升迁。

**妻财临白虎而兴起，报丧的信必来。**

妻财爻持世，及卦中妻财发动，或者父母爻休囚、旬空、月破，如果家中有尊长，千万不要按钱财推断，而必须预防孝服。

**【原文】**

如寅月壬午日，占在任平安否，得颐变噬嗑卦。有人出此卦而问余曰："今岁占在任之流年，世爻变鬼，我甚忧之。"余曰："世爻戌土虽则休囚，得午火生之，自身不妨，须防孝服。"彼曰："非临虎，如何主孝服？"余曰："迂也！午日冲动子水父母，被戌土财爻之克，世化官空，八九月必见。"果于八月丁艰。

**【译文】**

例如，寅月壬午日，占在任上平安与否，得到山雷颐卦，变为火雷噬嗑卦：

兄弟寅木● ———

父母子水●● — —

妻财戌土× — —世　　官鬼酉金● ———

妻财辰土●● — —

兄弟寅木●● — —

父母子水● ———应

有人拿出这一卦问我说："今年占在任上的流年，卦中世爻变官鬼，我很忧虑。"我说："世爻戌土虽然休囚，但是到得午火的生扶，自身不妨；必须预防的是孝服。"他说："不是临白虎，为什么主孝服？"我说："迂腐啊！午日冲动子水父母，却被戌土妻财克制，世爻化官鬼而值旬空，八九月一定有孝服。"果然于八月遇到父母的丧事。

**【原文】**

又如辰月己丑日，占在任吉凶，得中孚之损。官鬼克世，幸而不动，在任可保无凶。但不宜兄爻持世，丑日冲动，今冬身必动摇，身动则耗费不小。彼问："因何事而动？"余曰："堂前双庆否？"彼曰："家父在堂。"余曰："火被水伤，冬令须防孝服，恐因此而动也。"不意六月公署遭回禄，科月闻讣音。回禄者，兄爻持世暗动破财；伤父者，巳火父化子水克也。

【译文】

又例如，辰月己丑日占在任吉凶，得到风泽中孚卦，变为山泽损卦：

官鬼卯木●　——

父母巳火○　——　妻财子水●●　— —

兄弟未土●●　— —世

兄弟丑土●●　— —

官鬼卯木●　——

父母巳火●　——应

官鬼克世爻，幸而没有发动，可以保证在任上没有凶险；可惜兄弟持世而被丑日冲动，今年冬令自身必动，而动身的耗费不小。他问："为什么事动身?"我问："父母都在吗?"他说："家父还在。"我说："火被水伤，冬月要防孝服，恐怕是为此而动。"没想到六月公署遭了火灾，冬月收到讣音。遭火灾，是兄第持世而暗动破财的缘故；父亲死去，是巳火父母化子水回头克的缘故。

# 援例章第五十八

(凡用财图名者同此)

【原文】

**财旺官空，且自堆金于白屋；**

财旺世旺，而官临月破旬空，或被日月冲克，及动而变凶，官如朽木枯枝，虽有旺相之财，生之不起。终属日月之富翁，难食王家之天禄。

**妻摇鬼旺，定然执玉①拜丹墀。**

①执玉：执玉圭。古以不同形制之玉圭区别爵位，因以指称仕宦。

世与官星、财星三者不可一陷。若财官两旺，而世爻失陷者，纵使得官，无福安享。若官世两旺，财星失陷者，乃有例而无财也。

【译文】

**妻财旺相，官鬼旬空，只好在白屋里广积金银；**

妻财旺，世爻旺，而官鬼却临月破旬空，或者被日辰月建冲克，以及发动而变凶，这样的官鬼如朽木枯枝，即使有旺相的妻财也生不起来，终究属于白屋中的富翁，难吃帝王的俸禄。

**妻财发动，官鬼旺相，必定在官府执玉受命。**

世爻与官星、财星三者，一个也不可失陷。如果妻财和官鬼两旺而世爻失陷，纵使得到官职也没有安享的福分；如果官星和世爻两旺而财星失陷，只有固定的薪俸而无外财。

【原文】

如丑月乙卯日占援例，得豫之否卦。断曰："财动生官，不宜世临月破；破而被克者，有官不能享也。"后竟纳之，名成身丧。

【译文】

例如，丑月乙卯日占援例，得到雷地豫卦，变为天地否卦：

妻财戌土× — — 妻财戌土● ———

官鬼申金× — — 官鬼申金● ———

子孙午火● ———应

兄弟卯木●● — —

子孙巳火●● — —

妻财未土●● — —世

断卦说："妻财发动生官鬼，不宜世爻临月破；月破而又被克，有官位也坐不上。"后来竟被收纳为官，结果功名虽然成就，人却死了。

【原文】

又如戌月癸丑日占捐复①，得困之兑。此公先因挂误革职，后因外

①捐复：通过缴纳钱粮恢复官职。

省新例，较部纳损银一半。予知此信，告于此公，即请卜之，而得此卦。予曰："世爻休囚，动而变鬼，不可行之。"不听，竟欲举行。予嘱其家人，告禀夫人："尔主明年秋令甚低，纵使名成，不能出仕。"果得夫人力阻，次年正月得噎食之疾，七月而终。

**【译文】**

又例如，戌月癸丑日，占通过捐纳钱粮恢复官职，得到泽水困卦，变为兑为泽卦：

父母未土●● — —

兄弟酉金● ——

子孙亥水● ——应

官鬼午火●● — —

父母辰土● ——

妻财寅木× — —世　　官鬼巳火● ——

这人先前曾因被牵累而失去过官职，后来因为外省新的条例，可以比在部里少交一半银钱。我知道了这个消息，就去告诉这人，并当即请他占卜，于是得到这一卦。我说："世爻休囚发动而变鬼，这件事不可行。"他不听，竟要照通过交纳钱粮而复职。我嘱咐他的夫人："你丈夫明年秋天运气很差，纵使得到功名也无法出来做官。"果然被夫人尽力阻止。到第二年正月，他得了噎食的病，到七月就死了。

**【原文】**

**财静子飞空用意，**

子孙持世，财爻动与不动，皆不可行，财临空破亦不可行。子孙、财星、官星同动者，又可以行之。其故何也？子动生财，财动生官，故可行。

**兄兴财动枉劳心。**

兄弟爻持世，或兄爻发动，乃是破耗之神，白费其财，终不成名；若得官星同动者，又可以行之。何也？以官鬼而制兄也。

野鹤曰：卦中官星不动，但遇兄弟持世、兄父发动及财爻持世化兄弟，百无一成。即使成后，必有他故，终无食禄之方。

**【译文】**

**妻财静而子孙兴，白费思虑，**

子孙持世，妻财爻发动与不发动，都不可行；妻财临旬空月破也不可行。但子孙、财星、官星一同发动的，又可以行。这是为什么呢？因为子孙发动就生财星，而财星发动则生官星，所以可行。

**兄弟动而妻财摇，枉自心机。**

兄弟爻持世，或者兄弟发动，这是破耗的爻神，主白费钱财，终究无法成就功名；但如果官星也一同发动，则又可行。为什么呢？因为官鬼克制兄弟。

野鹤说：卦中官星不发动，只要遇到兄弟持世，兄弟和父母发动，及妻财爻持世而化兄弟，主百无一成；即使成了，以后也一定有其他变故，终究无缘食用俸禄。

## 武试章第五十九

（亦可以与文试参看）

**【原文】**

**文试者官父两重，武试者首重官爻。**

**世破官空休指望，官兴财旺亦堪图。**

世与官星有一而逢空破者，不须指望。武场虽不以父为重，余常得验，官父两旺者，竟得抡元①。然又有财动生官竟得中者，何也？然其中必行隐事。

**空赴武闱，皆为子孙持世；**

子孙持世，子孙发动，即使力能扛鼎，百步穿杨，皆无益于事矣。

**试期病阻，乃因官鬼伤身。**

官鬼克世，日、月、动爻克世，世动化鬼、化克世，非临场病阻，

①抡元：科举考试中选第一名。

即有灾祸临身。

【译文】

**文试者，官鬼父母具备；武试者，首先注重官星。**

**世爻月破而官鬼旬空，不要指望；官鬼发动而妻财旺相，可以图谋。**

世爻与官星有一个逢旬空月破的，就不要指望。武场虽然不以父母爻为重，但是我常得到应验的情形是：官鬼和父母两旺，竟被选为第一名；但又有妻财发动生官星，却竟然考中的，为什么？其中必有隐秘不宣的事。

**武闱不中，都因为子孙持世；**

子孙持世，子孙发动，即使力能扛鼎，百步穿杨，也都无济于事。

**试期病阻，只由于官鬼伤身。**

官鬼克世爻，日辰、月建、动爻克世爻，世爻发动化官鬼、化克世爻，不是临场有病阻碍，就是有灾祸降临到身上。

# 投麾效用、入武从军章第六十

【原文】

**官宜旺相，不宜空破休囚；**

财世两爻，怕见刑冲克破，世与官星皆旺动而化吉。

**财为禄养，岂宜日月刑冲？**

**世爻失陷及动而变凶，身之难系；官星失陷及动而变凶，难许成名。**

财爻失陷及动而变凶，无粮无禄，即使官旺，厨灶无烟。唯喜官星持世，财动相生，财爻持世，官动相合，或官世临乎日月，及岁月日建相生，或世动化吉，将来之封拜可期，岂唯百夫之长而已耶？

觉子曰：虽以此断无不验者，但要识来人之意。彼若以名利而问，以此而决者是也；如若尚未见用，占问可能收用否，又以官星为收用之官。官来生合世爻者必收，官爻克世及空破者不录。如不知此窍，竟以官星断自己之功名，如天远也。

【译文】

**官鬼宜于旺相，不宜逢空旬、月破与休囚；**

财世两爻，怕见刑冲克破，世与官星皆旺动而化吉。

**妻财作为禄养，怎可以遭日辰月建来刑冲？**

**世爻失陷及发动而变凶，身命不久；官星失陷及发动而变凶，功名难成。**

妻财爻失陷，及发动而变凶，主无粮无禄，即使官鬼旺相，仍然连饭也吃不上。只喜欢官星持世而妻财发动相生、妻财爻持世而官鬼发动相合，或者官鬼和世爻临日辰月建，及太岁、月建、日辰相生，或者世爻发动化吉，封爵拜官可以期待，哪能只是百人的长官呢！

觉子说：虽然这样决断无不应验，但是要了解人的来意。他问名利，这样决断是对的；倘若还没有被任用，占问能否被录用，又以官星为主管录用的官员。官鬼来生合世爻的，必定录用；官鬼克世爻及旬空月破的，不会录用。如果不知道这个诀窍，竟用官星断自己的功名，其结果就像天边一样遥远了。

# 署印[1]谋差章第六十一

**【原文】**

**财与官星，不可有一而不旺；子孙兄弟，不可有一而动摇。**

**世陷财空，不如守己；官空世破，且让他人。**

用财而图者，与援例同推。衰世随鬼入墓，世动化克化鬼，子孙兄弟持世，谋署谋差，自投罗网。

**【译文】**

**财星与官星，不可有一个不旺；子孙和兄弟，不可有一个兴起。**

**世爻失陷，妻财旬空，不如安分守己；官鬼旬空，世爻月破，且让贤给他人。**

用财物图谋的，与援例同样推论。衰弱的世爻随鬼入墓，世爻发动化克或化官鬼，子孙或兄弟持世，谋官署或谋官差，无异于自投罗网。

①署印：代理官职。旧时官印最重要，等同于官位，故称。

# 增删卜易卷之八

［清］野鹤老人
［清］李文辉
［清］李我平　撰
孙正治　注

## 面圣上书、叩阍献策、条陈劾奏章第六十二

（凡占文书亦须采用）

**【原文】**

**旺父持世，宜日月岁五以维持；**

父母为文书章奏，持世合世，奏必见准；再得岁五及日、月、动爻生合者，见用无疑。

**兄弟临身，喜父母化吉而拱合。**

兄弟持世，日月生之，或世爻、父母爻动而化吉，或世化父母生世，以上皆得喜动龙颜，因文见用。

**【译文】**

**旺父持世爻，宜于日月岁五来维持；**

父母为文书奏章，持世合世，奏章必定被批准；再得到太岁在五爻的生合，及日辰、月建、动爻的生合，被采用是无疑的。

**兄弟临身位，喜欢父母化吉而拱合。**

兄弟持世，日辰、月建生它，或者世爻、父母爻发动而化吉，或者世爻化父母而生世爻，这些都可以因为文书奏章而使皇帝喜悦，并因而得到任用。

**【原文】**

**财爻持世破文书，**

财爻持世，财爻发动克破文书，无益之奏；倘得父母持世，财官同动者，而又喜之。其故何也？以财动而生官，官动而生世也。

**子福临身防降罚。**

子孙为克官之神，有职之官、章奏者不宜见之，或持世，或发动，轻则降罚，重则休官。无职之人而章奏者，有两论之，须察来人之念。彼行此事，原为求名者，见之必不成名；彼行此事，恐其有祸者，见之无祸。

**【译文】**

**妻财持世，会克破文书爻；**

妻财爻持世，妻财爻发动而克破文书，是无益的奏章；但是倘若父母持世，妻财和官鬼一同发动，则又是好事。为什么呢？因为妻财发动就生官鬼，官鬼发动就生世爻。

**子孙临身，要预防降与罚。**

子孙为克官鬼的爻神，有职务的官员、写奏折的人不宜遇到，不论持世还是发动，皆主轻则被降职惩罚，重则被革去官职。无官职的人写奏章，遇到子孙持世或发动，有两种论断方法，必须考察来人的心念。如果做这件事是为求名，那就断无法成名；如果做这件事是由于恐怕有祸患，那就断没有祸患。

**【原文】**

**世临空破，难以回天；**

世临旬空月破，及临绝化绝，及入三墓者，不蒙见准，宜早知机。世动变凶，或日、月、岁五、动爻冲克者，不唯难以回天，且防不测之祸。

**子动临身，力能折槛①。**

---

①力能折槛：典出《汉书·朱云传》：汉槐里令朱云朝见成帝时，请赐剑以斩佞臣安昌侯张禹。成帝大怒，命将朱云拉下斩首。朱云攀殿槛，抗声不止，结果殿槛被攀折了。

或曰："前说子动克官不宜见之，此喜子孙持世者，何也？"野鹤曰：须看事之大小。有职之官行此事者，预料此事即不准行，无过于革职而已。子孙者，即为克官之神也，欲保全功名，子孙发动，且勿行之。倘若条陈将相，诤谏君非，若得准行，名垂竹帛，如不见准，祸及其身，所以反喜子孙持世，即使殿折廷诤，可保无祸。古以子发乾宫为吉，非也。子孙为制鬼之福神，未闻独在乾宫而为福神也。

【译文】

**世爻旬空月破，难以挽回天意；**

世爻临旬空月破，以及临绝化绝，还有入三墓，都主不被批准，应当早些知道事机。世爻发动变凶，或者日辰、月建、五爻的太岁、动爻冲克，不但难以挽回天意，而且要防备不测的灾祸。

**子孙发动临身，力能折断殿槛。**

有人问："前文说子孙发动克官鬼，不宜遇到，这里却喜欢子孙持世，为什么？"野鹤说：必须看事情的大小。有职务的官员做这种事，即使预料事情不被批准推行，也不过革去官职罢了。子孙就是克官的爻神，要保全功名而遇到子孙发动，就不要去做。倘若弹劾将相，诤谏君王的错误，批准实行就会名垂青史，不批准就会灾祸临头，所以反而喜欢子孙持世，这样即使在朝堂上诤谏，也可以确保无祸。古法以子孙在乾宫发动为吉，不对。子孙为克制官鬼的福神，没听说只有在乾宫才是福神。

【原文】

如巳年巳月丁卯日占劾奏，得旅卦。占者问曰："我欲劾奏权奸，恐其根固，反受其害，尔详此卦何如？"余曰："彼虽根深蒂固，今已坏矣。"问："何以知之？"余曰："应爻酉金，长生于巳年巳月，岂非根固耶？今被岁月克之、卯日冲之，有伤无救，所以知其权势自此衰矣。"又问："我有害否？"余曰："子孙持世，何害之有？"果蒙准行，奸势大败。

【译文】

例如，巳年巳月丁卯日，占上奏章弹劾奸臣，得到火山旅卦：

兄弟巳火●　　———

子孙未土●●　— —

妻财酉金●　　———应

妻财申金●　　———

兄弟午火●●　— —

子孙辰土●●　— —世

占问者问："我要上奏章弹劾权奸，但恐怕他们根深蒂固，反而受他们的迫害，你看这一卦怎么样？"我说："他们虽然根深蒂固，但是现在已经不行了。"问："怎么知道的？"我说："应爻酉金长生于巳年巳月，难道不是根深蒂固吗？现在却被太岁和月建克制、卯日冲击，有伤害而无救应，所以知道他们的权势已经衰落。"他又问："于我有害没有？"我说："子孙持世，有什么害？"果然奏章被批准实行，权奸的势力从此大打折扣。

**【原文】**

**最忌官爻克世，犹嫌助鬼伤身。**

官鬼克世，已兆凶征，再加财动而助鬼者，其祸难免。世爻变鬼、动化回头之克、随鬼入墓、卦得反吟、变绝、世被冲克者，事非重大，急宜止之。

**岁五生身防受制，六爻恍惚且休行。**

太岁生世必要入爻，不在爻中，不能生世。且如今岁子年，须看卦中有子爻者是也。虽以五爻生世为吉，亦防受克及空衰破绝，有生之名，无生之实。

**【译文】**

**最忌讳官鬼克世，还讨厌助鬼伤身。**

官鬼克世爻，已经出现凶险的征兆，再加上妻财发动而助官鬼，祸患难免。世爻变官鬼、发动而化回头克，化随鬼入墓，或卦得反吟，化绝，或世爻被冲克，如果事情不正义而重大，就应该赶快停止。

**岁五生身，须防受制；六爻恍惚，不要行动。**

太岁生世爻必须入爻，不在爻中就不能生世爻。比如今年是子年，须看卦中有子爻的才是。虽然以五爻生世爻为吉，也要防止受克及旬空、月破、衰弱、遇绝，这样就有生之名而无生之实了。

【原文】

如申月戊辰日占上书，得中孚之损。断曰："五位巳火生世，不宜巳火受克，此书宜止。"问曰："有害否？"余曰："巳火虽则不能生世，卦中无克世之爻，利害皆无。"后上之，果不准行。

野鹤曰：凡上书劾奏，果有兴利除害，益于国者，舍身为国，虽蹈汤赴火而不辞，何用占卜？倘若事无关系，或因忿而抱不平，或以直而报怨，事在两可之间者，必得世与父爻皆无刑冲克破，及岁五、日、月相生，方可行之。倘爻中乱动，而用神原神非旺非衰，或生少克多，六爻恍惚者，即宜止之。言出祸随，得不慎乎？

【译文】

例如，申月戊辰日占上书，得到风泽中孚卦，变为山泽损卦：

官鬼卯木● ———

父母巳火○ ——— 妻财子水●● — —

兄弟未土●● — —世

兄弟丑土●● — —

官鬼卯木● ———

父母巳火● ———应

断卦说："五位巳火生世爻，不宜巳火受克，这次上书应当停止。"他问："有害没有？"我说："巳火虽然不能生世爻，但是卦中没有克世的爻，利害都没有。"后来上了书，果然不准实行。

野鹤说：凡上书弹劾，如果确属兴利除害，有益国家，那就即使舍身为国，赴汤蹈火也不能推辞，哪里用得着占卜？倘若事情无足轻重，或者因为愤愤不平，或者以直报怨，事情在两可之间，就必须世爻与父母爻都无刑冲克破，得岁五、日辰、月建相生，才可以去做。倘若六爻乱动，而用神和原神却不旺不衰，或者生的少克的多，六爻恍惚，就应该停止。言语既出，祸患就会随后到来，可以不慎重吗？

**【原文】**

**父旺官生，叨蒙赠爵；旺官持世，平步登云。**

野鹤曰：断卦者最重来之一念，有为人者，有为己者，有为自身父母而雪怨者，有为保全人己之功名者，有为财利而行者，有为免自己之赔累者，有为辩下属之赔累者。事之多端，在人通变。士民上书，虽则亦有忠心为国，亦有借此以作梯阶而求名也。倘得官旺而父不旺，亦可许之赠职封官。其故何也？彼之初念原为得官，文乃敲门之瓦耳，所以重官而不重父。

**【译文】**

**父母旺而官鬼生，主赠职封官；官鬼旺而持世爻，必平步青云。**

野鹤说：断卦者最重来时的一个念头，有为别人的，有为自己的，有为自身或父母而出气的，有为保全别人或自己的功名的，有为财利的，有为免除自己的赔偿或牵累的，有为下属的赔偿或牵累而申辩的。事情多端，在于人通权达变。士人和百姓上书，虽然也有忠心为国的，但也有借以作梯阶而求名的，在这种情况下，即使官鬼旺而父母不旺，也可以许他赠职封官。这是什么缘故呢？他的最初一念是为得官，文章奏书是敲门的瓦片罢了，所以注重官鬼而不注重父母。

**【原文】**

**我念为名，忌子孙之发动；我念为利，忌兄弟以临身。**

如丑月丙辰日，占具文伸枉，保全功名，得大壮之夬。父母持世，月建文书极旺，但不宜子动伤官，七八月申金得令之秋，功名坏矣。果蒙上台①题保②，未蒙准行，八月削职。此乃为名，父旺亦属无益。

**【译文】**

**如果我的念头是求功名，则忌子孙发动；假如我心思是为则利，就忌兄弟临身。**

例如，丑月丙辰日，占出具文书申辩冤情，保全功名，得到雷天大壮卦，变为泽天夬卦：

---

①上台：上峰，指长官。

②题保：上奏作保。

兄弟戌土●●　— —
子孙申金×　— —　子孙酉金●　——
父母午火●　——世
兄弟辰土●　——
官鬼寅木●　——
妻财子水●　——应

父母持世，月建为文书而极旺，只是子孙发动而克官鬼，主七八月申金得令的时候失去功名。果然有上司写奏文为他作保，但没被批准，于八月被削去官职。这是为名的，父母旺也没用。

【原文】

又如卯月辛丑日，占具文辨恳开销，得讼之履。旺文虽则生世，不宜兄弟持世，上司之章奏定行，我财终是要破，后题请①，不准开销。

【译文】

又例如，卯月辛丑日，占出具文书申辩，请上司批准开销，得到天水讼卦，变为天泽履卦：

子孙戌土●　——
妻财申金●　——
兄弟午火●　——世
兄弟午火●●　— —
子孙辰土●　——
父母寅木×　— —应　兄弟巳火●　——

旺相的文书虽然生世爻，但是不宜兄弟持世。上司的章奏一定被采纳实行，我的财终究要破耗。后来虽然写了辩请开销的文书，但是上司没有批准。

【原文】

占防参劾，虑大计，及已有事尚未结案者：

**世旺官崇，忧心冰解；旺官持世，喜照双眉。**

世与官星旺相，何虑何忧？再得日、月、动爻生扶，或得世爻官

①题请：奏请。

爻，临乎日月及动而变吉，防参劾者何忧？已参而未结案者无忧，虑大计者不独无忧，定蒙卓异。凡得旺官持世，亦同此推。

【译文】

以下谈占问防备参奏、弹劾，或谋划大事，及已经有事而尚未结案等情形的断法：

**世爻旺而官鬼强，忧心像冰雪般消融；官鬼旺而持身位，喜事在双眉上体现。**

世爻与官星旺相，还有什么忧虑？再得日辰、月建、动爻生扶，或者得到世爻官爻临日辰月建，及发动而变吉，防参劾者有什么忧虑？已参而未结案的，无忧；谋划大事的，不但无忧，还一定被看成卓越人物。得旺相的官鬼持世的，也都这样推论。

【原文】

如未月戌申日，占因迟误军粮，已被参劾，得丰之旅。断曰："世临日建，月建生之，动出戌官又来相生，官爵无恙。"彼不以为然，岂知因获奇功，保本随至，功名仍复保全。

或曰："卯木子孙发动，如何不克官？"余曰："木绝于申，所以有救。"

【译文】

例如，未月戌申日，占因迟误军粮而被参劾，结果如何，得到雷火丰卦，变为火山旅卦：

官鬼戌土× ▅ ▅　　妻财巳火● ▅▅▅

父母申金●● ▅ ▅世

妻财午火● ▅▅▅

兄弟亥水● ▅▅▅

官鬼丑土●● ▅ ▅应

子孙卯木○ ▅▅▅　　官鬼辰土●● ▅ ▅

断卦说："世爻临日建，月建相生，动出戌土官鬼又来相生，官爵不受影响。"他不以为然，哪知道因为建立了奇功，保他的奏本随后呈上，使他的功名得以保全。

有人问："卯木子孙发动，为什么不克官星?"我说："木绝于申，所以世爻有救。"

【原文】

**福世孙摇身化福，官空鬼破变爻伤。**

子孙持世，子孙动于卦中，世动化子孙，官破官空，及动化回头之克，皆主罢职休官。

如寅月丁巳日，占虑大计，得旅之明夷。此公素行不检，颇藉势要，生平不信易数。偶占之，余断曰："子孙持世，动化回头之克，世亦受克，所以外卦巳、酉、丑纵成金局，以生伏神之官，亦无用矣。"果落职。

【译文】

**福德持世发动，或世爻化出福德，官星旬空月破，变爻也能伤害。**

子孙持世，或子孙发动于卦中，世爻发动化子孙，官鬼逢月破、旬空及化回头克，都主停职罢官。

例如，寅月丁巳日占谋划大事，得到火山旅卦，变为地火明夷卦：

兄弟巳火○　———　　妻财酉金●●　— —

子孙未土●●　— —

妻财酉金○　———应　　子孙丑土●●　— —

妻财申金●　———

兄弟午火●●　— —

子孙辰土×　— —世　　父母卯木●　———

这人平素行为不检点，颇仗恃自己的权势；生平不信卦数，这次属于偶然占问。我断卦说："子孙持世，发动而化回头克，所以纵使外卦巳、酉、丑会成金局而生伏神官星，也没有用了。"果然丢了官职。

【原文】

**子动财空，减禄罚俸；**

兄弟持世，兄弟发动，或财破财空，及财动化凶，倘得官爻旺相，罚俸而已；官若失陷，则利名俱丧也。

**身衰鬼克，贬责凌辱。**

世衰不遇生扶，又有岁五、日月、动爻刑冲克世，或官动克世，或世随鬼入墓、旺动化鬼、化克，及虎蛇刑克世爻者，轻则贬罚，重则刑狱。

或曰："何以谓之轻重？"余曰："轻者，乃世爻之有救也；重者，乃世爻休囚，又被刑伤冲克也。"

**【译文】**

**子孙发动，妻财旬空，减少或罚没俸禄；**

兄弟持世，兄弟发动于卦中，或者妻财逢月破，逢旬空，以及发动而化凶，倘若官爻旺相，只是罚减官俸罢了；官鬼如果失陷，那就名利都会丧失。

**世爻衰弱，官鬼克制，贬官与责骂难当。**

世爻衰弱而不遇生扶，又有太岁在五爻及日辰、月建、动爻刑世、冲世、克世，或者官鬼发动而克世爻，或者世爻随鬼入墓、旺动化官鬼化回头克，及白虎和螣蛇刑克世爻，轻则贬低官职，罚去官俸，重则判刑入狱。

有人问："轻重怎么解释？"我说："轻指世爻有救，重指世爻休囚而又被刑伤冲克。"

**【原文】**

**卦静世空官又陷，林下闲人。**

世空者退休之兆，官又空破休囚者，削职无疑。

**世陷逢生，煞兴何碍？**

古有身空煞动避祸之说，余以为非。殊不知世爻空者，待出空之月日，必遭其害，岂能避之？唯世空逢原神动而相生，卦中虽有忌神发动，亦无碍矣，待世爻出空之日，忌神反生原神而生世也。

**【译文】**

**静卦世爻旬空而官星衰陷，终究是林下泉边的闲人。**

世爻逢空是退休的征兆，官鬼又旬空、月破、休囚的，无疑会被削去官职。

**世爻失陷而得到生扶，即使凶煞发动也没有妨碍？**

古法有以凶煞发动，世爻旬空为避祸的说法，我以为不对。世爻旬空的，到出空的月日，必定遭受其害，怎么能避开？只有世爻旬空，逢原神发动而相生的情形，卦中即使有忌神发动也无妨碍，到世爻出空的日子，忌神反而生原神，而原神生世爻。

**【原文】**

**官隆世陷，身辱官存；**

古有“身边伏鬼若非空，官职犹在”，谓凡遇凶兆，若得官爻持世，或官伏世下而旺，虽见责罚，而官职犹存。

野鹤曰：世遇五爻之克，若得官旺生合世爻，及旺官持世，虽则逢辱，仍复为官。

**【译文】**

**官星隆盛而世爻失陷，身虽受辱，官职还在；**

古法说：“身边伏藏的官鬼如果不是旬空，官职就还在。”这是指凡遇凶兆，只要官鬼持世，或者官鬼伏藏在世爻下而旺相，就即使被惩罚，官职也不会丢掉。

野鹤说：世爻遇到五爻的克制，如果官星旺相而生合世爻，及官星旺相而持世，那么，虽然会受责骂，但仍能继续做官。

**【原文】**

如丑月戊辰日，占防参劾，得井之中孚。断曰：“此卦甚奇。世空而逢日冲，不为空矣；世不受克而暗动，虽无参论，恐要离任。”彼曰：“既无参论，如何离任？”余曰：“世爻暗兴，必主动摇，且内卦巳、酉、丑合成官局以生应爻，故知此位已属他人矣。”后因裁他处之缺，上司题留他处之官顶此公之位，换此公回京另补。此亦少经见之事。甚矣，知几者神哉！

**身实官陷，位去身安。**

世爻旺相，不受伤克，官破官空及被刑冲克害，或动变凶者，官禄虽失，身不逢伤。

【译文】

例如，丑月戊辰日占防参劾，得到水风井卦，变为风泽中孚卦：

父母子水×　　— —　　　兄弟卯木●　　——

妻财戌土●　　——世

官鬼申金●●　— —

官鬼酉金○　　——　　　妻财丑土●●　— —

父母亥水●　　——应

妻财丑土×　　— —　　　子孙巳火●　　——

断卦说："这一卦很奇特。世爻旬空而逢日冲，就不为空了；世爻不受克而暗动，虽然没有参奏弹劾的事，但恐怕要离任。"他说："既没有参奏弹劾，为什么会离任？"我说："世爻暗动，必主动摇，况且内卦巳、酉、丑合成官局而生应爻，可知这个位置已经属于他人了。"后来因为裁其他处的官缺，上司让被裁的人顶替他的位置，让他回京另补官缺。这也是很少见的事了。卦中体现的事机多么神奇啊！

**官星失陷而世爻坚实，官虽削去，自身则安。**

世爻旺相，不受伤克，官星逢月破旬空，及被刑冲克害，或者发动变凶，官职和俸禄虽然会失去，但是自身不会受伤害。

## 养亲、告病、辞官章第六十三

【原文】

**子旺子兴，必能遂愿；官克官世，总不如心。**

子孙持世，子孙发动，乃无官之累，必能遂我偷闲；若官星持世，或官动克世合世，难脱利名缰锁。

**告假不忌反吟，休致须宜化退。**

告病及养亲，乃暂归之事，得反吟卦者，乃应将来再任，故不忌之。唯辞官者不宜见之，非目下屡辞反复，乃将来还入留台①；若得伏吟，必不能行。官化退、世爻化退，告假辞官皆能遂意。世与官星而化进神者，王事羁身，难于歇手。

**【译文】**

**子孙旺相或发动，必定如愿；官鬼克制或持世，总不称心。**

子孙持世，子孙发动，主无官职的牵累，一定能遂偷闲的愿望；倘若官星持世，或者官鬼发动而克世合世，主难以摆脱利名的缰绳枷锁。

**告假暂归，不忌反吟；休官致仕，宜于化退。**

告病请假及回家奉养双亲，只是暂时离任，得到反吟卦，应验为将来再次任职，所以不忌讳。只有辞官的不宜见反吟，不是眼下屡次辞职，就是将来还会留任；若得到伏吟卦，一定没法离任。官鬼化退神，世爻化退神，告假辞官都能如意。世爻与官星化进神的，主有官府事务羁绊，脱离不开。

## 修陵、修河一切营造公务防患章第六十四

**【原文】**

**福摇子动无忧，鬼克兄冲有患。**

子孙持世，子动爻中，事无忧虑，有始有终。官鬼克世而受累，兄克兄动以赔财。鬼兄持世者同推。

**父世官生，因公加爵；**

父母持世，官星动而生合世爻者，必因公事加官。

**财与官旺，获利荣名。**

旺官持世，财动而相生，不独因公得利，还许名荣。旺财持世，世动化财生世，皆同此断。

①留台：原意是留在京都。古称禁城为台城，故名。这里泛指留在任上。

【译文】

**子孙发动无忧虑，鬼克兄冲有灾祸。**

子孙持世，子孙发动，事情有始有终，不必忧虑。官鬼克世爻，主受到连累；兄弟相克或兄弟发动，主赔钱。官鬼和兄弟持世的，也这样推论。

**父母持世而官鬼相生，因为公事而升官；**

父母持世，官星发动而生合世爻，一定因公事加官晋爵。

**妻财旺相而官鬼强旺，获得利益和荣誉。**

旺相的官鬼持世，妻财发动相生，不但因公事得利，还许有荣誉。旺相的妻财持世，世爻化妻财而回头生，都这样推断。

【原文】

**六冲不久，六合坚牢。**

工程皆以父爻为用神。用神不旺，或受冲克，又得六冲卦者，必不坚久，化冲者亦然。又看世爻旺否。世若休囚被克，将来必遭其害。唯喜父爻旺相，又得六合卦者，永远坚牢。

野鹤曰：凡占公务，初入工程而防患，宜子孙动摇，无忧。倘若已见疏虞而防患者，必有功名之虑，子动以伤官也，岂曰“子动而无忧”耶？初入工程，兄动以防赔财；已见疏虞，兄动而防罚俸。

【译文】

**六冲不持久，六合才坚牢。**

占工程，都以父母爻为用神。用神不旺，或者受冲克，又得六冲卦的，必定不会坚固持久，化冲的也是这样。又看世爻旺不旺。世爻如果休囚被克，将来必定因此受害。只宜于父母爻旺相，又得到六合卦，主工程永远坚牢。

野鹤说：凡占公务，刚介入工程而占防祸患，宜于子孙发动，主无忧。倘若已发现疏忽和忧患才占防患，一定有功名方面的忧患。子孙发动就会伤到官鬼，怎么能说“子孙发动就无忧虑”呢？刚介入工程而占防患，如果兄弟发动，就要防止赔钱；已发现疏忽和忧患才占忧患，兄弟发动，就要防止减罚官俸。

# 僧官、道纪、医官、杂职[1]、阴阳[2]、寺官[3]章第六十五

【原文】

**僧官医官，亦喜官爻发动。**

旧系“岂可文书发动”，谓僧、道、医官占功名，乃以子孙为用神，不宜父动而克子也。

野鹤曰：此非理也。若他人占僧、道、医人，乃以子孙为用神。

**子孙旺相，道业高强；父母兴隆，庸愚懦弱。**

若僧、道、医家自占道艺，亦以子孙为用神。子孙旺相，鬼服龙降。今以自占功名，子动而克官也，如何反为用？非也，仍看官爻。官星持世，或日、月、动爻以相生；父母持世，或得旺官相生，其名必成。

【译文】

**僧官医官，也喜欢官鬼发动。**

旧注是“怎么可以文书发动”，指僧官、道官或医官占功名，是以子孙为用神，不宜父母发动而克子孙。野鹤说：这说法无理。只有其他人占僧官、道官、医生，才以子孙为用神，自己占则不是这样。

**子孙旺相，道行深厚，法术高强；父母兴隆，平庸愚蠢，而又懦弱。**

如果僧官、道官、医官自己占道行或技艺，也以子孙为用神。子孙旺相，主鬼祟服帖，恶龙降伏。现在为自己占功名，如果子孙发动，就会克制官星，怎么会反而作为用神？错了，仍要看官鬼爻。官星持世，或者日辰、月建、动爻相生；父母持世，得到旺相的官星相生，主其功

①杂职：古代品官以外的办事人员。

②阴阳：这里指以择日、占星、风水等迷信为业的人。

③寺官：指古代宫中的近侍小臣，多以阉人充任。

名必成。

【原文】

**阴阳杂职，俱以子动为嫌。**

子孙动、子持世，皆许必不成名，是则以俗家求名同断。

如丑月丙辰日，僧官因官事，恐革退僧官而卜之，得屯之既济。子孙持世，克官之神，官又临于应爻，此官已属他人矣。后果退职。

【译文】

**阴阳杂职，都讨厌子孙发动。**

子孙发动，子孙持世，都断为注定无法成名，这和俗家求名是同样道理，所以同样推断。

例如，丑月丙辰日，僧官因公事恐怕革去官职，由本人卜问，得到云雷屯卦，变为水火既济卦：

兄弟子水●● — —

官鬼戌土● ——应

父母申金●● — —

官鬼辰土× — — 兄弟亥水● ——

子孙寅木●● — —世

兄弟子水● ——

卦中子孙持世，为克制官星的爻神，而官鬼又临于应爻，说明这官职已经属于别人了。后来果然被革去官职。

## 功名到何品级章第六十六

【原文】

**占法：水一，火二，木三，金四，土五。**

**官临火者，官居二品；官星属水，一品之尊。**

野鹤曰：水火止二数，位至公侯者何以定之？官设九品，数止于五，六七品者何以定之？余得其法者，指占之法也。我能公侯否？我能将相否？我能一品否？我能入座①否？

**旺官临日月，指日可期；官破及刑冲，终身失望。**

**子孙持世，犹如止渴望梅；官动生身，恰似探囊取物。**

**【译文】**

**按照占法，水为一，火为二，木为三，金为四，土为五。**

**官星临火的，官居二品；官星属水的，贵为一品。**

野鹤说：水火只有两个数，位至公侯的人怎么用？官职设有九个品级，而数只有五个，六七品的怎么确定？我得到的方法是指具体品级或官位而占。我能达到公侯吗？我能做到将相吗？我能官居一品吗？我能进入帝王身边的职位吗？如此，等等。

**官星旺相而临日月，指日可待；官星月破及刑冲，终身失望。**

**子孙持世爻，犹如望梅止渴；官动生身位，恰似探囊取物。**

**【原文】**

曾有邑宰②问："将来官至方面③否？"巳月乙卯日占，得雷山小过。午火官星持世，后果官至佥事④。

又，子月乙亥日，官至方伯，问将来能于开府⑤否？连占三卦，子孙持世，后果降调而归。

**【译文】**

曾有地方长官问："将来官职能达到一方诸侯吗？"巳月乙卯日占，得到雷山小过卦：

---

①入座：进入帝座，即官居帝王身边的职位。

②邑宰：城邑的长官。

③方面：方伯之类地方长官。

④佥事：官名。明代始置，清中期废。

⑤开府：指古代高级官员建立府署并自选僚属。

父母戌土●● — —

兄弟申金●● — —

官鬼午火● ——世

兄弟申金● ——

官鬼午火●● — —

父母辰土●● — —应

午火官星持世，后来官职果然做到了佥事。

又例如，子月乙亥日，问官职已达一方诸侯，将来能否开府，连占三卦，皆为子孙持世，后来果然被降调回乡。

【原文】

又因占会试，许之必中。又问："可能鼎甲否?"余曰："必须再占一卦。"

卯月甲申日，得节之蹇。断曰："古以蹇为不吉，余重用神。此卦世临巳火，卯月生之，申日合之，青龙持世，中鼎甲而无疑，但非今科之鼎甲也。"公曰："何也?"余曰："世爻变出辰土之官，乃辰年之鼎甲也。"公曰："此数暗合我机。我少年得一预兆，亦应辰年。"场毕即回。至甲辰科殿试，果得首唱传胪。所以教人指其事而验者，无不验也，何必谆谆执古法而猜之?

【译文】

又因为占会试结果，我许他一定高中。他问："能达到鼎甲吗?"我说："必须再占一卦。"

卯月甲申日，得到水泽节卦，变为水山蹇卦：

兄弟子水●● — —

官鬼戌土● ——

父母申金●● — —应

官鬼丑土× — — 父母申金● ——勾陈

子孙卯木○ —— 妻财午火●● — —朱雀

妻财巳火○ ——世 官鬼辰土●● — —青龙

断卦说："古法以为蹇卦不吉，而我注重的是用神。这一卦世爻临巳火，卯月生它，申日合它，青龙持世，考中鼎甲无疑，但不属于今年这一科。”他问：“为什么？”我说：“世爻变出辰土官星，是辰年的鼎甲。”他说：“这个卦暗合我的情况。我少年时得到一个预兆，也应在辰年。”考完就回乡了。到甲辰年殿试，果然被首先唱名。可见教人指事而占的方法，没有不应验的，何必死板地执着于古法而胡乱猜测？

## 子占父功名章第六十七

**【原文】**

父旺官动相生，日月作官星而生父母，父旺化官，父官动而化吉，皆许成名。财克父，子动伤官，父官动而变凶，日月克官克父，或父爻官爻衰墓破绝，皆许无益。

如卯月壬辰日，占父何时起用，得风水涣变夬。内卦寅木父母旺，而化出子水之官，许寅年起用。果应寅年仍以原品起用，后终于未年。又以此卦悟之，初爻寅木，父寅年而起用；上爻卯木父动化未墓，墓于未年。占时未墓爻空，谓之空墓以待，所以终于实墓之年；又因用神重迭，逢墓库以收藏也。

**【译文】**

父母旺相，官星发动而相生，或日辰月建作官星而生父母，或父母旺相而化官星，或父母和官星发动而化吉，都许为功名成就。妻财克父母，子孙发动伤官星，父母和官星发动而变凶，日辰月建克官星克父母，或者父母爻和官星衰弱、入墓、月破、遇绝，都断为无益。

例如，卯月壬辰日，占父亲什么时候重新起用，得到风水涣卦，变为泽天夬卦：

父母卯木○　———　　子孙未土●●　— —

兄弟巳火●　———世

子孙未土×　— —　　官鬼亥水●　———

兄弟午火×　— —　　子孙辰土●　———

子孙辰土●　———应

父母寅木×　— —　　官鬼子水●　———

内卦寅木父母旺相，而化出子水官星，所以许父亲寅年被起用。果然应验在寅年，仍以原来的品级起用，后来终老于未年。又就这一卦去领悟：初爻寅木，所以父亲寅年被起用；上爻卯木父母发动而化未土墓库，所以死于未年。占卦时未土墓爻旬空，叫作空墓以待，所以终老于实墓的年份；也是用神重叠，要逢墓库来收藏的缘故。

**【原文】**

又如辰月戊申日，占父在京候补，得观之涣。未土父母持世，巳火官动生之，许即得缺。果补于四川，巳月归里赴任，巳火生世之故耳。

李我平曰：问何时，问何地，须要分占。若据一卦而兼断，假令官值申金，必升于七月；论分野，则申乃西晋之地。岂七月之升迁必西方之缺耶？此古法之谬也。

**【译文】**

又例如，辰月戊申日，占父亲在京候补结果如何，得到风地观卦，变为风水涣卦：

妻财卯木●　———

官鬼巳火●　———

父母未土●●　— —世

妻财卯木●●　— —

官鬼巳火×　— —　　父母辰土●　———

父母未土●●　— —应

未土父母持世，巳火官星发动而生它，所以许父亲马上得到官缺。果然补缺于四川，巳月归乡后赴任，这是巳火生世爻的缘故。

李我平说：问什么时间，问什么地点，需要分别占问。如果就一卦兼断，假使官星值申金，必升迁于七月；论分野，则申是西方晋地。难道七月的升迁必定是西方的官缺吗？这是古法的谬误处。

**【原文】**

又以八宫如离南坎北之类，又以二十八宿①以定分野；又云“食禄于此土，以禄定方”；又曰“游魂远而归魂近”。《易冒》以五行、六神、八宫为经，诸星为纬以参之，此可说而不可行也。夫五行、八宫及二十八宿，犹为近理。若以六神而兼星煞，使丁日占得雷风恒卦，酉官持世，必掌兵权；神得螣蛇，蛇乃驰驱差遣之吏，丁以酉为文昌②，文昌为翰苑。以彼法而断，酉官为经，螣蛇、文昌为纬，定是掌兵权之翰苑、听差遣之词林矣，宁非妄谈乎？

**【译文】**

又以八宫方位，如离南坎北之类；又以二十八宿来定分野；又说“食禄于这个地方，就根据禄位定方位”；又说“游魂远而归魂近”。《易冒》以五行、六神、八宫为经，诸星为纬来参详，这些话可说而不可行。五行、八宫及二十八宿，还算近理。以六神兼星煞来推论，假使丁日占得雷风恒卦，酉金官鬼持世，必掌兵权；六神值螣蛇，属于受人驰驱差遣的吏员；丁以酉为文昌，文昌为翰苑。以这种方法推断，酉金官星为经，螣蛇、文昌为纬，那么一定是掌兵权的翰林、听差遣的翰林了。这难道不是妄谈吗？

---

①二十八宿：古人将黄道附近的星空划分成若干个区域，称之为二十八宿。东方苍龙，包括角、亢、氐、房、心、尾、箕七宿；北方玄武，包括斗、牛、女、虚、危、室、壁七宿；西方白虎，包括奎、娄、胃、昴、毕、觜、参七宿；南方朱雀，包括井、鬼、柳、星、张、翼、轸七宿。

②文昌：吉星的一种，主文章。查法以日干为主，歌诀说：“甲蛇乙马号文昌，丁己寻鸡辛犬方，庚猪癸兔壬从虎，丙戊扬猴最吉祥。”

# 增删卜易卷之九

［清］野鹤老人
［清］李文辉
［清］李我平　撰
孙正治　注

## 求财章第六十八

【原文】

诸书之论求财，弗如《黄金策》理真论确，屡试屡验，惜乎未经分别。今以前段为总论，以后段分门类，使后贤易晓。内有屡试而不验者，删之，余另得其验者增之。

**财旺福兴，公私称意；财空福绝，上下违心。**

上至国计，下至营谋，无不以财为用，公占私卜皆以财为用神。子孙者，乃生助财爻之原神也，俱宜旺而化吉，又宜生合世爻，公私皆得如意；若逢衰墓绝空，刑冲克害，动而变凶，日月冲破者，上下皆违心矣！

【译文】

各种占卜书对求财的论述，都不如《黄金策》道理真实，论述确切，屡试屡验，可惜没有划分段落。现在以前一段为总论，以后来的段落分门类，使以后的贤人容易了解。其中有屡试而不应验的，就删去；我另外得到应验的，就增加进来。

**妻财旺相而福德兴起，公私生意都称意；妻财旬空而福德遇绝，上**

**下之间总违心。**

上到国家大计，下到日常营谋，没有不用财的，公占私卜都以妻财爻为用神。子孙是生助妻财的原神，两者都适宜旺相而化吉，又适宜生合世爻，这样公私都能如意；倘若子孙衰墓绝空，刑冲克害，发动而变凶，日辰月建冲破，就上下都不如意了。

**【原文】**

**有福无财，兄弟交重偏有望；**

兄弟乃劫财之神，占财之最忌也。财与兄爻同动，必主阻隔破耗。倘若财爻静而不动，及不上卦者，若得子孙与兄弟同动，又为可喜。兄动生子孙，故谓之“有望”。财爻、兄爻、子孙爻俱动于卦中者，更为可喜。其故何也？兄动生子，子动生财，其利甚厚，且有久远源流之利益也。

**兄与财动，官爻发动亦堪求。**

兄爻与财爻同动，而官鬼亦动者，亦许得财，以官鬼制克兄爻之故耳。

**【译文】**

**有福德而无妻财，兄弟发动，却有希望；**

兄弟是劫财的爻神，是占财所最忌讳的。妻财与兄弟一同发动，必定遭遇阻隔和破耗。倘若妻财爻安静而不发动，及不上卦，只要子孙与兄弟同时发动，又可喜。兄弟发动生子孙，所以说有希望。妻财、兄弟、子孙爻都在卦中发动，更加可喜。这是什么缘故呢？兄弟发动生子孙，子孙发动生妻财，其利益很丰厚，也很久远。

**兄弟发而妻财动，官鬼兴起，可以谋求。**

兄弟与妻财同时发动，官鬼也发动，也许为得财，这是官鬼制克兄弟的缘故。

**【原文】**

**财福俱无，莫若守株待兔；**

财与子孙爻俱不现卦，或现于卦中，又值休囚空破墓绝，或被刑冲克害，须宜株守，图则无益。

觉子曰：倘得日月为财，或伏而旺者，亦可求也。

**父兄爻动，无殊缘木求鱼。**

父动克福神，兄动克财爻，此二爻动于卦中，凡有所图，水中捞月。

如酉月戊午日占求财，得革卦。断曰："卦中财爻不现，亥水兄爻持世，父临月建生助兄爻，如缘木以求鱼也。"

**【译文】**

**妻财和福德都没有，不如守株待兔；**

妻财与子孙爻都不出现，或者出现于卦中，却值休囚、旬空、月破、入墓、遇绝，或者被刑冲克害，必须谨守本分，所有图谋都白费。

觉子说：倘若日辰月建为妻财，或者伏藏而旺相，也可以谋求。

**父母与兄弟齐发动，无异缘木求鱼。**

父母发动克福德，兄弟发动克妻财，这两爻在卦中发动，所有的图谋都像水中捞月一样。

例如，酉月戊午日占求财，得到泽火革卦：

官鬼未土●● — —

父母酉金● ———

兄弟亥水● ———世

兄弟亥水● ———

官鬼丑土●● — —

子孙卯木● ———应

断卦说："卦中妻财爻不出现，亥水兄弟爻持世，父母临月建生助兄弟，求财如同缘木求鱼。"

**【原文】**

**多财反复，必须墓库以收藏；**

卦中财临日月，谓之太旺。或动变俱是财爻，日月又作财星，谓之重迭。若许求谋得意之时，须待财爻入墓之日。且如水作财神，辰日而得，余仿此。

**无鬼分争，又怕交重而阻滞。**

兄弟乃争夺、阻隔、耗财之神，宜官鬼动而制之，以免分争之患。

觉子曰：兄爻发动，喜鬼动以制之。倘卦中兄爻安静者，又不宜乎鬼动。鬼动反泄财爻之气也，且有口舌。

**【译文】**

**多妻财主反复，必须墓库来收藏；**

卦中妻财临日辰月建，叫作太旺。或者发动和变出的都是妻财爻，日辰月建又作财星，叫作重叠。如果许为求谋得意，必须等到妻财爻入墓的日子。比如水作财神，则辰日而得到。其余类推。

**无官鬼主分争，又怕发动而阻滞。**

兄弟是争夺、阻隔、耗财的爻神，应当有官鬼发动而制伏它，以免分争的忧患。

觉子说：兄弟发动，喜欢官鬼发动而加以制伏。倘若卦中兄弟安静，又不宜官鬼发动，因为官鬼发动泄妻财的气，并且有口舌。

**【原文】**

**兄如太过，反不克财；**

旧注："卦中一位兄爻动者，最为厉害；如若兄弟爻多动者，反不劫财。"

觉子曰：非也。兄爻多者，待兄爻入墓之日，及克损财爻之日，必劫其财，谓之"太旺者损之斯成"。

如巳月丙辰日，占放印子钱①，得未济之归妹。断曰："此卦月建世爻，动变之爻，俱是兄弟。占时顺遂，至九月兄爻入墓，因奸情破耗。"岂可谓之兄爻太过，反不劫其财耶？

**【译文】**

**兄弟爻太多，反而不克妻财；**

旧注说："卦中一位兄弟爻发动，最为厉害；但如果兄弟爻多动，

①印子钱：清朝时期高利贷中的一种形式，放债人以高利发放贷款，本息到期一起计算，借款人必须分次归还，每次归还都要在折子上盖一印记，故名。

反而不劫财。”

觉子说：不是这样。兄弟爻多，待兄弟入墓的日子，及克损妻财爻的日子，必定劫夺此财，叫作“太旺的，减损它就成就了”。

例如，巳月丙辰日占放印子钱，得到火水未济卦，变为雷泽归妹卦：

| | | | |
|---|---|---|---|
| 兄弟巳火○ | ——应 | 子孙戌土●● | — — |
| 子孙未土●● | — — | | |
| 妻财酉金● | —— | | |
| 兄弟午火●● | — —世 | | |
| 子孙辰土● | —— | | |
| 父母寅木× | — — | 兄弟巳火● | —— |

断卦说：“这一卦月建、世爻、发动变出的爻，都是兄弟。占问的时候顺遂，到九月兄爻入墓，因为奸情而破耗。”这怎么可以说兄弟爻太过，反而不劫财呢？

**【原文】**

**世遇兄临，必难求望。**

古以卦身临兄爻，难于求望。余因卦身不验，只以世爻为主。

**兄爻持世，难遂图谋。**

野鹤曰：全在人之通变。兄弟而持世者，虽则为忌，亦有不当忌者。

如未月丁卯日占借贷，得晋卦。断曰：“虽则兄爻持世而曰无财，但喜卯日即是财星。古以财爻持世冲世者必得，况应爻未土旺而生世，明日必获。”果于辰日得财。应辰日者，世动逢合之日也。

**【译文】**

**兄弟持世爻，必主谋求无望。**

古法以为，卦身临兄弟爻，难于求望。我因为卦身不应验，只以世爻为主。

**兄弟持世爻，图谋难以实现。**

野鹤说：全在人的通变。兄弟持世虽然忌讳，但也有不应当忌讳的。

例如，未月丁卯日占借贷，得到火地晋卦：

官鬼巳火● ——

父母未土●● — —

兄弟酉金● ——世

妻财卯木●● — —

官鬼巳火●● — —

父母未土●● — —应

断卦说："虽然兄弟爻持世被说成无财，但是好在卯日就是财星。古法以妻财持世爻、冲世爻为必得，何况应爻未土旺相而生世爻，明日必能借得。"果然于辰日借到了钱财。应验在辰日，因为辰日是世爻发动而逢合的日子。

**【原文】**

又如巳月丁巳日占求财，得既济变涣卦。断曰："若占久远财者，则无财也；若问目下之财，明日戊午必得。其故何也？兄临世爻，日破月破，不克变出之财；况日月俱作财来冲世，只因应爻而逢空，明日冲实，定送财来。"果于次日送来。

**【译文】**

又例如，巳月丁巳日占求财，得到水火既济卦，变为风水涣卦：

| | | | |
|---|---|---|---|
| 兄弟子水× | — —应 | 子孙卯木● | —— |
| 官鬼戌土● | —— | | |
| 父母申金●● | — — | | |
| 兄弟亥水○ | —— | 妻财午火●● | — — |
| 官鬼丑土× | — — | 官鬼辰土● | —— |
| 子孙卯木○ | —— | 子孙寅木●● | — — |

断卦说："这一卦，要是占久远的财，主无财；要是问眼下的财，那么明日戊午必定得财。这是什么缘故？兄弟临世爻而逢日破和月破，不能克变出的妻财；何况日辰月建都作为妻财来冲世爻？应爻逢旬空，明日会被冲实，所以明天必定送钱来。"果然于次日送来。

【原文】

又如巳月戊寅日，占何日得财，得离之丰卦。断曰："酉金财爻不动，明日卯日冲动财爻，明日必得。"彼曰："兄弟持世，如何得财?"予曰："兄爻动而化墓，不克财爻。"果于次日得之。

野鹤曰：予非他书之比，偶然凑合，即以为式，务必屡试而屡验者，故敢教人以为法也。予凡占得兄爻持世，而世值月破旬空化墓，及日月作财冲世克世，或世爻兄弟变出财爻，皆许得财。屡占得验，方敢告之。若世持兄弟，非此类者，不可如此断也。

【译文】

又例如，巳月戊寅日占哪天得财，得到离为火卦，变为雷火丰卦：

兄弟巳火○ ——世 子孙戌土● — —
子孙未土●● — —
妻财酉金● ——
官鬼亥水● ——应
子孙丑土●● — —
父母卯木● ——

断卦说："酉金妻财不动，明日卯日冲动妻财，所以明日必得。"他说："兄弟持世，怎么会得财?"我说："兄爻发动而化墓，无法克妻财。"果然于第二天得到。

野鹤说：我这本书不像其他书那样，以凑巧的事为法式，务必是屡试屡验的才敢教人。凡占得兄弟爻持世，而世值月破、旬空、化墓，及日辰月建作财星冲世克世，或者世爻、兄弟变出妻财爻，都许作得财。屡次占断都得到应验，才敢告诉读者。如果只是世爻持兄弟，不可以这样推断。

【原文】

**财来就我终须易，我去寻财必是难。**

旧注："凡遇财爻生世、合世、克世、持世，皆谓之'财来就我'。若卦中虽有财动，不来生合世爻，亦非我之财也。"

野鹤曰：此说财不生合世爻，非我之财，即如前二卦兄爻持世，何尝财来生合？总要断卦之人灵机应变，参悟其理，自然触类旁通。不可执之。

**福爱财生，利源滚滚；**

财得子动生之，如财之有源也，其利丰厚。倘得子动化财，财动化子，皆同此断。

**兄伤鬼克，口舌纷纷。**

财爻持世，兄爻亦动者，不独劫财，还防伤己。如若鬼动克世者，更凶。

**【译文】**

**财来找我，终究容易；我去寻财；必定为难。**

旧注说："凡遇妻财爻生世、合世、克世、持世，都叫作'财来找我'。若卦中虽有妻财发动，不来生合世爻，也不是我的财。"

野鹤说：这里说妻财不生合世爻不是我的财，例如前两卦兄弟爻持世，何尝有妻财来生合？总要断卦的人灵机应变，参悟其中道理，自然触类旁通。不可执着于这个说法。

**福德爱恋，妻财得生，主财源滚滚；**

妻财得到子孙发动相生，如同财有源，利益丰厚。得到子孙发动而化妻财，妻财发动化子孙，都这样推断。

**兄弟伤害，官鬼克制，必口舌纷纷。**

妻财爻持世，兄弟爻也发动，不但劫财，还要防备伤害自己。如果官鬼发动而克世爻，就更加凶险。

**【原文】**

觉子曰：《黄金策》云："兄连鬼克，口舌难逃。"谓兄动变鬼，冲克世爻者，不独无财，还防口舌。殊不知兄动变鬼，即是兄化回头之克，自顾不暇，又焉能冲克世爻也？

如酉月丙午日，占贸易有利否，得师之坎卦。午火财爻持世，亥水兄动劫之，幸得亥水化戌土，兄爻被克，不来劫财，许之可行，必有利息。果得利益。后于九月，此人胞弟得暴病而死，予悟此卦亥水兄弟变鬼之故耳。此卦问财，带出丧弟，如此者，予屡见之，后学不可不留心也。

【译文】

觉子说：《黄金策》说：“兄弟连着官鬼的克制，难逃口舌是非。”这是指兄弟发动，化官鬼而冲克世爻，不但无财可得，还要防止口舌。其实，兄弟发动变官鬼，就是兄弟化回头克，自顾尚且不暇，又怎么能冲克世爻呢？

例如，酉月丙午日，占贸易有利否，得到地水师卦，变为坎为水卦：

父母癸酉●●　— —应
兄弟癸亥×　— —　　　官鬼戊土●　——
官鬼癸丑●●　— —
妻财戊午●●　— —世
官鬼戊辰●　——
子孙戊寅●●　— —

午火妻财持世，亥水兄弟发动而劫财，幸而有亥水化为戌土，兄弟被克，不来劫财，所以许他可以谋求，必定有利益。果然得到利益。后来在九月，这人的胞弟得暴病而死，我才悟到这是亥水兄弟变官鬼的缘故。这一卦问财，却带出死弟弟的朕兆，类似情况我屡次遇到，后学的人不可以不留心。

【原文】

**财局合福德，万倍利源可许；**

世与财爻或与子孙爻三合成局，诸占物阜财丰。

野鹤曰：须要在局中，或是合成子孙财局生世，方为全美。倘如合成父局，劳碌辛苦；合成兄局，破耗多端；合成鬼局，口舌灾非。克世者更凶。

**岁若逢劫煞，一年生意无聊。**

劫煞者，乃兄弟之爻也。兄临太岁，一年破耗。

【译文】

**财局若合福德，万倍的利益也可以得到；**

世爻与妻财或与子孙三合成局，各种占断都主物类繁多，财利丰厚。

野鹤说：必须在局中，或是合成子孙局、妻财局而生世爻，才算圆满。倘若合成父母局，主劳碌辛苦；合成兄弟局，主破耗多端；合成官鬼局，主有口舌和官非。克世爻的更凶。

**太岁如逢劫煞，一年的生意始终无聊。**

劫煞指兄弟爻。兄弟临太岁，主整年耗散破财。

## 谒贵求财章第六十九

【原文】

**世克官，官生世，须宜谒见；财临破，鬼克世，枉费奔驰。**

野鹤曰：见贵有两问也。为名者用官，为利者用财，皆宜持世及生合世爻为吉。如逢空、破、墓、绝，及动而变凶者，徒劳奔驰之力耳。倘若世爻化鬼、化克及随墓助伤者，更不宜行，若非到彼之凶，定在途中遇祸。凡谒贵者同断。

**世动遇空，身兴遇破，**

世动化空破者，勿曰不吉，乃应到彼之月日也。

【译文】

**世爻克官鬼，官鬼生世爻，必须谒见贵人；妻财临月破，官鬼克世爻，枉自奔驰劳碌。**

野鹤说：谒见贵人有两个问法，问名的用官鬼，问利的用妻财，都适宜持世及生合世爻，这样为吉。如果逢旬空、月破、入墓、遇绝，及发动而变凶，白白奔波。倘若世爻化官鬼、化回头克及随墓助伤，更不宜动身，不是到地方遇到凶事，就一定在途中遇到灾祸。谒见贵人也同样论断。

**世爻发动而遇旬空、遇月破，**

世爻发动而遇化旬空月破，不要说不吉，而是应验在到目的地的月份或日子。

**【原文】**

如申月丁卯日，占出行见贵，得同人卦。断曰："官星持世而空，出空亥日得见官府，财利如心。"果于出空之日见官，财利得意，月建财爻生世之故耳。

**官持世，财动相生；财持世，官无缺陷。**

**再得日月照临，彼此缘投有幸。**

日月照临者，乃日月生世、生财，或世与财爻而临日月也。

**【译文】**

例如，申月丁卯日，占出行拜见贵人，得到天火同人卦：

子孙戌土● ———应

妻财申金● ———

兄弟午火● ———

官鬼亥水● ———世

子孙丑土●● — —

父母卯木● ———

断卦说："官星持世而旬空，主出空的亥日见到官员，财利都能如愿。"果然于出空的日子见到了官员，财利如意。这是值月建的妻财生世爻的缘故。

**官鬼持世，妻财发动就相生；妻财持世，官星就没有缺陷。**

**再得日月照临，彼此缘投有幸。**

所谓"日月照临"，指日辰月建生世爻，生妻财，或者世爻与妻财临日辰月建。

**【原文】**

**为名宜父动，因利忌兄兴。**

凡占谒贵，即得世与官星相合相生，必然得见。若为名利，须宜另占，不可执此卦而断之。为名者宜父官两旺，为利者宜财福两旺。

如申月甲辰日，占谒贵求题荐①，得火雷噬嗑。求题荐全仗文书。卦中财爻持世，父母受克，难许如心。彼曰："如果得财，亦不负此一行。"余曰："非此论也。汝来意原为求名，此持世之财，乃破文书之忌神也，非许汝以求财也。"

觉子曰：每见人断如此之卦，竟以此财爻决为有财，殊不知财爻持世破文书，求荐举而不得也。误作虽不成名必得其利者，相去远矣。

【译文】

**占名，宜于父母发动；求利，忌兄弟兴起。**

凡占谒见贵人，即得到世爻与官星相合相生，必然能够见到。为名还是为利，必须分别占问，不可就这一卦来论断。求名的宜于父母和官鬼两旺，求利的宜于妻财和福德两旺。

例如，申月甲辰日，占谒见贵人，求他写信推荐，得到火雷噬嗑卦：

子孙巳火● ———

妻财未土●● — —世

官鬼酉金● ———

妻财辰土●● — —

兄弟寅木●● — —应

父母子水● ———

求人写信推荐，全靠文书。如果卦中妻财爻持世，父母爻受克，主难以如愿。他说："如果能得到财，也不算白走这一趟。"我说："不是这个说法。你的来意是为了求功名，这持世的妻财是破坏文书的忌神，不是许你求财。"

觉子说：常见人断这样的卦，竟以为既见妻财爻，必定有财，却不知道妻财持世会克破文书，是求荐举而不得的意思，误作虽不成功名，但必得财利，那就太离谱了。

---

①题荐：写信推荐。

【原文】

**六合六冲须看用，反吟化退枉奔驰。**

爻逢六合，亦要用神旺相，或世与财官相合，乃为吉兆；卦逢六冲，必须用神受克失陷，始作凶征。卦得反吟及世动化退，多难于行动，勉强而去，素手而归。

**贵人谒贵，宜世应以相生；平人见贵，宜官贵而相合。**

贵人谒贵人，宜于世应相合相生。平人见贵人，宜官贵相合相生及官星持世。

【译文】

**六合六冲之卦，要看用神；反吟化退之爻，枉自奔驰。**

逢六合卦，也要用神旺相，或者世爻与妻财、官鬼相合，这样才是吉兆；逢六冲卦，只有用神受克而失陷的，才看作凶的征兆。得反吟卦及世动化退神，多半难于行动，即使勉强前去，也只会空手而回。

**贵人谒见贵人，喜欢世应相生；常人见贵人，妙在贵人相合。**

贵人谒见贵人，适宜世应相合相生；平常人谒见贵人，宜于官鬼、贵人相合相生，以及官星持世。

【原文】

觉子曰：有心而问见贵求名者，官星持世生世，必得官；有心问谒贵者，官星生世合世而得见。切勿以此得见贵人之官星，误作成名而断也。

贵人谒贵，世应若相冲克，财伏而空，去之何益？官鬼克世，世变鬼变克更凶。平人见贵，官克世，世变鬼变克，勿去，去则须防不测。官财生世合世为吉。凡出行求财谒贵，《出行章》参看。

【译文】

觉子说：有心问见贵求名的，官星持世生世，必定得到官职；有心问谒见贵人的，官星生世合世，一定能见到。论断时千万不要把主见到贵人的官星，误作成名的官星。

贵人谒见贵人，世应若相冲相克，妻财伏藏而逢旬空，去了又有什么用处？官鬼克世爻，世爻变官鬼变回头克，更凶。平常人见贵人，官鬼克世爻、世爻变官鬼变克，不要去，去了就必须防备不测。官鬼和妻财生世合世爻，吉。凡出行求财和谒见贵人，要参看《出行章》。

## 为贵人奔走效力求财章第七十

【原文】

**最重财官两旺，不宜世应皆空。**

**世遇财，应临福，我益他损；应临官，世逢破，他益我损。**

**兄爻持世，不如闲处安身；应克世爻，防虑他人反目。**

世遇财星，官星临应，无不遂也。世逢空破墓绝，及动而变凶者，皆非吉也。

**应克世，兄克世，见灾还浅；鬼克世，世化鬼，得祸不轻。**

【译文】

**最重妻财和官鬼两爻旺，不宜世爻应爻都旬空。**

**世爻遇妻财，应爻临福德，我有益而他受损；应爻临官鬼，世爻逢月破，他有益而我受损。**

**兄弟持世，不如在闲处安身；应爻克身位，须防遇别人反目。**

世爻遇财星，官星临应爻，没有不如意的。世爻逢旬空、月破、墓、绝及发动而变凶，都不吉。

**应爻克世爻，兄弟克世爻，遇到的忧患还小；官鬼克世爻，世爻化官鬼，得到的灾祸不轻。**

# 开行开店及各色铺面章第七十一

【原文】

**世为己，应为人，大宜相合；财为本，福为基，最喜同兴。**

古法应为伙计，又为下顾之客。《黄金策》曰：“开行定主有人投。”

觉子曰：须在来人之念，有心而问，应为伙计，若得世应相生相合，彼此同心。

**应生世，他益于我；世生应，我益于他。**

**相克相冲，两情有变。**

**应爻克世，我被他瞒；世克应爻，他从我愿。**

【译文】

**世爻为自己，应爻为他人，极适宜相合；妻财为资本，福德为基础，最喜欢同动。**

古法以应爻为伙计，又为顾客。《黄金策》说：“开行定主有人来。”

觉子说：重在来人的念头，因为都是有心而问。应爻为伙计，如果世应相生相合，主彼此同心。

**应爻生世爻，他有益于我；世爻生应爻，我有益于他。**

**相克相冲，双方心思有变化。**

**应爻克世爻，我被他骗；世爻克应爻，他随我愿。**

【原文】

**应临玄武兄爻，暗中盗骗；应临官鬼克世，明降灾非。**

**世财应兄，受他之累；世财应子，得他之力。**

世应空合，彼此有虚诈之心也。来人之念重在买卖者，须以应爻为下顾之客。

**应爻生合于世，生客来交成故旧；世应相冲相克，熟人终久变成仇。**

【译文】

**应爻临玄武兄弟，暗中盗窃欺骗；应爻临官鬼克世，明遇灾祸是非。**

**世爻为妻财，应爻为兄弟，受他牵累；世爻为妻财，应爻为子孙，得他帮扶。**

世应爻旬空而相合，彼此有虚伪欺诈的心。来人的念头重在买卖的，须以应爻为顾客。

**应爻生合世爻，生客逐渐成为故旧；世应相冲相克，熟人终会变成仇人。**

【原文】

**鬼作灾非须忌动，财为伙计畏刑冲。**

鬼动招非，克世最忌。古云“鬼现爻中，是非日有”，曰“有鬼摇克世，灾祸连绵”。须看鬼值何神克世，须于《家宅章》内详之。财为资本，忌衰墓空破及动而变凶，或日月刑冲克害，更忌世与财空，俱开不成。

**鬼兄发动，有制何妨？随墓助伤，多凶少吉。**

鬼动招非，若得子孙制鬼，或日月冲克鬼爻，谓之“有制”。

觉子曰：凡遇兄鬼同动者，不可曰“鬼动招非”，以鬼动能制兄爻，不劫财也。兄弟又为阻隔破耗之小人，得此鬼动，可以制服。独不宜世随鬼入墓，或世动而变凶，皆凶兆也。凡占贸易，虽宜财旺，若遇鬼爻克世，又不相宜，乃为“助鬼伤身”也。

【译文】

**官鬼作灾非，忌讳发动；妻财为伙计，害怕刑冲。**

官鬼发动招非，最忌讳克世爻。古人说：“官鬼出现在爻中，是非天天都有。”“有官鬼发动而克世爻，灾祸连绵。”须看官鬼值什么神克世爻，于《家宅章》内详细考察。妻财为资本，忌衰弱、入墓、旬空、月破，及发动而变凶，或者日辰月建刑冲克害，更忌世爻与妻财旬空，都主店开不成。

**官鬼兄弟爻一齐发动，须有制伏；随鬼入墓或助鬼伤身，多凶少吉。**

官鬼发动招惹是非，如果有子孙制伏官鬼，或者日辰月建冲克官鬼，叫作有制伏。

觉子说：凡遇到兄弟和官鬼一同发动，不可笼统地说“官鬼发动招惹是非”，因为官鬼发动能制伏兄弟，使它无法劫财。兄弟又为阻隔破耗的小人，有官鬼发动，就可以制服。只不宜世爻随鬼入墓，或者世爻发动而变凶，都是凶兆。凡占贸易，虽然宜于妻财旺相，但是如果遇到官鬼爻克世爻，又不相宜，因为这属于“助鬼伤身”。

**【原文】**

**卦得反吟多反复；**

卦得反吟，欲行不行，行而又止，或开而又关，关而又开。倘店开久矣，遇此一定更迁。

**冲中变合再重兴。**

爻逢六合，及六冲卦变六合，或世与财爻、子孙共成三合，定是前后重兴。唯六合变冲则不宜也，眼前热闹，终久萧条。

**合伙不嫌兄弟，亏本内外无财。**

世应临兄不吉，兄爻发动不吉。倘若世临兄爻，日月作财星冲克世者，反为吉也。内外无财，伏而又空，必然亏本，屡试屡验。

**【译文】**

**卦得反吟，事多反复；**

卦得反吟，要做不做，做了又停止，或者开了又关，关了又开。倘若开店久了，遇到反吟一定有变更。

**冲中变合，重新兴起。**

爻逢六合及六冲卦变六合，或者世爻与妻财、子孙构成三合局，一定是前后重兴。只有六合变冲不宜，主眼前热闹，久后终究要萧条。

**合伙生意不嫌兄弟，亏本买卖卦无妻财。**

世爻应爻临兄弟不吉，兄弟发动不吉。但倘若世爻临兄弟，日辰月建作财星冲克世爻，反而为吉。内外卦无妻财，伏藏而又旬空，必然亏本，屡试屡验。

# 投行[①]损益章第七十二

**【原文】**

**官若兴隆，行主可千金之托；应如空破，牙人[②]无毫忽之能。**

官旺应旺，生合世爻者，其人可托。如若静衰空破，即是奸险小人，倘若无财，定遭欺骗。

**世被应伤，遭他陷害；财逢兄克，虑彼相瞒。**

应克世爻，账目难清；兄克财爻，已入套矣。

**兄动货难脱卸，子兴物易交关。**

兄动阻隔，货难摆脱；子兴财旺，利息丰亨。

**兄雀并摇，难逃口舌；武鬼同发，须虑穿窬。**

雀临兄鬼，动而克世者，口舌官灾；武临兄鬼，动而克世者，须防盗窃。

**【译文】**

**官鬼倘若兴隆，行主可以托付千金；应爻如果空破，中间人没有一点能力。**

官鬼旺应爻旺，生合世爻，这人可以委托；如果安静而衰弱、旬空、月破，则是奸诈危险的小人，倘若无财，一定遭受他的欺骗。

**世爻被应爻伤害，遭受他的陷害；妻财逢兄弟相克，忧虑他的奸伪。**

---

①投行：投奔中介行。行，指牙行，即中介行。

②牙人：中介人。

应爻克世爻，账目难以清楚；兄弟克妻财，已经进入圈套了。

**兄弟发动，货难脱手；子孙兴起，贸易交割。**

兄弟发动，有阻隔，货物难以脱售；子孙发动而妻财旺，利息丰厚亨通。

**兄弟与朱雀并发，难逃口舌；官鬼和玄武同动，须防盗窃。**

朱雀临兄弟和官鬼，发动而克世爻，主口舌和官灾；玄武临兄弟和官鬼，发动而克世爻，必须防备盗窃。

# 囤货卖货章第七十三

**【原文】**

**财爻衰者须停脱，妻位当时可脱之。**

积货卖货，皆不宜财逢空破，及动而变克。财衰宜囤，财旺宜脱。如春天占得财爻属木，谓之旺，宜速发卖；若临金水土者，宜堆积也。

觉子曰：衰虽可卖，须要查其根蒂。虽衰亦宜有根，将来再发；若无根蒂，终久难于出脱出，不可不知也。

如寅月己亥日占收货，得颐卦。古以财爻衰者当收。此卦辰戌之财衰而不遇生扶，谓之无根，将来终不得价，不可收买。不听，后来堆积四年，朽坏大半，大亏其本。

**【译文】**

**财爻衰弱，必须停售；妻位得时，可以脱手。**

积货卖货，都不宜妻财逢旬空月破，及发动而变克。妻财衰弱宜于囤积，妻财旺相宜于脱售。比如春天占得妻财属木，为旺，适宜迅速出售；倘若临金水土，则宜于囤积。

觉子说：妻财衰弱虽然可以出售，但要考察它的根蒂。即使衰弱也要有根蒂，以便将来再卖；倘若没有根蒂，终究难于售脱。这一点不可以不知道。

例如，寅月己亥日占收货，得到山雷颐卦：

兄弟寅木● ———

父母子水●● — —

妻财戌土●● — —世

妻财辰土●● — —

兄弟寅木●● — —

父母子水● ———应

古法以妻财爻衰弱为应当收货。这一卦辰戌妻财衰弱而不遇生扶，称作无根，主将来终究得不到高价，不可收买。对方不听，后来堆积了四年，朽坏了大部分，大为亏本。

【原文】

**货有定时，须凭时令；物无定者，指利而占。**

定时者，行贵贱之时也。比之麻葛得价于夏令，花棉得价于冬天；又如木料、绸缎，无定时也。

**财化进神，其价正长；**

财化进神，不可收积；化退者，其价将落，有货速宜出脱。

**兄爻持世，破财之端。**

觉子曰：算甚命？问甚卜？亏人是祸，饶人是福。财将义取者，神告显然；财之不义者，神不告矣。

【译文】

**货有定时，就根据时令；物无定时，就指利而占。**

定时指行情贵贱的时间。比如麻葛夏得价高，棉花冬天得高价；又如木料、绸缎，没有一定的时间。

**妻财化进神，价格上涨；**

妻财化进神，不可收积；化退神，价格将落，有货应当迅速脱手。

**兄弟持世爻，钱财破耗。**

觉子说：算什么命？问什么卜？亏欠了别人是祸，饶益了别人是福。依道义取财的，神的告诉很显著；不义之财，神就不告诉了。

**【原文】**

**财值旺衰墓绝，自有得令之秋；妻逢冲破伏空，岂无乘除之日？**

财太旺者，得利于墓库之月；休囚者，出脱于生旺之时。入墓必待冲开，遇绝当逢生旺。月破者，填实之候；被克者，冲去克神之秋；伏藏者，得价于出现之时；旬空者，冲空实空之日。财逢合住，亦待冲开。

如子月己丑日占何得价，得归妹之兑。断曰：“卯木财爻，子月生之，财有根蒂。目下不得价者，被申金动而克制，待寅月冲去申金，其价必长。”果于正月勃然大长。此乃财爻被克，冲去克神之月也。

**【译文】**

**货值旺衰墓绝，自有得令的时候；财逢冲破伏空，岂无变化的日子？**

妻财太旺的，得利于墓库的月份；休囚的，脱手于生旺的时候。入墓必须等待冲开，遇绝应在逢生旺的时日。月破的，在填实的时候；被克的，冲去克神的时候；伏藏的，得价于出现的时候；旬空的，冲空实空的日子。财被合住，要等待冲开的时日。

例如，子月己丑日，占卖货何时可得高价，得到雷泽归妹卦，变为兑为泽卦：

父母戌土●●　— —应

兄弟申金×　— —　　　　兄弟酉金●　——

官鬼午火●　——

父母丑土●●　— —世

妻财卯木●　——

官鬼巳火●　——

断卦说：“卯木妻财，子月生它，财有根蒂。眼下价低，是由于被申金发动而克制，待寅月冲去申金，价格必涨。”果然到正月勃然大长。正月是妻财爻被克而冲去克爻的月份。

**【原文】**

又如巳月戊申日，占买台连纸有利否，得复之颐。断曰：“子水财爻持世，日辰生之，酉金动而生之，但嫌金水逢于夏令，原神用神俱值休囚，秋冬必长，有纸多收。”果于堆时每块九钱，后卖至三两六七。此乃财值休囚，出脱于生旺之时也。

【译文】

又例如，巳月戊申日，占买台连纸有利与否，得到地雷复卦，变为山雷颐卦：

子孙酉金× — —　　　官鬼寅木● ——

妻财亥水●● — —

兄弟丑土●● — —应

兄弟辰土●● — —

官鬼寅木●● — —

妻财子水● ——世

断卦说：“子水妻财持世，日辰生它，酉金发动也生它，只讨厌金水逢夏令，原神和用神都值休囚。秋冬时必定长价，现在有纸就要多收。”果然于当时每块九钱，后来卖到三两六七。这是妻财值休囚，出售于生旺的时候。

【原文】

卯月乙未日占卖货，得家人之小畜。断曰：“丑财持世，月克日冲，又化回头之克，不独财爻被克，而世爻亦被冲伤。六月世临月破，不独破财，且防不测。”果于六月回禄，货成灰烬，身被火伤，阅七日而死。

觉子曰：归妹与小畜两卦，皆是财爻受克，前卯木之财有子月之生，谓之有根，所以逢寅月冲去克神而得财；后卦丑财并无生扶，谓之无根，所以财命两伤。岂可也许冲去克神之月而旺耶？所以断卦贵乎周详通变也。

【译文】

卯月乙未日占卖货，得到风火家人卦，变为风天小畜卦：

兄弟卯木● ——
子孙巳火● ——应
妻财未土●● — —
父母亥水● ——
妻财丑土× — —世 兄弟寅木● ——
兄弟卯木● ——

断卦说："丑土妻财持世，月建克，日辰冲，又化为回头克，不但妻财爻被克，世爻也被伤。六月世爻临月破，不但主破财，而且要防备不测。"果然于六月遭受火灾，货物成了灰烬，自身也被烧伤，过七天就死了。

觉子说：归妹与小畜两卦，都是妻财爻受克，前一卦卯木妻财有子月相生，叫作有根，所以逢寅月冲去克神而得财；后一卦丑土妻财无生扶，叫作无根，所以财和命两者被伤害。怎么可以也许作冲去克神的月份旺相呢？所以，断卦贵在周详而通权达变。

**【原文】**

**财逢合而当遇，**

合者，有应动而逢合之月而得价也；亦有财爻衰静，占时得遇日月生合者，其价目下以及时也。

如寅月己酉日，占脱货于何时，得贲卦。断曰："亥水财爻，酉日生之，寅月合之，目下正及时也。但因世爻暗动，身动方可出脱。"彼曰："我闻某处得价，正欲移货去卖，不知可否？"余曰："卦已明现，速宜行之。"果去不数日，得价出脱。此乃爻逢六合，财逢月合，及时而脱货也。

**财逢冲而当起。**

财旺而静，或旺而空，得今日之日神冲者，其价渐渐长矣。倘若静而休囚，日冲为破，勿以此断。

**【译文】**

**妻财逢合，会有际遇，**

合，有在应爻发动而逢合的月份卖到高价的，也有妻财衰弱而安静，占问时遇日辰月建生合，价格在当时正高的。

例如，寅月己酉日，占什么时候脱售货物，得到山火贲卦：

官鬼寅木● ———

妻财子水●● — —

兄弟戌土●● — —应

妻财亥水● ———

兄弟丑土●● — —

官鬼卯木● ———世

断卦说："亥水妻财，酉日生它，寅月合它，眼下正是价高的时候；但因为世爻暗动，自身行动才能售脱。"他说："我听说某处价高，正在运货去卖，不知可不可以？"我说："卦中已经明白显示，应该迅速运去。"果然去了没几天，就高价售完了。这是爻逢六合，妻财逢月合而及时售完货物的例子。

**妻财逢冲，应当涨价。**

妻财旺相而安静，或者旺相而旬空，得日辰冲动，主价格渐渐上涨。倘若安静而休囚，则以遇日辰冲击为日破，所以不能这样论断。

# 卖货宜守宜动章第七十四

**【原文】**

**内财衰而外财旺，宜往他乡；**

外卦财旺，生合世爻，及持世者，宜往他乡。倘若财不生合世爻，及世动化凶者，他乡花如锦，我去不逢春。

**应财外而世财内，须查动静。**

应爻宜外，财爻持世者宜内。必须应爻动而生合世爻，不然，应财虽旺，与己何干？

**六冲须宜别图，六合还宜坐守。**

卦得六冲，虽宜改图，余屡试之，财旺者何须更改？财衰者改亦无益。

野鹤曰：凡得此象，须令本人再占，占问更改何如。卦得财世两旺，许之改图；再逢衰者，还须耐守。卦得六合，亦看财爻衰旺。财持世而动者，不可坐守；衰而静者，守待旺时可也。

【译文】

**内卦财衰而外卦财旺，适宜远赴他乡；**

外卦妻财旺，生合世爻，及持世者，适宜前往他乡。倘若妻财不生合世爻，及世爻发动而化凶，即使他乡花如锦绣，我去了也不逢时令。

**应财在外而世财在内，必须考察动静。**

应爻适宜在外卦，妻财持世适宜在内卦。必须应爻发动而生合世爻，不然的话，应爻妻财虽然旺，与自己有什么相干？

**卦逢六冲，宜于另辟蹊径，爻遇六合，还要就地固守。**

得到六冲卦，虽然适宜改变计划，但据我屡次试验的情况，妻财旺相的，何必更改？妻财衰弱的，改也无益。

野鹤说：凡得这样的卦象，须让本人再次占问，占问改变计划会怎样。得到妻财和世爻两旺的卦，许他可以另辟蹊径；再次逢衰弱的，还必须安守本分。得到六合卦，也看妻财爻的衰旺。妻财持世而发动的，不可坐守；衰弱而安静的，坐守而等待旺相的时候就可以了。

【原文】

**财衰变旺，先曲后伸；财旺变衰，先金后土。**

谓财爻动而变也。财衰变旺，目下虽贱，将来必长。财旺而变衰绝者，如若卖货，宜于急卖；倘若收货，切不可收。买货与卖货相反，财爻旺而可卖，衰者宜买。内卦财衰，宜于外卖；世爻财旺，近地相宜。财化进神，宜往外方发卖；世爻化退，宜回近地出脱。

【译文】

**妻财衰而变旺，先屈服，后伸张；妻财旺变衰，先为金，后为土。**

这是说妻财爻发动而变化。妻财由衰变旺，眼下虽然便宜，将来一定涨价。妻财旺而变衰绝，如果卖货，适宜短期售完；倘若收货，切不可收。买货与卖货相反，妻财爻旺相可以卖，衰弱应当买。内卦妻财衰弱，宜于到外地卖；世爻妻财旺，则以近处卖为宜。妻财化进神，适宜去外地出售；世爻化退神，适宜回到近处出售。

## 往何方买卖章第七十五

**【原文】**

古法有之，屡试不验，须指其方而卜之。如午月戊子日，占往楚买豆，得临卦。断曰：“亥水财爻休囚于外，楚豆必贱。子水日建而生世，必得厚利，须宜行之。但嫌间爻兄弟，月生日合，耗费者多。”后果牙行作弊，鸣之于官，迟误一月，花费些须。幸得地头，其价大涨，果得厚利。此乃指其地而占者，无不验也。

**【译文】**

古法有这方面的内容，但是屡次试验而不应验，一定要指定方位而占才行。

例如，午月戊子日，占往楚地买豆，得到地泽临卦：

子孙酉金●● — —
妻财亥水●● — —应
兄弟丑土●● — —
兄弟丑土●● — —
官鬼卯木● ——世
父母巳火● ——

断卦说：“亥水妻财休囚于外卦，楚地的豆一定贱。子水日建生世爻，必得厚利，应当去买入。只是间爻为兄弟，而且月生日合，主耗费很多。”后来果然因牙行作弊，告到了官府，迟误了一月，费不少钱。幸而到地方后，价格大涨，果然得到厚利。这是指地而占的例子。指地而占，没有不应验的道理。

# 买何货为吉章第七十六

**【原文】**

古以金财而象珠玉宝石，水财以类鱼盐，火财陶冶，果品木财，土为五谷。青龙木利，又兼喜庆之用；白虎金财，丧仪屠宰之物。玄武水利，朱雀火宜。蛇利于出入，勾陈利于农工。野鹤曰：此乃揣摩五行之论，非经验也，屡试不验；间有验者，乃凑合耳，不可为法。必须意属何类，指其事而占之，无不应验。

**【译文】**

古法以属金的妻财象征珠玉宝石，以属水的妻财类比鱼盐，以属火的妻财为制陶冶炼，以属木的妻财为果品，以属土的妻财为五谷。以青龙为木类带来的利益，又兼喜庆的用神；以白虎值属金的妻财，为丧仪屠宰的动物；以玄武为与水有关的财利；以朱雀为与火有关的财货；以螣蛇为利于出入，勾陈利于农事和工匠。野鹤说：这是揣摩五行的议论，不是经验中来的，屡试而不应验；偶尔有应验的，只是属于因缘巧合罢了，不可作为法式。必须中意的财物属于哪一类，指这件事物而占问，才没有不应验的。

**【原文】**

如未月戊申日，占往粤东探亲，可带何货归来得利，得旅卦。断曰："爻逢六合，世应相生，此行遂意。如问置买何货，余无此法，不敢相误。但喜既得吉卦，任尔冬天卖扇，夏月卖毡，亦有厚利。"后此人买檀香翠毛而归，俱得大利。若执古法而断者，此卦酉金为财，可买珠宝玉石耶？财临玄武，可买水利鱼盐耶？

**【译文】**

例如，未月戊申日，占往粤东探亲，带什么货回来能得利，得到火山旅卦：

兄弟巳火●　　———　　朱雀
子孙未土●●　— —　　青龙
妻财酉金●　　———应　玄武
妻财申金●　　———　　白虎
兄弟午火●●　— —　　螣蛇
子孙辰土●●　— —世　勾陈

断卦说："爻逢六合，世应爻相生，这一次出行如意。如果问置买什么货物，我没有这样的方法，不敢误你的事。但是既然得到吉卦，任你冬天卖扇，夏月卖毡，也有厚利。"后来这人买了檀香翠毛回来，都得到了大利。如果执着于古法来决断，这一卦酉金为妻财，难道可以买珠宝玉石吗？妻财临玄武，难道可以买鱼和盐吗？

# 借贷章第七十七

**【原文】**

**世逢兄何须开口？应空破难遂我心。**

**财若空破休指望，子兴财发可干求。**

世应两爻，皆不宜月破旬空，兄弟爻切不可临身及动。

如未月丁卯日占借贷，得兑之震。断曰："兑卦属金，变震卦属木。金克木为财，卯木财爻化退神，酉金兄动亦化退神。幸得财临日辰，旺而不退，明日辰日合住酉爻，必得。"果丁辰日得之。此乃酉金兄爻得辰日合住，不能克其财。

**【译文】**

**世爻逢兄弟，哪须开口？应爻遭空破，难遂我心。**

**妻财旬空月破，别再指望；子孙妻财发动，可以谋求。**

世应两爻，都不宜月破旬空，兄弟切不可临世爻及发动。

例如，未月丁卯日占借贷，得到兑为泽卦，变为震为雷卦：

父母未土●●　— —世

兄弟酉金○　———　　兄弟申金●●　— —

子孙亥水●　———

父母丑土●●　— —应

妻财卯木○　———　　妻财寅木●●　— —

官鬼巳火●　———

断卦说："兑卦属金，变出的震卦属木。金克木，木为财。卯木妻财爻化退神，酉金兄弟发动，也化退神。幸而妻财临日辰，旺而不退，明日辰日合住酉爻，一定能借到。"果然丁辰日借到了钱。这是酉金兄弟被辰日合住，不能克财的缘故。

# 放债索债章第七十八

**【原文】**

**兄临世，放则无归；弟爻应，索则不获。**

**应鬼克身防负义，应财生世定怀忠。**

古以"世应同兄，放债必然连本折"，谓不独世临兄弟忌之，应临兄者亦忌。官鬼克身，美意终成恶意。

**【译文】**

**兄弟临世爻，放出就收不回；兄弟临应爻，索要却得不到。**

**应爻附官鬼克世爻，防止忘负恩义；应爻与妻财生身位，一定恪守诚信。**

古法以为，世应二爻为兄弟，主放出的债必然连本折损。就是说，不但世爻忌讳临兄弟，应爻也忌讳临兄弟。如果官鬼来克世爻，主好心也终究会被当成恶意。

# 买卖六畜章第七十九

【原文】

**山野兽禽，须寻福德；豢畜牛犬，亦看子孙。**

不拘家禽野兽，皆以子孙为用神，兼看财爻。财爻持世，子动生之，或日月生助，或财动化子孙，乃吉象也，不拘买卖畜养，多多益善，大有利息。子孙持世，财爻合世，亦有利益。独防鬼变子孙、子孙变鬼、父化子、子化父、父兄持世、财临空破，不可行之。

【译文】

**买卖山禽野兽，要用福德；豢养牛羊猪犬，也看子孙。**

不论是家禽还是野兽，都以子孙爻为用神，兼看妻财爻。妻财持世，子孙发动而生它，或者日辰月建生助，或者妻财发动而化子孙，属于吉象，不论买卖还是畜养，都多多益善，有大利益。子孙持世，妻财爻合世，也有利益。需要防备的是官鬼变子孙、子孙变官鬼、父母化子孙、子孙化父母、父母和兄弟持世、妻财临旬空月破，都不可行。

【原文】

如丑月丁卯日，占买马往南发卖，得鼎之大有。断曰："内卦子孙虽临月破，不宜动而变鬼；外卦未土子孙又临月破，不宜买之。幸而间爻酉财暗动生世，马虽多死，财不至于大耗。"后果买马七十余匹，一路多死，仅存二十八匹，幸而得价，不然大亏其本。

【译文】

例如，丑月丁卯日，占买马去南方卖，得到火风鼎卦，变为火天大有卦：

兄弟巳火●　———
子孙未土●●　— —应
妻财酉金●　———
妻财酉金●　———
官鬼亥水●　———世
子孙丑土×　— —　　官鬼子水●　———

断卦说："内卦子孙虽然临月破，不宜发动而变官鬼；外卦未土子孙又临月破，主不宜买入。幸而间爻酉金妻财暗动而生世爻，主马虽然死去很多，钱财却不至于有大的损耗。"后来果然买马七十余匹，一路死了很多，仅剩二十八匹，幸而得到了高价，不然就大大亏本了。

## 博戏章第八十

【原文】

有技斗、力斗，首重世应；若斗胜以得财者，兼用财爻。又世喜临于日月，财宜日月相扶，世爻动而化吉，应带财而生世，皆我胜他。反此者，必系他赢。

**兄动卦中，破财之兆；鬼爻克世，灾祸相侵。**

亦有禽鸟斗者，专重子孙。子孙旺者必胜；休囚空破，或被刑冲克害及卦中父动者，多破其财。

【译文】

有斗技艺的，有斗力量的，都首先注重世应二爻；如果斗胜了就能得财，就兼用妻财爻。另外，世爻喜欢临日辰月建，妻财宜得日辰月建扶助。世爻发动而化吉，应爻带妻财而生世爻，都是我胜他；与此相反，则一定是他赢。

**兄弟发动，是破财之兆；官鬼克世，有灾祸来临。**

也有用禽鸟相斗的，专重子孙爻。子孙旺的必胜；休囚、旬空、月破，或者被刑冲克害，以及卦中父母发动的，多主破财。

【原文】

如巳月戊申日占斗鹌鹑，得渐之巽卦。断曰：“子孙持世以临日辰，父爻虽动，亥水制之。独不宜亥为月破，难于制火。今日巳午时切不可斗。”彼曰：“何也?”余曰：“巳午时午火父母得令，必克子孙。”果于早斗得胜。午时又斗，大败破财。

【译文】

例如，巳月戊申日占斗鹌鹑，得到风山渐卦，变为巽为风卦：

官鬼卯木● ——应<br>
父母巳火● ——<br>
兄弟未土●● — —<br>
子孙申金● ——世<br>
父母午火× — — 妻财亥水● ——<br>
兄弟辰土●● — —

断卦说：“子孙持世而临日辰，父母虽然发动，有亥水制伏它。只是不宜亥水月破，难以制伏火。今天巳午时切不可相斗。”他说：“为什么?”我说：“巳午时午火父母得令，必然克子孙。”果然在早晨相斗得胜，午时又斗，因大败而破财。

## 请会摇会[1]章第八十一

【原文】

**请会须宜财旺，更应世应相生。**

---

①请会摇会：旧时，有的家庭因结婚、生病、丧葬、建屋等大事，一时借贷无门，就邀集亲友、邻居互助。会钱根据困难者需要而定，通常一会十人，邀会人为头会，其余人以摇骰子决定资金分配顺序。会头的发起行为称请会，参与者摇骰子决定名次的行为称摇会。

**卦遇六冲，财虽旺而不久；六冲变合，世应相克亦成。**

**六合变冲，有始无终；财逢绝破，速宜止之。**

摇会得否，财旺持世必得。如占何时可得，财破财空，填实之月日；财若伏藏，出现之月日；财太旺者，逢墓库之月日；财衰绝者，逢相生之月日。倘得财化回头之克，及衰静而逢空破，又遇六冲者，会场必散，终无得会之日矣。

**【译文】**

**请会必须妻财生旺，更要世应相生。**

**卦遇六冲，妻财虽旺而不长久；六冲变合，世应相克但也能成。**

**六合变冲，有始无终；妻财破绝，赶快停止。**

占摇会能否得钱，妻财旺相而持世的，一定能得到。如果占什么时候可以得到，妻财月破或旬空，填实的月日得；妻财伏藏，出现的月日得；妻财太旺，逢墓库的月日得；妻财衰弱遇绝，逢相生的月日得。倘若妻财化回头克，及衰弱安静而逢旬空月破，又遇到六冲，会友必定解散，最终也得不到。

# 行险求财章第八十二

**【原文】**

觉子曰：古以青龙财爻为吉，余以此非营生之本，必丧心之事也。行此丧心之事，亦敢告之于神耶？既告之于神，而神若以吉凶而告者，乃神之教人而做丧心之事也，可谓大道之易卦耶？可谓之伏羲大圣之神耶？

然不独此，凡有非礼非义之事，不忠不孝之谋，一念之恶，恶神随之。即不告之于神，亦遭天谴。《书》曰："惠迪吉，从逆凶。"何须问卜！

【译文】

觉子说：古法以青龙值妻财为吉，我以为这不是营生的根本，只有做丧良心的事才这样看。但做丧良心的事，难道也敢告诉神吗？既然告诉了神，而神若告诉吉凶的话，就是神教人做丧良心的事了，还可以叫作体现大道的易卦吗？还可以称伏羲为大圣大神吗？

还不只这种事，凡有不合礼义的事，不忠不孝的谋求，一个念头的恶意，恶神就会随着他，即使不告诉神，也会遭到天的惩罚。《尚书》说“顺天行善则吉，逆天行恶则凶”，既知如此，何必占问？

# 增删卜易卷之十

[清] 野鹤老人
[清] 李文辉
[清] 李我平 撰
孙正治 注

## 婚姻章第又八十二

**【原文】**

觉子曰：男家占女，不拘父母亲朋而代占者，无不以财为用；女家占男，皆以官为用神。用官者官有生扶，用财者财爻旺相，即许成婚。今见古今诸书，又以财旺伤克父母，余不知宜财之旺为吉也，宜财不旺而为吉也？

或曰："《黄金策》云：'翁姑不睦，皆因妻位交重。'《海底眼》曰：'财动丧双亲。'《易冒》亦曰：'妻财动父母参商。'俱以财动伤克父母，未说旺也。"余曰：动能伤父母，旺则不能伤耶？假令春天占卦，财爻属木，谓之女命旺而可娶；但父母爻定然属土，如此当权得令之财爻，不克休囚之父母耶？何必曰动？殊不知昔人言动而不言旺者，正恐后人驳论，所以讳言其旺，不得已而言动也。岂知亦被看破。

**【译文】**

觉子说：男家占女方，不论父母还是亲朋，只要是代占，就无不以妻财为用神；女家占男方，都以官鬼为用神。用官鬼的官鬼有生扶，用妻财的妻财旺相，就让他们成婚。古今各种占卜书，又以为妻财旺相伤克父母，我不知道是应该妻财旺相为吉呢，还是应该妻财不旺为吉？

有人说："《黄金策》说：'翁姑不和睦，都是因为妻财发动。'《海底眼》说：'妻财发动，损丧双亲。'《易冒》也说：'妻财发动，父母有矛盾。'都以为妻财发动伤克父母，没说旺不旺。"我说：发动能伤父母，旺就不能伤吗？假设春天占卦，妻财爻属木，叫作女命旺相而可娶；但父母爻一定属土，这样一来，当权得令的财爻能不克休囚的父母吗？何必说发动？古人只说动而不说旺，是为了防止后人辩驳，所以讳言旺而说动。哪知道这也被看破了。

**【原文】**

或曰："据尔之论，何以为法？"余曰：分占之法也。先要财官旺相，既得吉卦，再占防克父母，是其法也。

《黄金策》专以应为妻位，《易冒》亦以应为妻，欲其旺相，乃为贤良发福之女；又以应为女家父母，谓之"应爻旺相，必是富贵之家；若休囚，必主贫寒之宅"。执此论之，旺相贤良之女皆出于富贵之家。种种悖谬，余不知何以千百年来竟无一人道破。

**【译文】**

有人说："根据你的说法，该用什么方法？"我说：用分占的方法。先要妻财和官鬼旺相，既得吉卦，再占防止克制父母，这就是方法。

《黄金策》专以应爻为妻位，《易冒》也以应爻为妻室，要它旺相，这样才是贤良发福的女子。又以应爻为女家的父母，说是"应爻旺相，必定是富贵之家；若休囚，必定主贫寒的门户"。执着于这个说法而论，旺相贤良的女子就都出于富贵人家了。种种悖谬，我不知道为什么千百年来竟没有一个人说破。

**【原文】**

**男卜女姻，财要旺；女卜男配，鬼宜兴。**

男家代占女，专以财为用神，以应爻为女家。财宜旺相，动而化吉；应爻不宜空破又克世爻。女家代占男，专以官为用神，以应爻为男家，宜官星旺相，动而化吉；应爻不宜空破墓绝，不宜克世。男人自占妻者，亦以财爻为用神，以应爻为女身。财与应爻皆宜生世、持世、合世，须忌破墓绝空。

**财旺生身，应值空破亦娶；应爻生世，财爻破绝勿求。**

野鹤曰：财爻应爻同来生合世爻者，更吉。大抵以财爻为重，他爻为附合耳。《黄金策》曰："应为百岁之妻。"重应而又重财，谬也。

**【译文】**

**男方占女方，妻财要旺相；女方卜男方，官鬼须兴起。**

男家代占女方，专以妻财为用神，以应爻为女家。妻财宜旺相，发动而化吉；应爻不宜旬逢空、月破而又克世爻。女家代占男方，专以官鬼为用神，以应爻为男家。宜官鬼旺相，发动而化吉；应爻不宜旬空、月破入墓、遇绝，不宜克世爻。男人自己占妻室，也以妻财爻为用神，以应爻为女子本身。妻财与应爻都宜于生世、持世、合世，必须忌月破、入墓、遇绝、旬空。

**旺财生身位，应爻空破，还可以娶；应爻扶世爻，妻财月破，切莫强求。**

野鹤说：妻财爻和应爻一同来生合世爻的，更吉。大体以妻财爻为重，其他爻为附合罢了。《黄金策》说："应爻为百年的妻室。"这样既重应爻又重妻财，错了。

**【原文】**

即如子年未月己未日自占婚，得明夷变丰卦。世临丑官，虽临月破日破，幸得动化财爻回头之生，目下虽破，终有不破之时。明岁丑年，定逢佳偶。果于次年四月得配良姻。应丑年者，世爻实破之年也。此非财爻生世，应爻克世耶？

**【译文】**

例如，子年未月己未日自己占婚姻，得到地火明夷卦，变为雷火丰卦：

父母酉金●●　— —
兄弟亥水●●　— —
官鬼丑土×　— —世　　妻财午火●　———
兄弟亥水●　———
官鬼丑土●●　— —
子孙卯木●　———应

世爻临丑土官鬼，虽然临月破日破，但是幸而化妻财而回头生，眼下虽然破，终究有不破的时候。明年是丑年，必定遇到佳偶。果然于第二年四月得以配成良姻。应验在丑年，因为丑年是世爻实破的年份。这一卦难道不是妻财生世爻、应爻克世爻吗？

**【原文】**

子月癸酉日自占婚，得恒变鼎。断曰："酉官持世，戌土财爻动而生世，又得世应相生。戌土虽值旬空，动不为空，明日出空之日，求之必允。"果于次日巳时允婚，夫妇白头相守，儿女成行。

**【译文】**

子月癸酉日自己占婚姻，得到雷风恒卦，变为火风鼎卦：

妻财戌土×　— —应　　子孙巳火●　———
官鬼申金●●　— —
子孙午火●　———
官鬼酉金●　———世
父母亥水●　———
妻财丑土●●　— —

断卦说："酉金官鬼持世，戌土妻财发动而生世爻，又得以世应相生。戌土虽然值旬空，但发动就不为空，明日是出空的日子，求婚一定被应允。"对方果然于第二天巳时答应婚姻，后来夫妇白头到老，儿女成行。

**【原文】**

又如寅月丙午日，女家代占婚，得临之既济卦：

觉子曰：女家占男，以官为用，以应爻为男家，此古法也，亦死法也。断卦之时，需要人之活变，未必全得显而易见者。即如此卦，女家占男，卯木旺，官持世，其婚必成；而应爻受克，又为男家不允，似此何以决之？要知财官为重，世应为轻，虽是女家占男，亦要财爻不至于失陷。此一卦也，关乎男女二人，财被回头克，又逢丑土之克，如何能生卯木之官？男女不能相合相生，婚姻虽成，终有他变。后果聘定于四月，未及成婚，被贼兵劫去。应巳月者，亥水逢月破也。

【译文】

又例，如寅月丙午日女方家代占婚，得到地泽临卦，变为水火既济卦：

| | | | |
|---|---|---|---|
| 子孙酉金●● | — — | | |
| 妻财亥水× | — —应 | 兄弟戌土● | —— |
| 兄弟丑土●● | — — | | |
| 兄弟丑土× | — — | 妻财亥水● | —— |
| 官鬼卯木○ | ——世 | 兄弟丑土●● | — — |
| 父母巳火● | —— | | |

觉子说：女家占男方，以官鬼为用神，以应爻为男家，这是古法，也是死法。断卦的时候，需要人的活变，因为未必全得到显而易见的卦。比如这一卦，女家占男方，卯木旺相，官鬼持世，婚姻必成；而应爻受克，又为男家不应允，这种情况怎么决断？要知道以妻财和官鬼为重，以世应二爻为轻，虽然是女家占男方，也要妻财爻不至于失陷。这一卦关系到男女二人，妻财被回头克，又逢丑土克，如何能生卯木官鬼？男女不能相合相生，婚姻即使成了，终究有其他变故。后来果然聘定于四月，但是还没来得及结婚，就被贼兵劫去了。应验在巳月，因为这是亥水逢月破的月份。

【原文】

**财值休囚破散，终非举案①之姻；官逢衰墓绝空，难遂齐眉之愿。**

---

①举案：指举案齐眉。典出《后汉书·梁鸿传》：梁鸿为人舂米，每次回家，妻子都准备好饮食，然后把放有饮食的托案举到齐眉的高度，来侍奉丈夫。

财爻官爻不宜墓绝空破，又不宜动而化破、化克、化鬼，乃夭折贫寒之合。男占，忌财爻犯之；女占，忌官爻犯之；男女自占，世爻忌犯。勉强成婚，参商难免。

**世静空亡动化退，终须失望；**

动而空者，实空之月日必成；静而空者，终不成也。世动化进神，事在必成；若化退神，终须难就。应爻静而空破及化退神，亦同此推。

**应若值空财化进，夙有良缘。**

应空他人不实，若动化退神，必有退悔之心。若得财爻动，化进神而生世者，虽见退悔，终是良缘。若世应动而破者，亦应实破之时。

**【译文】**

**妻财值休囚破散，终究不是夫唱妇随的婚姻；官鬼逢衰墓绝空，难遂举案齐眉的愿望。**

妻财和官鬼不宜入墓、遇绝、旬空、月破，又不宜发动而化月破、化克、化鬼，主夭折贫寒的婚配。男方占问，忌妻财爻妨犯自己；女方占问，忌官鬼爻妨犯自己；男女自己占问，忌世爻受妨犯。如果勉强成婚，那么婚后的是非就难以避免了。

**世爻静而逢空，动而化退神，终究要失望；**

发动而逢空的，实空的月日必成；安静而逢空的，终究不成。世爻发动而化进神，事在必成；倘若化退神，终究难成。应爻安静而旬空月破及化退神，也这样推论。

**应位若值旬空，妻财化进神，夙世有良缘。**

应爻旬空，他人不实，如果发动而化退神，必有退悔的心思。倘若妻财发动，化进神而生世爻，虽然有所退悔，终究还是良缘。如果世应发动而逢月破，也应验在实破的时日。

**【原文】**

**世应皆空徒费力，反吟多变事难成。**

**世应俱空，皆无准实；反吟卦变，反复难成。**

野鹤曰：倘得空而逢旺，财鬼相生，先虽不允，后终还成。

如巳月戊子日，占婚允否，得恒之晋。内卦反吟，翻覆更变，允而复悔之象。彼曰："诚如所断，将来成否？"余曰："应爻临财，动而生世，八九月间必成。"果于酉月成之，乃应世爻值月，又冲去卯木之月也。

**【译文】**

**世应都旬空，白费心力；反吟多变化，事情难成。**

**世应爻都旬空，彼此都没有诚心；反吟卦变，事情反复难成。**

野鹤说：倘若旬空而逢旺相，妻财和官鬼相生，开始虽然不应允，终究会成婚。

例如，巳月戊子日占婚姻成否，得到雷风恒卦，变为火地晋卦：

| | | | |
|---|---|---|---|
| 妻财戌土× | — —应 | 子孙巳火● | ——— |
| 官鬼申金●● | — — | | |
| 子孙午火● | ——— | | |
| 官鬼酉金○ | ———世 | 兄弟卯木●● | — — |
| 父母亥水○ | ——— | 子孙巳火●● | — — |
| 妻财丑土●● | — — | | |

内卦反吟，事情翻来覆去，是应允后又后悔的征兆。他说："的确像您所断的，将来还能成吗？"我说："应爻临妻财发动而生世爻，八九月间必成。"果然于酉月应允。这是应验在世爻值月建，又冲去卯木的月份。

**【原文】**

**男占兮，兄动卦中非配偶；**

兄爻持世，或兄弟发动，乃伤妻阻隔之神，婚必难成。已成之婚遇此者，刑伤不免。

觉子曰：余得之验，兄持世、财爻合世，必成；世临兄爻，化出财爻，亦成。

**女占兮，官爻持世是良缘。**

女占男不宜子孙持世、子孙发动。子孙乃伤夫之神，未成者不成，已成者伤夫。

**【译文】**

**男方问卦，兄弟发动则非配偶；**

兄弟持世，或者兄弟发动，是伤妻和阻隔的爻神，婚姻一定难成。已成的婚姻遇到这样的卦象，刑伤无法免除。

觉子说：我得到应验的是，兄弟持世、妻财爻合世，必成；世爻临兄弟，化出妻财爻，也成。

**女方占卜，官鬼持世就是良缘。**

女方占男子，不宜子孙持世、子孙发动。子孙是伤夫的爻神，未成的不成，已成的伤夫。

**【原文】**

**财官世应刑世，夫妻反目；**

如巳月己亥日，占夫妇不和，将来和好否，得需之大过。断曰："女占夫，不宜子孙持世，乃克夫之象。幸寅木子水相生，不能伤之，所以不和。今兼应爻为夫，应逢子丑作合，或已有外遇。水木相生，两人情密。"彼曰："果然。后来如何?"余曰："尔两人不是姻缘，虽则不能死别，必有生离。"果于次年寅月休妻。此人六月再娶。彼妇应寅月者，夫临寅木而冲世也；应六月者，未土冲开初爻丑土，子水来生其寅木也。

**【译文】**

**财官世应相冲刑，主夫妻反目；**

例如，巳月己亥日，占夫妇不和，将来和好与否，得到水天需卦，变为泽风大过卦：

妻财子水●●　— —

兄弟戌土●　———

子孙申金×　— —世　　　妻财亥水●　———

兄弟辰土●　———

官鬼寅木●　———

妻财子水○　———应　　　兄弟丑土●●　— —

断卦说："女方占丈夫，不宜子孙持世，属于克夫的征象。幸而寅木子水相生，不能伤夫，所以不和。现在兼以应爻为丈夫，应爻逢子丑相合，或者已有外遇。水木相生，两个人感情密切。"他说："的确是这样。后来怎么样?”我说:“你们两个人不是姻缘,虽然不能死别,但是必有生离的事。”问卦者果然于第二年寅月被休,她的前夫于六月再次娶妻。妇人于寅月被休,是夫星临寅木而冲世爻的缘故;前夫六月于六月再娶,是未土冲开初爻丑土,子水来生寅木的缘故。

**【原文】**

**旺相爻逢六合,彼此同心。**

爻逢六合,占婚最宜,更要财官旺相为吉。男忌财逢破墓,女防官位克绝。六冲变六合者更吉,求婚者目下不允,终必成之;已成不睦者,终须和美。唯忌六冲,卦若无财官,不可力求,勉强成之,若非死别,定是生离。六合变六冲,虽许允后必更张,已成者终须拆枕。

如戌月庚申日,占已娶有夫之妇,夫回成讼,断离否,得困之兑。财爻持世,美姻缘也。但凋零寅木被日辰冲散,且又六合变冲,不惟断离,须防有罪。彼曰:“业已状告奸谋,不知何如?”余曰:“世爻、变爻与日辰共作三刑,汝两人俱难免杖责。”后审出奸娶,男女皆杖而离之。

**【译文】**

**旺相之爻逢六合,主彼此一心。**

卦逢六合,占婚姻最相宜,还要财官旺相,这样才吉。男方须忌妻财逢月破和入墓,女方须防官鬼受克或化绝。六冲卦变六合的,更吉,占求婚,主目前对方虽然不允,但终究会成;已成而不和睦的,终究和睦美满。最忌六冲。卦中如果无妻财和官鬼,不可强求,勉强成婚,不是死别就是生离。六合卦变六冲,即使应允,后来也必有变更;已成的,终究要分离。

例如,戌月庚申日,占已娶有夫之妇,丈夫回来形成诉讼,问会断离婚与否,得到泽水困卦,变为兑为泽卦:

父母未土●●　　— —
兄弟酉金●　　——
子孙亥水●　　——应
官鬼午火●●　　— —
父母辰土●　　——
妻财寅木×　　— —世　　　　官鬼巳火●　　——

妻财爻持世，主美满的姻缘。但凋零的寅木被日辰冲散，又是六合变冲，不但断为离婚，还必须防备定罪。他说："已经告状，并指为阴谋，不知结果如何?"我说："世爻、变爻与日辰构成三刑，你们两人都难免被杖责。"后来审出，二人属于先奸后娶，于是男女都被杖责，然后被判离婚。

**【原文】**

**占用咸临节泰，忌逢睽革解离。**

觉子曰：《易冒》有云，"卦得咸、临、节、泰，若不遇合冲变冲，虽财官衰陷，随墓助伤，皆不为凶；睽、革、解、离则为凶兆，虽用神全备而化合，亦不为吉。"此言用神未胜于卦验①也。

曾于巳月丁卯日，占婚于何时，得泰卦。余见此卦，兄爻持世，亥财临月破旬空，子水之财，世爻克之，日辰刑之。古虽以泰卦为吉，余焉敢以人之婚姻大事而试卦耶?

**【译文】**

**占问用咸临节泰四卦，忌讳逢睽革解离四卦。**

觉子说：《易冒》有这样一种说法："得到咸、临、节、泰卦，如果不遇合处逢冲、卦变为冲，即使妻财和官鬼衰弱失陷，随鬼入墓、助鬼伤身，也都不凶；睽、革、解、离卦则是凶兆，即使用神全备而化合，也不吉。"这是说用神的重要性比不过这所谓卦验。

曾于巳月丁卯日，占成婚于什么时候，得到地天泰卦：

---

①卦验：卦的应验、经验，指古人曾因为占得某些卦而应验为吉或凶，遂作为确定的断卦模式，而不看用神。

子孙酉金●●　— —应

妻财亥水●●　— —

兄弟丑土●●　— —

兄弟辰土●　———世

官鬼寅木●　———

妻财子水●　———

我见此卦兄弟爻持世，亥水妻财临月破旬空，子水妻财为世爻所克，日辰所刑。古法虽然以泰卦为吉兆，而我怎么敢用别人的婚姻大事来试卦呢？

**【原文】**

命之再占，又得坤卦。世爻休囚为日破，亥水财临月破，卦遇六冲，大凶之兆。故知前得泰卦，非为吉也。仍用财官世应者为是。然亦不可径以为是。凡有所疑，勿执古法而断，须以再占之卦而决之。后卦若吉，即以吉断；后卦凶者，则以凶推。神不欺人，彼此两无误矣。

**【译文】**

让他再占，又得到坤为地卦：

子孙酉金●●　— —世

妻财亥水●●　— —

兄弟丑土●●　— —

官鬼卯木●●　— —应

父母巳火●●　— —

兄弟未土●●　— —

世爻休囚而逢日破，亥水妻财临月破，卦遇六冲，是大凶之兆。所以知道前面得到的泰卦不吉，仍以用妻财、官鬼、世爻、应爻为是。但也不可径直地以为就是如此。凡有所疑虑，不要执着于古法而决断，必须用再占的卦来决断。后一卦若吉，就以吉断；后卦凶的，就以凶推。神不欺人，这样才能彼此两不误。

**【原文】**

**财化财，未必婚姻两度；鬼化鬼，难曰相守百年。**

《黄金策》曰："财爻重迭，重作新人。"余屡试之，男家占女，财爻重迭，旺相生合世爻者，多主贤妻美妾。财化财者，或应双娶，或应婢妾同来，或应妻妾之多，或应妆奁甚厚。唯忌爻中兄动，及日月冲克财爻，花烛重重亦不免耳。

**兄临玄武防劫骗，鬼临白虎遇凶丧。**

兄鬼动临玄武，防局中奸诈骗财，纵使世应相生，财官无害，必须大费。鬼临虎动，或未过门，不久必见丧事。

**应财世鬼，夫唱妇随；应鬼世财，夫权妻夺。**

世持鬼，应持财，谓之阴阳得位，必然鸾凤和鸣；鬼临应，财临世，牝鸡司晨，妻夺夫权，唯赘婿得之反吉。

**【译文】**

**妻财化妻财，未必两度婚姻；官鬼化官鬼，难以百年相守。**

《黄金策》说："妻财爻重迭，重作新娘。"我屡次试验，男家占女子，妻财爻重迭，旺相生合世爻，多主贤妻美妾；妻财化妻财，或者应验为双娶，或者应验为婢妾一同到来，或者应验为妻妾多，或者应验妆奁很丰厚。只忌爻中兄弟发动，及日辰月建冲克妻财爻，主难免重过花烛之夜。

**兄弟临玄武，必须防劫防骗；官鬼加白虎，必定遇凶遇丧。**

兄弟和官鬼发动而临玄武，须防备局中有奸诈骗财的事，纵使世应相生，妻财和官鬼无害，也一定大费钱财。官鬼临白虎发动，或未过门，或过门不久，一定会遇到丧事。

**应爻为妻财，世爻为官鬼，主夫唱妇随；应爻为官鬼，世爻为妻财，主妻夺夫权。**

世爻持官鬼，应爻持妻财，叫作阴阳得位，必然鸾凤和鸣；官鬼临应爻，妻财临世爻，则好比母鸡打鸣，妻夺夫权。得到这样的卦象，只有招为赘婿反而吉祥。

# 此婚子嗣有无章第八十三

【原文】

子孙旺相，或休囚而动，及动而化吉，皆主有子。子化进神，化回头生，有子必多。如逢子孙墓绝而变鬼、鬼变子孙、父化子、子化父、父动克子，皆因我命无儿，不成此婚亦无子也。唯多积阴德以培之。

如申月丁丑日，因有妾多，占何命者有子，得革之夬。断曰："卯木子孙绝于申月，鬼变子孙又逢月破，公命无子，与女命何干?"即出八字[①]观之：甲寅、甲戌、甲子、戊辰。余曰："八字虽奇，纯阳无阴，兵权显赫。但嫌平头煞[②]重，叠叠魁罡[③]，亦主无子。"公曰："有何法耶?"余曰："多积阴德以培之。"公曰："不孝有三，无后为大[④]。"嗣后施济贫寒，全人夫妇，修桥砌路，施药施馆，连生二子。临终嘱其子曰："我非阴功，不能有尔；尔皆成人，多宜积德。"

【译文】

子孙旺相，或者休囚而发动，及发动而化吉，都主有子嗣。子孙化进神，化回头生，儿子必定多。如果逢子孙墓绝而变官鬼、官鬼变子孙、父母化子孙、子孙化父母、父母发动克子孙，都是自己命里没有儿子，即使这桩婚姻不成也无子，只有通过多积阴德来培育。

---

①八字：指生辰八字，即年月日时的天干地支。八字命理学据此推论人一生的吉凶祸福。

②平头煞：取其字形言之，有六柱：甲子、甲辰、甲寅、丙辰、丙戌、丙寅。主克妻，或妻妾身体差，因而异性缘薄，多为僧道之命。

③魁罡：八字命理学神煞的一种。辰为天罡，戌为河魁，乃阴阳绝灭之地，故名。口诀说："壬辰庚戌与庚辰，戊戌魁罡四座神，不见财官刑煞并，身行旺地贵无伦。"查法：日柱见者为是。

④不孝有三，无后为大：不孝有三种，以无后嗣为最严重。这是断绝了列祖列宗的祭祀的缘故。语出《孟子·离娄上》。

例如，申月丁丑日因为妾多，占什么命的有儿子，得到泽火革卦，变为泽天夬卦：

官鬼未土●● ——  ——
父母酉金● ———
兄弟亥水● ———世
兄弟亥水● ———
官鬼丑土× ——  —— 子孙寅木● ———
子孙卯木● ———应

断卦说："卯木子孙绝于申月，官鬼变子孙又逢月破，您命中没有儿子，与女人的命有什么相干？"对方拿出八字来看：甲寅、甲戌、甲子、戊辰。我说："八字虽然奇异，但是纯阳无阴，兵权显赫，只嫌平头煞重，叠叠魁罡，也主没有儿子。"他说："有什么办法吗？"我说："多积阴德来培育。"他说："不孝有三种，无后嗣最为严重。"后来这人接济贫寒，成全别人夫妇，修桥铺路，施舍药物房舍，连生了两个儿子。临终嘱咐他的儿子说："我如果不是靠阴功，不可能有你们；你们都长大了，应该多积德。"

## 此婚有益于父母否章第八十四

【原文】

专以父母为用神。父母爻或旺或衰，皆不忌也。所忌者财爻发动，必此婚有妨。如财化父母、父母化财、鬼化父母、父母动化墓绝空破，及回头克，动而破散，或日月克父母，乃桑榆暮景之秋，不成婚亦难免耳。

【译文】

专以父母为用神。父母爻或旺或衰都不忌讳，所忌的是妻财发动，这样婚姻必定有妨害。如果妻财化父母、父母化妻财、官鬼化父母、父母发动化墓、绝、空、破及回头克，发动而破散，或者日辰月建克父母，主父母已值桑榆暮景，不结婚也难免孝服。

## 纳宠章第八十五

**【原文】**

为子嗣者，子孙为用神，与前段同断；否则专看财爻，亦与占婚同断。

**【译文】**

为子嗣而占问，以子孙为用神，与前一段同样论断；否则专看妻财爻，与占婚姻同样论断。

## 配仆[①]章第又八十五

**【原文】**

占婢仆，财爻为用。财爻持世，或动而生合世爻，动而化进化生，财化财，皆得忠诚效力；散破空绝，非懒即病。财爻克世冲世，负恩忘义之徒也。财化鬼、化绝、化墓、化克，及鬼化财爻，贫穷夭折之流。

**【译文】**

占婢女等仆人，以妻财爻为用神。妻财爻持世，或者发动而生合世爻，发动而化进神，化相生，妻财化妻财，都主得到他们的忠诚效力；

①配仆：配备仆人。所配仆人多系以契约形式买入，地位低下，没有人身自由，其中少女往往与所侍奉男主人有合法的婚姻关系。

动散、月破、旬空、遇绝，不是懒惰就是有病。妻财爻克世冲世，是负恩忘义的人。妻财化官鬼、化绝、化墓、化克，及官鬼化妻财，主贫穷夭折之类。

## 娶离妇跳娼妇[①]章第八十六

**【原文】**

防患者用子孙。子孙持世，子孙发动，皆无忧也。财爻持世，子动相生而更吉。鬼兄克，随墓助伤，鬼爻持世，婚姻虽就，祸患随之。财克世，兄持世，落人之局，必人财两失。

防拦阻者，兄动不成，鬼动有祸。

**兄爻持世，到底难成；财动相生，不谋而就。**

**六冲变冲为凶，三合六合者吉。**

**六合变冲，成而不久；六冲变合，终必有成。**

**强夺婚，遂私约，非礼非义，勿告于神。**

出妾休妻，原非所欲，有不得已而出者，必去难留。

**【译文】**

意在防患者以子孙为用神。子孙持世、子孙发动，都无忧患。妻财爻持世，子孙发动相生，更吉。官鬼和兄弟相克、随鬼入墓、助鬼伤身、官鬼持世，婚姻虽然成了，祸患随即到来。妻财克世爻、兄弟持世，落入别人的骗局，必定人财两失。

意在防阻拦的，兄弟发动，不成；官鬼发动，有祸。

**兄弟持世，事到底难成；妻财发动相生，不谋而就。**

**六冲变冲为凶兆，三合六合为吉征。**

**六合变冲，成事而不会长久；六冲变合，终究一定成事。**

①跳娼妇：避免与娼门的女人结姻。跳，通“逃”。

**强夺婚姻，成就私约，属于不合礼义的行为，不要向神祷告。**

赶走妾，休掉妻，谁也不想这样做，有不得已而这样做的，如果主意已定，就难以劝他留下。

## 胎孕章第八十七

【原文】

卜胎之虚实，占孕之安危，问产妇之吉凶，测胎中之男女，各宜分占。亲占、代占皆用子孙。唯子占母孕，以弟兄爻为用神也。

**福神旺相遇生扶，麟种兆瑞；子孙休囚逢破衰，胞孕空虚。**

子孙临日月，或遇日、月、动爻生扶，或动而化吉，皆许成孕。若临空破衰绝，或被刑冲克害，或动而变鬼，化绝化破，或鬼变子、父化子、子化父，水泡空灯。唯动而空者不妨。

**子化子，双生有准。**

子动化子孙，或卦中子孙多动，或已有旺相子孙动者，他爻又变出旺相之子孙，皆主双胎。《卜筮元龟》云："子孙两旺，定是双胎。"

觉子曰：两动两旺者，此断是也。内有一衰者，一死一生；一阴一阳者，一女一男。两现一不动者，非也。

【译文】

占问胞胎的虚实，占胎孕的安危，问产妇的吉凶，测胎中的男女，各自应当分占。亲占、代占都用子孙爻，只有儿子占母亲的胎孕，以弟兄爻为用神。

**福神旺相而遇到生扶，主生贤良之子；子孙休囚而遭逢破衰，主一场空喜。**

子孙临日辰月建，或者遇日辰、月建、动爻生扶，或者发动而化吉，都许为胎孕成就。如果临旬空、月破、衰弱与绝，或者被刑冲克害，或者发动而变官鬼、化绝、化月破，或者官鬼变子孙、父母变子孙、子孙化父纯洁，都像水中的泡、风中的灯一样，转瞬间就化为虚空，只有发动而旬空的不妨。

**子孙化孙子，准生双胞胎。**

子孙发动化子孙，或者卦中子多孙发动，或者已有旺相的子孙发动，其他爻又变出旺相的子孙，都主双胞胎。《卜筮元龟》说："子孙两旺，一定是双胞胎。"

觉子说：两爻发动，两爻都旺，这样断是对的。其中有一个衰弱的，一个死一个生；一阴一阳的，一个女一个男。子孙两现而有一个不动的，不在这个范围。

**【原文】**

**阳变阴，男女可辨；六爻静，先看卦包。**

**阳包阴生女，阴包阳生男①。**

阴包阳，坎卦、大过、小过、咸、恒卦是也；阳包阴，离卦、中孚、颐、损卦是也，其余非也。

六爻既静，若无卦包，须看子孙：值阳为男，位阴为女。卦有动爻者，虽有卦包而不用。神兆机于动，先看动爻：一爻动者，阳动为女，阴动为男；两爻动者看上爻；若有三爻发动看中爻。卦中多动者，不忠不诚，改日再占，即刻连占亦不验也。

**【译文】**

**阳爻变阴爻，可以辨别是男是女；六爻都安静，先看卦中能包所包。**

**阳包阴生女，阴包阳生男。**

阴包阳，如坎卦、大过、小过、咸、恒卦就是；阳包阴，离卦、中孚、颐、损卦就是，其余不是。

如果六爻既安静，卦中又没有所包，必须看子孙，值阳爻为男，值阴位为女。卦有动爻的，即使有卦中所包也不用。神兆示机微于动爻，

①阳包阴生女，阴包阳生男：原文为"阴包阳生女，阳包阴生男"，显误，与下文占问者所问"小过卦谓之阴包阳，如何生女"也不合，故加以改正。

先看动爻：一爻发动的，阳动为女，阴动为男；两爻动的，看上面一爻；如果有三爻发动，看中间一爻。卦中多爻发动的，心意不诚，改日再占，即使当时连占也不应验。

**【原文】**

如辰月戊辰日占孕男女，得小过之豫卦。余曰："尔之来意，是问妻孕平安，还是问孕之男女？"彼曰："两事俱问。"余曰："日后须宜分占，不可同问。幸此卦两事俱现。兄爻虽动，不克变出之财爻，坐草①无虞。卦中阳动变阴，必然主女。"彼曰："小过卦谓之阴包阳，如何生女？"余曰："神兆机于动，先重动爻。"果于壬申日生女，产母平安。

**【译文】**

例如，辰月戊辰日，占胎孕是男是女，得到雷山小过卦，变为雷地豫卦：

父母戌土●●　▅▅ ▅▅

兄弟申金●●　▅▅ ▅▅

官鬼午火●　▅▅▅▅▅世

兄弟申金○　▅▅▅▅▅　　妻财卯木●●　▅▅ ▅▅

官鬼午火●●　▅▅ ▅▅

父母辰土●●　▅▅ ▅▅应

我说："你的来意，是问妻子怀孕平安，还是问胎孕的男女？"他说："两件事都问。"我说："以后要分别占，不可一起问。幸而这一卦两件事都有体现。兄弟爻虽然发动，但是不克变出的妻财，所以临产没有问题。卦中阳爻发动而变阴，必然主女。"他说："小过卦叫作阴包阳，为什么生女？"我说："神兆示机微于发动，要注重动爻。"果然于壬申日生女孩，产母平安。

---

①坐草：为临产的别称。因古代产妇临产时，或坐于草蓐上分娩，故称。

**【原文】**

觉子曰：占妻平安及占男女，原宜分占。彼若闲时而问，兼问者还可同断。若在临产危急之时而问者，切不可以男女同断。

如辰月戊子日，妇自卜孕，得艮之剥。此妇已生产一日夜矣，余断明日申时得生。彼夫问故，余曰："卦中申金子孙，一爻独发。自占者，官鬼持世，明日申时，子孙当时出现，克去身边之鬼而无忧也。"

或问："何不许今日申时？"余曰："今日子日，冲动午火克金，今日不能。"又问："是男是女？"余曰："尔不知易理，此卦如何定得男女？神随人念，占此应此，占彼应彼。若问于暇时，必有男女之念，今性命须臾，只祈离身保命足矣，故神现生产安危，不报男女也。"果生男于次日申时，此卦若以阳动变阴，牵扯兼断者，可谓知易理者乎？

**【译文】**

觉子说：占妻子平安及占男女，本来应该分别占问，但对方如果平时占问，兼问的却可以一同论断；而在临产的危急时刻占问，切不可以与问男女一同论断。

例如，辰月戊子日，妇人占自己胎孕，得到艮为山卦，变为山地剥卦：

官鬼寅木● ——世
妻财子水●● — —
兄弟戌土●● — —
子孙申金○ ——应　　官鬼卯木●● — —
父母午火●● — —
兄弟辰土●● — —

这妇人已经生产一日夜了，我断为明天申时得以生出。她的丈夫问是什么缘故，我说："卦中申金子孙一爻独发。自己占问的，官鬼持世，明日申时，子孙当时出现，克去身边的官鬼，就无忧了。"

有人问："为什么不许为今天的申时？"我说："今天是子日，冲动午火克金，今天不行。"又问："是男是女？"我说："你不懂易理，这一卦怎么能定男女？神随人的念头，占这件事就应这件事，占那件事就应那件事。如果是闲暇时占问，必定有是男是女的念头，现在性命就在须臾之间，只祈祷孩子离身保命，这样就满足了，所以神呈现生产安危，而不报告是男是女。”果然于第二天申时生男孩。这一卦如果依阳爻发动变阴爻而勉强兼断，还能说是懂得易理的人吗？

## 问产妇安否章第八十八

【原文】

**坐草临盆嫌鬼动，胎前产后恐兄摇。**

**财临绝破妻难保，鬼化妻财命不牢。**

问产妇，夫占、代占皆以财为用神。虽则不宜鬼动，倘若兄动克财，又宜鬼动制服兄爻。不宜财变鬼、鬼坐财、兄化财、财化兄，及妻逢月破、休囚、墓绝，化墓、化绝或日月冲克，皆为凶兆。

觉子曰：问胎、问产妇虽宜分占，倘得不待分占而卦中先现者，须宜留心。

【译文】

**坐草临盆，忌官鬼发动；胎前与产后，怕兄弟动摇。**

**妻财临绝破，妻室难保；官鬼化妻财，主性命堪忧。**

问产妇，丈夫占、代占都以妻财为用神。虽然不宜官鬼发动，但是倘若兄弟发动克妻财，又适宜官鬼发动而制服兄弟爻。不宜妻财变鬼、鬼变妻财、兄弟化妻财、妻财化兄弟，及妻财逢月破、休囚、墓、绝，化墓、化绝，或日辰月建冲克，这些都是凶兆。

觉子说：问胎和问产妇虽然宜于分别占问，但是也有不待分占卦中就体现出来的，对此必须留心。

【原文】

如子月乙亥日，占妻孕平安否，得丰之小过卦。断曰：“午火妻财临月破，又被亥日克之。冬天之火休囚被克，全无生扶，命之难保。”

彼曰："卯木子孙动而生火，何谓全无生扶？"余曰："卯木子孙动而变鬼，神曰母子皆丧，非生火之卯木也。断卦者须宜知机，会神之意。"彼又曰："财虽不旺，卯木子孙得子月亥日以生之，何谓子亦难保？"余曰："变鬼之子孙，纵临日月，亦无益矣。"

**卦得六冲，子旺财强终是喜；爻逢六合，财空子破亦为忧。**

**【译文】**

例如，子月乙亥日，占妻子胎孕平安与否，得到雷火丰卦，变为雷山小过卦：

官鬼戌土●● — —

父母申金●● — —世

妻财午火● ———

兄弟亥水● ———

官鬼丑土●● — —应

子孙卯木○ ——— 官鬼辰土●● — —

断卦说："午火妻财临月破，又为亥日所克。冬天的火休囚被克，全无生扶，性命难保。"他说："卯木子孙发动而生火，为什么说全无生扶？"我说："卯木子孙发动而变官鬼，神说母子都要损丧，不是生火的卯木。断卦的人必须懂得事机，领会神的意思。"他又说："妻财虽然不旺，卯木子孙得到子月亥日相生，为什么说孩子也难保？"我说："变鬼的子孙，纵使临日辰月建也没有用。"

**卦逢六冲，子孙旺而妻财强，终究可喜；爻遇六合，妻财空而子孙破，毕竟可忧。**

## 产期章第八十九

**【原文】**

产期有远近之分，远则应月，近则应日。子孙动者，逢合逢值；静者，逢值逢冲；空者，冲空实空之日；破者，实破逢合之期。白虎兄弟而动，值日而生。子孙临绝，待生旺之日。又有子遇长生胎养之日伏藏者，出现之日而生也。

【译文】

产期有远近的区分，远则应验在月，近则应验于日。子孙发动的，应验在逢合逢值的日子；安静的，应验于逢值逢冲的日子；旬空的，在冲空实空的日子；月破的，在实破逢合的时候。白虎值兄弟发动，值日时生产。子孙临绝，生旺的日子临盆。还有子孙遇长生胎养的日子而伏藏的，主于出现的日子生产。

## 婴儿泰否章第九十

【原文】

《身命》《子嗣》章中同断。

【译文】

与《身命章》《子嗣章》中的断法相同。

## 出行章第九十一

【原文】

**人为名利奔驰道路，风波不测占卜当先。**

**世爻旺相宜行，应若空亡宜止。**

世为出行之人，生旺有气则吉，动而化吉及化子孙者更吉。如若休囚空破，动而化凶者，不宜行也。应为地头，又为傍倚人。他若空破墓绝，或动而变鬼、变绝、化回头克者，去之无益。

**世伤应位，不拘远近相宜；应克世爻，公私皆主不利。**

**我去克他，所向通达；应来刑冲世爻，不可行之。**

**【译文】**

**人为名利，四方奔走，要预知吉凶，以占卜为首要。**

**世爻旺相，宜于出行；应位空亡，就要停留。**

世爻为出行的人，生旺有气则吉，发动而化吉及化子孙，更吉。如果休囚、旬空、月破，发动而化凶，不应该出行。应爻为目的地，又为倚傍的人，它若是旬空、月破、入墓、遇绝，或者发动而变官鬼、变绝、化回头克，去也无益。

**世爻伤害应位，不论远近都相宜；应位克制世爻，于公于私皆不利。**

**我去克他，主一路通达；应爻来刑冲世爻，主不可行。**

**【原文】**

**八纯乱动，在处皆凶；两间齐空，独行则吉。**

六冲卦及动而变冲，世爻休囚被克者，终去不成，有始无终，去亦诸般不就。两间爻者，乃同行附载之人，动而克世，必遭其害；动临兄爻，破我之财；生合我者为吉。倘两间齐空，若非中途梗阻，定然无伴孤行。

**静遇日冲必去，动逢合住而留。**

世爻暗动者必去，世爻旺静，逢冲之日必去。世爻动而化合，或被日、月、动爻合者，必有事故，阻滞不行。

觉子曰：余尝得验，亦有应在冲开之日而行。

**【译文】**

**八纯卦如果乱动，处处都凶；两间爻若都旬空，独行才吉。**

六冲卦及发动而变冲，世爻休囚被克，终究去不成，去了也无法成事。两个间爻是同行附载的人，发动而克世爻，必遭他的害；发动临兄爻，必破我的财；生合我的才吉。倘若两个间爻一齐旬空，如果不是中途受阻，就一定孤身无伴。

**安静而遇日冲，必当前去；发动而逢合住，一定滞留。**

世爻暗动的必去；世爻旺相而安静，逢冲的日子必去。世爻发动而化合，或者被日辰、月建、动爻合住，必定有事情阻滞，无法成行。

觉子说：我曾经得到应验的是，也有在冲开的日子动身的。

**【原文】**

**官鬼交重灾祸重，**

武鬼动忧盗贼，雀鬼发防讼非。虎鬼疾病缠绵，蛇鬼风波惊险。勾陈鬼动，事有勾连；鬼动逢龙，戒于嫖赌。鬼发震乾患车马，鬼发兑坎虑风波。坤艮之鬼，山间道野逢殃；巽离之官，火厂林窖被难。余在《趋避章》内详之。

**福神发动祸殃消。**

出行得遇子孙发动、子孙持世、世化子孙，程途万里，百祸潜消。子孙克世者亦吉。

**【译文】**

**官鬼发动，灾祸严重，**

玄武值官鬼发动，忧虑盗贼；朱雀值官鬼发动，防止争讼是非。白虎值官鬼发动，主疾病缠绵；螣蛇值官鬼发动，主风波惊险。勾陈值官鬼发动，事情有勾连；青龙值官鬼发动，禁戒嫖和赌。官鬼发动在震乾二卦，祸患在于车马；官鬼发动于兑坎二卦，忧虑在于风波。坤艮二卦逢官鬼，在山路或山野遇祸；巽离二卦逢官鬼，于火厂林窖遭难。其余在《趋避章》内细看。

**福神兴起，祸殃消散。**

出行得遇子孙发动、子孙持世、世爻化子孙，主大有前程，各种祸难暗自消除。子孙克世也吉。

**【原文】**

**父克世爻，风雨舟车行李；**

父母持世而动，或父动冲克世爻，余得验者，有应舟车行李之累，有应风雨淋漓。世爻旺者无妨，最怕休囚而为凶也。

**兄冲世位，花月[①]破耗灾非。**

财爻持世，兄爻冲克者，有应花朝月夕，无端浪费；有应小辈明欺暗骗，致成灾非，破耗百出。

【译文】

**父母克世爻，事关风雨、舟车、行李；**

父母持世而发动，或者父母发动而冲克世爻，我据我的经验，有应验为舟车行李之累的，有应验为风吹雨淋的。世爻旺的无妨，最怕休囚，主凶险。

**兄弟冲身位，考虑花月、破耗、灾非。**

妻财持世而兄弟冲克，有应验于朝夕风月，无端浪费的；有应于小人明欺暗骗，导致灾难是非，破耗百出的。

【原文】

**反吟化退中途返，六冲随墓始终凶。**

卦得伏吟世动者，冲开之日月必行。卦得反吟，去到中途亦返，世逢冲克大凶。六冲卦世静世空，必不能行。随鬼入墓，世若休囚，不返之兆。

**六合化冲不吉，六冲化合方亨。**

六合卦变六冲，及卦变克绝者，坐家亦恐凶危。

【译文】

**反吟或化退神，中途返回；六冲或随鬼墓，始终都凶险。**

得伏吟卦而世爻发动，冲开的日月必定出行。得反吟卦，走到中途也会返回；世爻逢冲克，大凶。六冲卦世爻安静或旬空，一定无法成行。随鬼入墓而世爻休囚，是一去不返的征兆。

**六合化冲不吉祥，六冲化合才亨通。**

六合卦变六冲，及卦变克变绝的，恐怕坐在家里也凶险。

①花月：又作风月，指男女之间的风流韵事。

## 舟行章第九十二

**【原文】**

登舟问何日而到，世爻发动，合日值日而到。若得子孙持世，及子孙他爻发动者，值日而到。世化退及反吟卦，中途而返。

问舟行平安否，子孙持世、克世、生世、合世，一路平安。官鬼持世，忧虑惊恐；官鬼冲克世爻，灾非必现。兄动破财。风阻者，勿以兄弟为风云，乃以子孙为顺风，动而逢合逢值，静而逢冲之日，空逢冲实之日。与《天时章》阴晴同断。

**【译文】**

乘船而问哪一天到达，世爻发动，答案是合日值日的时候到。如果子孙持世，及子孙在其他爻发动，值日就到。世爻化退神及反吟卦，中途就会返回。

问行船平安吗？子孙持世、克世、生世、合世，主一路平安。官鬼持世，主忧虑惊恐；官鬼冲克世爻，主灾难和是非必定出现。兄弟发动，主破财。因为风向而受阻滞的，不要以兄弟为风云，而应当以子孙为顺风，以发动而逢合、逢值、静而逢冲、空而冲实的日子来断应期。与《天时章》阴晴同样论断。

## 同舟共行章第九十三

**【原文】**

**同行共处应为尊，同路同舟一样论。**

**应伤世位遭他害，墓绝空破见吾恩。**

**只宜生合相扶助，永赖维持如至亲。**

**三合同途皆遂意，六冲半路便灰心。**

**起心为害摇兄鬼，水陆清平动子孙。**

占他人以应为用，占亲戚必看用神。不宜兄鬼动而克世，最宜相合相生。

**【译文】**

**同行共处，应爻为尊长；同路同船，也都是这看。**

**应爻伤世位，遭他陷害；墓绝与空破，蒙我施恩。**

**宜于生合与扶助，像亲人值得依靠。**

**局成三合，同行之人都遂意；卦逢六冲，走到半路就灰心。**

**起心为害，兄鬼才会发动；水陆平安，子孙自然兴起。**

占他人以应爻为用神，占亲戚必须看用神。不宜兄弟和官鬼发动而克世爻，最适宜相合相生。

## 行人章第九十四

**【原文】**

问行人之归期，有远有近。远则应月，近则应日。亦有去久者在日下当归，又可以日断之。问行人之否泰，另占一卦，不可一卦而兼断也。

**世克用兮人未动，用爻克世必然归。**

占亲人在《用神章》中详之，疏者以应爻为用神。

**世克用神，且无归志；用神克世，指日回家。**

余试果验。

**墓绝空破，归信杳然；明摇暗动，归鞭发矣。**

**伏藏者出现之日，动而逢合之日。**

【译文】

问行人的归期，有的远有的近。远的应验于月份，近的应验于日辰。也有去久了的，在日下就应当归来，又可以以日决断。问行人是否塞还是通泰，要另占一卦，不可在一卦中兼断。

**世爻克用神，人未动身；用神克世爻，必然归来。**

占亲人在《用神章》中详看，疏远的关系以应爻为用神。

**世爻克用神，还无归意；用神克世爻，指日还家。**

我试验过，果然应验。

**墓绝空破，归来的音信还杳然；明摇暗动，回家的行人已动身。**

**伏藏的，应验在出现的日子；发动的，应验于逢合的日子。**

【原文】

**动化进神不返，用神化退而归。**

**动逢合有事阻隔，动化鬼在外危灾。**

**最怕动而化克，还防卦变反吟。**

世爻空者，行人即至。用神静逢休囚空破者，且不思归。动空旺空者，实空冲空之月日必归。唯恐卦变克绝及反吟卦，用神被克被冲者，皆难望其归也。

【译文】

**发动而化进神，不会归来；用神化退神，迅速还家。**

**发动逢合，家里有事情阻隔；发动化官鬼，外面有灾祸降临。**

**最怕发动而回头相克，还要慎防卦变反吟。**

世爻旬空的，行人马上就到。用神安静逢休囚、旬空、月破的，还不想回家。发动逢空与旺相逢空，实空冲空的月日一定归来。只怕卦变克、遇绝及反吟卦，用神被克被冲，都难以指望。

【原文】

**用神三合，冲开之月日而来；卦逢六冲，行人无定而不返。**

**用爻静者冲动之日，用爻墓者开墓之日。**

**用爻无病，可断归期；用爻有病，在外不安。**

野鹤曰：用神墓、绝、空、破、受伤，谓之有病。来人问行人在外平安否，须看有病无病；若问归期，只可看卦象来与不来而断也。

【译文】

**用神三合，冲开的月日归来；卦逢六冲，行踪无定而难返。**

**用神安静的，应验于冲动之日；用神入墓的，取证于墓开之日。**

**用神无病，可以断归期；用爻有病，不安于外地。**

野鹤说：用神入墓、遇绝、旬空、月破、受伤，叫作有病。来人问行人在外面平安与否，须看有病还是无病；如果问归期，只可以根据卦象来不来论断。

【原文】

如酉月戊申日，占母在外何时来，得旅之艮。此卦若问父母平安否，父母卯木，日、月、动爻冲克，必不安矣。今问其来否，不以此断，只可断用神伏藏受克而不来，六合变冲亦不来。后果不来，在外平安。

【译文】

例如，酉月戊申日，占母亲在外地何时归来，得到火山旅卦，变为艮为山卦：

兄弟巳火●　　———

子孙未土●●　— —

妻财酉金○　　———应　　　　子孙戌土●●　— —

妻财申金●　　———

兄弟午火●●　— —

子孙辰土●●　— —世

这一卦若问父母平安与否，因为父母为卯木，日辰、月建、动爻冲克，一定不安；现在问她来不来，不依这一点论断，只可因为用神伏藏受克而断为不来，六合变冲也断为不来。后来母亲果然没有来，但在外地平安。

【原文】

又如亥月甲子日，占仆人何日回，得革之夬卦。此卦若问仆人在外之吉凶者，必不归矣。何也？午火财爻伏，而被日月之克。今问何日可到，不以此断。世空者速至，此人来矣，己巳日必到。应巳日者，冲空之日也。巳火又是财爻。果于巳日到。

【译文】

又例如，亥月甲子日，占仆人哪天回来，得到泽火革卦，变为泽天夬卦：

官鬼未土●●　— —
父母酉金●　———
兄弟亥水●　———世
伏妻财午火　兄弟亥水●　———
官鬼丑土×　— —　子孙寅木●　———
子孙卯木●　———应

这一卦若问仆人在外面的吉凶，必定回不来。为什么？因为午火妻财爻伏藏，而被日辰月建克制；但现在问哪一天可以到，不依这一问题推断。世爻旬空的，主迅速到来，所以这人正在回来，己巳日必到。应在巳日，因为这是冲空的日子，巳火又是妻财爻。果然仆人于巳日到家。

【原文】

未月戊戌日，占伯何日来，得屯之随卦。父母为用神，克世者速至，七月必到。后于亥月方到。亥月者，父母化出之爻也。

【译文】

未月戊戌日，占伯伯哪天来，得到云雷屯卦，变为泽雷随卦：

兄弟子水●●　— —
官鬼戌土●　———应
父母申金×　— —　兄弟亥水●　———
官鬼辰土●●　— —
子孙寅木●●　— —世
兄弟子水●　———

父母为用神，克世爻的速到，七月必到。后来于亥月才到。应在亥月，因为亥水是父母爻化出的。

**【原文】**

如丑月庚午日，占父远去何日回，得履卦。断曰："今日乃是午火，为父母，克世，今日必到。"果于本日申时到。

**【译文】**

例如，丑月庚午日，占父亲远去哪天回来，得到天泽履卦：

兄弟戌土● ———
子孙申金● ———世
父母午火● ———
兄弟丑土●● — —
官鬼卯木● ———应
父母巳火● ———

断卦说："今日是午火，为父母，克世爻，今天必到。"父亲果然于本日申时到家。

**【原文】**

寅月癸亥日，占主人何日回，父母为用神，得大畜之小畜。断曰："子水财爻化出巳火父母，动爻不克变爻，巳日必到。"果于巳日到。

**【译文】**

寅月癸亥日，占主人哪天回来，以父母为用神，得到山天大畜卦，变为风天小畜卦：

官鬼寅木● ———
妻财子水× — —应　　父母巳火● ———
兄弟戌土●● — —
兄弟辰土● ———
官鬼寅木● ———世
妻财子水● ———

断卦说："子水妻财化出巳火父母，动爻不克变爻，巳日必到。"

果然主人于巳日来到。

【原文】

又如辰年未月丁丑日，占父何时来，得大有之井。初爻丑父与子作合，不来；五爻未化父进神，不来。须午年方来。果于午年戌月到。应午年者，未爻父动，午岁合之，动而逢合之年也。又因初爻子与丑作合，合要冲开，午年以冲开也。

【译文】

又例如，辰年未月丁丑日，占父亲何时来，得到火天大有卦，变为水风井卦：

| | | | |
|---|---|---|---|
| 官鬼巳火○ | ——应 | 子孙子水●● | — — |
| 父母未土× | — — | 父母戌土● | —— |
| 兄弟酉金○ | —— | 兄弟申金●● | — — |
| 父母辰土● | ——世 | | |
| 妻财寅木● | —— | | |
| 子孙子水○ | —— | 父母丑土●● | — — |

初爻丑土父母与子孙相合，不来；五爻未化父母进神，也不来。要到午年才来。果然于午年戌月到。应在午年，是未土父母发动，逢午火相合的年份。又因为初爻子与丑相合，合要冲开，而午年正是冲开它们的时候。

【原文】

又如寅月庚寅日，占主人往楚平安否，迁往他省否？得观卦。父母遇真空，不祥之兆，不敢径断，再令亲人卜之。

【译文】

又例如，寅月庚寅日，占主人去楚平安与否，迁往其他省没有，得到风地观卦：

妻财卯木● ——
官鬼巳火● ——
父母未土●● — —世
妻财卯木●● — —
官鬼巳火●● — —
父母未土●● — —应

父母遇真空，是不祥的征兆，但我不径直论断，又让亲人占问。

【原文】

于同日，占兄得中孚之临。前卦仆占主，父母为用神，父母真空；此卦弟占兄，兄弟为用神，又落真空，大凶之兆。再命亲人占之。

【译文】

于同日占兄长，得到风泽中孚卦，变为地泽临卦：

官鬼卯木○ —— 子孙酉金●● — —
父母巳火○ —— 妻财亥水●● — —
兄弟未土●● — —世
兄弟丑土●● — —
官鬼卯木● ——
父母巳火● ——应

前一卦仆人占主人，以父母为用神，而父母逢真空；这一卦弟弟占兄长，以兄弟为用神，又落真空。两卦合参，是大凶之兆。又命亲人占问。

【原文】

于次日辛卯，家人又占，得坎之困。余曰："得此卦，今为尔释然矣。"彼问："何也?"余曰："前两卦用神真空，乃凶亡之兆；今此卦申父生世，四月必归。"彼问："若此，则前父兄真空何也?"余曰："因此公大寿无多，故神报未年之死，不言目下之事耳。"彼又问："何以知死未年也?"余曰："占主，父临未土；占兄，兄临未土，俱被日月克害。因在旬空，所以无祸；未年出空，被日月之伤，得不危乎?"

辰年占，果未年死。

野鹤曰：连占两卦，俱报未问之事，第三卦方报目前所问，笑前贤以一卦竟断吉凶，不知将此占远应近、占近应远之卦错断千千万万矣。既不能悟出，尚牵强辨论，留作后人之法，何哉？

【译文】

家人于次日辛卯又占，得到坎为水卦，变为泽水困卦：

兄弟子水●●　— —世

官鬼戌土●　———

父母申金×　— —　　　兄弟亥水●　———

妻财午火●●　— —应

官鬼辰土●　———

子孙寅木●●　— —

我说：“得到这一卦，现在为你释然了。”他问：“怎么回事？”我说：“前两卦用神真空，是凶亡之兆；现在这一卦申金父母生世爻，主四月必定归来。”他问：“如果是这样，前一卦父母兄弟真空是怎么回事？”我说：“因为这人寿命不多了，所神报告未年的死，不是告诉眼下的事。”他又问：“凭什么知道死在未年？”我说：“占主人，父母临未土，占兄长，兄弟临未土，都被日辰月建克害。因为在旬空，所以无祸；未年出空，就会被日辰月建所伤，能不危险吗？”辰年占问，果然于未年死去。

野鹤说：连占两卦，都报没问的事，第三卦才报目前所问，可笑前代贤人竟以一卦断吉凶，不知不觉已经将这占远应近、占近应远的卦，错断了千千万万。既无法悟出此理，还勉强地论辨，并留作后人为法式，为什么？

【原文】

亥月甲子日，占夫在外还往他省去否，得大壮之大过。断曰：“妻占夫，官为用神。申动克之，寅木夫爻受克，不往他处去矣，不日必归。”彼曰：“何以知其回也？”余曰：“日月生扶，夫生世爻，必有归志。”问曰：“何日可到？”余曰：“巳日必到。应巳日者，合住申金之日也。”果于巳日到。

或曰：“‘用爻有病，莫问归期’，此卦申金化进神以克寅木，如何许回？”余曰：“彼问夫之平安，即以不利断之；今问往他处去否，夫爻受制，不往他乡。断卦者各有取用耳。”

**【译文】**

亥月甲子日，占丈夫在外面还往他省去否，得到雷天大壮卦，变为泽风大过卦：

兄弟戌土●●　— —
子孙申金×　— —　　　子孙酉金●　———
父母午火●　———世
兄弟辰土●　———
官鬼寅木●　———
妻财子水○　———应　　　兄弟丑土●●　— —

断卦说：“妻子占丈夫，以官鬼为用神。申金发动克它，寅木夫星受克，不会往其他处去了，不久一定归来。”她说：“凭什么知道他回来？”我说：“日辰月建生扶夫星，而夫星生世爻，必有归来的心志。”问：“哪一天可以到？”我说：“巳日必到。应在巳日，因为巳日会合住申金。”果然于巳日到家。

有人问：“‘用神有病，不要问归期’，这一卦申金化进神而克寅木，为什么说他会回家？”我说：“她问丈夫的平安，就只能以不利论断；现在问往其他处去与否，夫星受制，主去不了他乡。断卦者各有取用神的方法。”

**【原文】**

辰月丙申日，占差家人取书能得否？何日回？得“渐之剥”。仆人今日酉时必到，书不得。彼问：“何以知之？”余曰：“巳父化回头之克，不得书矣。申子持世化卯鬼，人不到，必有忧；今日酉时冲去卯木，则无忧也。”果酉时到，而书不得。

**【译文】**

辰月丙申日，占差家人取书信能得到吗？哪天回来？得到风山渐卦，变为山地剥卦：

官鬼卯木● ——应

父母巳火〇 —— 妻财子水●● — —

兄弟未土●● — —

子孙申金〇 ——世 官鬼卯木●● — —

父母午火●● — —

兄弟辰土●● — —

仆人今日酉时必到，书信到不了。他问："凭什么知道?"我说："巳火父母化回头克，就得不到书信了。申金子孙持世而化卯木官鬼，人没来到，必定有忧患；今天酉时冲去卯木，就无忧了。"果然酉时人到了，而信没有到。

【原文】

酉月癸酉日，占兄何日回，得师之临。亥兄旺相而空，出空之日必至。彼曰："后日即是亥日，前有信，约今日起身，但二千余里，三日如何能到?"余曰："不独亥日出空，凡卦中子孙持世，及动而生合世爻，皆是喜悦之神。许亥日归者，寅与亥合，又是合起子孙之日也。亥日必归无疑。"岂料由水路，遇顺风，日夜行，竟归于亥日。

觉子曰：凡常占风，兄动为风，木动生风，唯舟行占风，以子孙为风，盖行舟风逆，我心忧也。子孙发动之日，乃得顺风之日；风顺，我无忧矣。此亦未传之秘。

【译文】

酉月癸酉日，占兄长哪天回家，得到地水师卦，变为地泽临卦：

父母酉金●● — —应

兄弟亥水●● — —

官鬼丑土●● — —

妻财午火●● — —世

官鬼辰土● ——

子孙寅木× — — 妻财巳火● ——

亥水兄弟旺相而逢旬空，出空的日子必到。他说："后天就是亥日，以前有信，约好今日起身，但二千余里路，三天怎么能到?”我说：“不但亥日出空，凡卦中子孙持世，及发动而生合世爻，都是喜悦之神。许亥日归来，是因为寅与亥合，又是合起子孙的日子。亥日必归无疑。”没想到走水路而遇到顺风，日夜兼程，所以居然于亥日到了家。

觉子说：平常占风，兄弟发动为风，木动生风，只有行船占风时以子孙为风，因为行船如果逆风，心就忧虑。子孙发动的日子，就是得到顺风的日子；风顺，我就无忧了。这也是不传之秘。

**【原文】**

余曾于戌月丙戌日，由江右登舟，占一路平安否，得蛊之巽。余疑酉金鬼爻持世，一路犹疑之象，初不知风阻之说也。及至戊子日风雨大作，舟泊南康，始悟此卦子水父动，子日之风雨也。见其化出巳火子孙，即知巳日方晴。果泊五日，巳日天晴得顺风矣。自此始悟，子孙乃行舟之顺风也。

**【译文】**

我曾于戌月丙戌日，因由江右登船，占一路平安否，得到山风蛊卦，变为巽为风卦：

兄弟寅木● ——应
父母子水× — — 子孙巳火● ——
妻财戌土●● — —
官鬼酉金● ——世
父母亥水● ——
妻财丑土●● — —

我疑心酉金官鬼持世，是一路忧心疑虑的征象，还不知道因风阻碍这回事。及至戊子日风雨大作，船停泊在南康，才悟到这一卦子水父母发动，主子日的风雨；见它化出巳火子孙，知道巳日才晴。果然停泊五天，巳日天晴，得到了顺风。从这时才悟到，子孙主行船遇到的顺风。

【原文】

又于辰月甲戌日，行舟占顺风，得升之恒。午子回头生世，今日午时，必得顺风，但嫌今日戌日，午火子孙入墓之日，风必不久。果于午时子孙当令，顺风扬帆，至未时而风止矣。

【译文】

又于辰月甲戌日，行船占顺风，得到地风升卦，变为雷风恒卦：

官鬼酉金●● ——

父母亥水●● ——

妻财丑土× ——世　　子孙午火● ——

官鬼酉金● ——

父母亥水● ——

妻财丑土●● ——应

午火子孙回头生世爻，今日午时必得顺风；但今天是戌日，为午火子孙入墓的日子，风一定不久。果然于午时子孙当令，得以顺风扬帆；到未时，风就停了。

【原文】

至次日乙亥日，命船家占风，得丰之大壮。变爻寅木子孙，克制丑土之鬼，必至寅日而得顺风，已于戊寅日寅时。果得顺风而开舟矣。

【译文】

到第二天乙亥日，让船家占风，得到雷火丰卦，变为雷天大壮卦：

官鬼戌土●● ——

父母申金●● ——世

妻财午火● ——

兄弟亥水● ——

官鬼丑土× ——应　　子孙寅木● ——

子孙卯木● ——

变爻寅木子孙，克制丑土官鬼，到寅日必定得顺风，于戊寅日寅时停风。果然得到顺风而开船。

**【原文】**

又如亥月癸亥日占顺风，得未济之艮。有由淮回扬者，余附载之。登舟彼即占风，余曰："明日辰时得顺风，戌时即抵扬矣。"彼问："何其速也？"余曰："二爻辰土子孙，乃得顺风之喜悦也；四爻戌土子孙，到家之喜悦也。"果如所占。

**【译文】**

又例如，亥月癸亥日占顺风，得到火水未济卦，变为艮为山卦：

兄弟巳火●　——应

子孙未土●●　— —

妻财酉金○　——　　子孙戌土●●　— —

兄弟午火×　— —世　　妻财申金●　——

子孙辰土○　——　　兄弟午火●●　— —

父母寅木●●　— —

有个由淮安回扬州的人，由我附带着。登船他即占风，我说："明日辰时得顺风，戌时就到扬州了。"他问："怎么这么快？"我说："二爻辰土子孙，主得到顺风的喜悦；四爻戌土子孙，主到家的喜悦。"事情果然如我所断。

**【原文】**

又，余于戌月戊子日，舟中占风，得坤之震。酉子持世，必应静而逢冲之日，卯日必有顺风。

**【译文】**

另外，我于戌月戊子日在船中占风，得到坤为地卦，变为震为雷卦：

子孙酉金●●　— —世

妻财亥水●●　— —

兄弟丑土×　— —　　父母午火●　——

官鬼卯木●●　— —应

父母巳火●●　— —

兄弟未土×　— —　　妻财子水●　——

酉金子孙持世，必定应在安静而逢冲的日子，所以卯日必有顺风。

【原文】

至次日己丑日又占，得泽天夬。仍是酉金子孙持世，果至卯日风顺。

【译文】

到第二天己丑日又占问，得到泽天夬卦：

兄弟未土●●　— —

子孙酉金●　——世

妻财亥水●　——

兄弟辰土●　——

官鬼寅木●　——应

妻财子水●　——

又是酉金子孙持世，到卯日果然得顺风。

【原文】

又戌月壬辰日占风，得大畜之泰。上爻寅鬼化出酉金子孙，明日酉时有风。

【译文】

另外，戌月壬辰日占风，得到山天大畜卦，变为地天泰卦：

官鬼寅木○　——　　子孙酉金●●　— —

妻财子水●●　— —应

兄弟戌土●●　— —

兄弟辰土●　——

官鬼寅木●　——世

妻财子水●　——

上爻寅木官鬼，化出酉金子孙，主明日酉时有顺风。

【原文】

至次日癸巳日又占风，得姤之小畜。或问：“昨说今日酉时有风，而今日之卦如何不现?”余曰:“神谓我已知矣,不再报也。然今日酉时固然有风,而必不大。神报明日之大风也。盖子水子孙与世爻相合,若逢和住,须冲破以成功。明日午时,顺风必大。”果于次日风顺帆饱,舟行三百余里。

【译文】

到第二天癸巳日又占风,得到天风姤卦,变为风天小畜卦:

父母戌土● ———

兄弟申金● ———

官鬼午火○ ———应　　父母未土●● — —

兄弟酉金● ———

子孙亥水● ———

父母丑土× — —世　　子孙子水● ———

有人问:“昨天说今天酉时有风,而今天的卦为什么不体现?”我说:“神认为我已经知道了,就不再告诉了。今天酉时肯定有风,但一定不大。神告诉的是明天的大风,因为子水子孙与世爻相合,若逢和住,必须冲破才能起风。明日午时,顺风一定大。”次日果然顺风,船一行三百余里。

【原文】

占出行须牢记:不宜官鬼持世,官鬼发动必生灾非;不宜兄弟持世,发动者更凶,必有破财之患。宜子孙持世,子孙发动更吉,一路顺风,安然无恙。

出行谋事者,更须看世应;世克应,应生世,去必遂心;世生应,应克世,空劳往返。此为出行卦之大要。除此,卦中财宜旺,世宜强,再遇原神吉神生助,出行必大称意也。

然卦变多端,其中恍惚难断之处颇多,全凭通变,见多验广。学者须勉力而为之。

【译文】

占出行必须牢记:不宜官鬼持世,官鬼发动,必定发生灾祸是非。不宜兄弟持世,持世而发动更凶,必有破财的事。宜于子孙持世,子孙发动更吉，主一路顺风，安然无恙。

出行谋事的，更必须看世应二爻；世爻克应爻，应爻生世爻，去了必定遂心；世爻生应爻，应爻克世爻，徒劳往返。这是出行卦的大要。除此之外，卦中妻财宜于旺相，世爻宜于强盛，再遇到原神或吉神生助，出行一定非常称意。

但卦中变化多端，其中恍惚难断之处很多，全凭断卦者见多识广，通权达变。这方面，学人要勉力去学习。

# 增删卜易卷之十一

［清］野鹤老人
［清］李文辉
［清］李我平　撰
孙正治　注

## 防非避讼章第九十五

【原文】

忧虑官司，却喜官居空破；最宜子动，子若持世无非。

鬼雀同动，口舌不免；蛇鬼克世，灾患相侵。

武鬼必凶，盗贼阴人；白虎鬼，定有伤痕见血。

世动克应我兴词，应克世爻他有讼。

子孙动，子孙持世，必不成非。鬼持世、鬼克、应动克世，定然有讼。

【译文】

忧虑官鬼来克制，喜欢官鬼临空亡和月破；最喜欢子孙发动，若再持世爻，就没有是非。

官鬼和朱雀一同发动，口舌是非难免；螣蛇值官鬼克世爻，灾祸患侵扰。

玄武值官鬼凶险，主盗贼和女人；白虎值官鬼，一定有伤痕和血光。

世爻发动克应爻，我告状；应爻克世爻，他起诉。

子孙发动或子孙持世，官司一定形不成。官鬼持世，官鬼相克，应爻发动而克世，一定有诉讼。

## 斗殴争竞章第九十六

【原文】

彼此相争寻世应，不宜冲克喜相生。

日月克身我必受辱，动爻克应他必遭刑。

应克世者他胜，世克应者我赢。

世空、世破、世动化破，我心怯焉；应动、应旺、应化进神，他得势耳。

卦遇六冲必散，卦逢六合必成。

亦不离乎子孙爻。子孙发动、子孙持世，争斗不成。日月动爻宜于克应，不宜克世。世宜旺动克应及动而化吉，官事必成。

【译文】

占彼此争斗，看世爻和应爻，二者不宜冲克，以相生为妙。

日辰月建克世爻，我必定受辱；动爻克应爻，他必定遭刑。

应爻克世爻，他胜；世爻克应爻，我赢。

世爻旬空、月破、发动化破，我心怯懦；应爻发动、旺相、化为进神，他得势力。

卦遇六冲，必然消散；卦逢六合，必定纠纷。

断法也离不开子孙。子孙发动或持世，争斗不起来。日辰、月建、动爻宜克应爻，不宜克世爻。世爻宜旺相发动而克应爻，宜发动而化吉，主必胜无疑。

## 兴词举讼章第九十七

**【原文】**

**官父同兴，公庭有理；父官克世，受屈含冤。**

世化退神、世空、世破、卦变六冲、世被刑冲，终不成讼。财与子孙发动，克破文书官鬼，亦不成之。

**【译文】**

**官鬼和父母爻一同发动，法庭上得胜；父母与官鬼克世爻，私下里叫冤。**

世爻化退神、落空、月破、卦变六冲、世被刑冲，终究不会造成诉讼。妻财和子孙发动，会克破文书和官鬼，也主构不成诉讼。

## 已定重罪章第九十八

**【原文】**

**福宜旺相，最忌官兴。**

子孙持世、子孙发动，已赴法场，终须赦免。官鬼克世，或官鬼持世又被日月动爻冲克，或世动化凶，虽定轻罪拟改重。

**【译文】**

**子孙爻宜于旺相，最忌官鬼发动。**

子孙持世、子孙发动，即使已赴法场，终究会被赦免。官鬼克世爻，或官鬼持世，又被日辰、月建、动爻冲克，或世爻发动化凶，即使已经被定轻罪，也会改判成重罪。

# 疾病章第九十九

**【原文】**

野鹤曰：人有七情，致生百病，急于问卜，以慰其心。奈何卜筮诸书错舛悖谬，令人反复无定见，既取用神，又用世身，兼用本命？又有不看身命用神，单看卦验，卦得明夷、观、贲、蛊、丰、同人、大畜、需卦，断之必死？又云“死气①、丧门②临本命，早备衾棺”；又云“蛇动主死，虎动主丧”。以星煞六神而断生死，独不思假使恶煞凶神临身守舍，若得用神世身旺相，断之生耶？死耶？余试多年，或生或死，全凭用神，余皆不验。内有不看用神而断生死者，卦变六冲是也。

**【译文】**

野鹤说：人有七情，以至发生各种疾病，急于问卜，来安慰他的心。怎奈卜筮的各种书错舛悖谬，使人反反复复，没有一定的见解，既取用神，又用世身，兼用本命？许多书论断疾病，有不看身命用神，单看卦验的，说得到明夷、大观、贲、蛊、夬、丰、同人、大畜、需卦等，就断为必死；又说“死气、丧门临本命，要及早准备寿衣和棺椁”；又说“螣蛇发动主死，白虎发动主丧”。以星煞和六神而断生死，却不想想，假使恶煞凶神临身，而用神和世身旺相，是断他生还是断他死呢？我试验了多年，或生或死，全凭用神，其余都不应验；不看用神而可以断生死的，只有卦变六冲。

---

①死气：指五行临十二宫中的死位。《易冒·总类章》说：“死气，虽不遇空破，而日月动爻或一再克之，而无明暗之生，亦重于安空……”

②丧门：四柱神煞之一，主孝丧之事。歌诀说：“丧门原是扫帚星，风吹草动心惶惊，人坐家中祸天落，出门在外防贼兵。”查法：年日支前两位为丧门。

**【原文】**

**六冲变冲，久病难于调治；**

久病者，卦逢六冲，卦变六冲，不论用神之衰旺，乃不治之疾也。近病逢之，不药而愈。

**卦变绝克，新病亦主危亡。**

卦变者，亦六冲而变六冲。何其近病亦危？乃因化回头之克也。如巽木变乾金，艮、坤变震、巽，皆谓之“回头相克”，虽非墓绝，亦主危亡。若化比和、化克去及化回头相生，近病吉，久病凶，六冲之故耳。除此冲克之外，必看用神。

**【译文】**

**六冲变冲，属于久病，难于调治；**

占久病而卦逢六冲，卦变六冲，不论用神的衰旺，是不治之症；近病遇到它，不用药就会痊愈。

**卦变绝克，虽是新病，也主危亡。**

卦变也指六冲变六冲。为什么近病也危亡？因为化回头克。比如巽木变乾金，艮、坤变震、巽，都叫回头克，虽然不属于墓绝，也主危亡。如果化比和、化克去及化回头生，主近病吉，久病凶，这是六冲的缘故。除这种冲克的情形之外，都必须看用神。

**【原文】**

**用遇旬空，近病何须忧虑？用逢月破，久病难许安宁。**

自占病，世为用神；占父母弟兄取用神者，皆在《用神章》内详之。用神静而值旬空及化空者，若无日、月、动爻冲克，许之冲空实空之日即愈。倘逢冲克，病虽重而不死。若值月破，须看用神之衰旺，旺则愈于实破之日，及出月而愈；衰而受克者必危。久病用神值旬空月破者，即使用神旺相，亦无法以治之。

野鹤曰：《海底眼》《黄金策》皆云：“主空无救，中道而殂，不分久病近病。”非经验也。

觉子曰：余得验者，近病值旬空，若逢三合六合者，必成久病而终。

【译文】

**主象遇旬空，占近病何必忧虑？用神逢月破，占久病难许安宁。**

自己占病，以世爻为用神；占父母弟兄取用神的方法，都在《用神章》内详谈。用神静而值旬空及化空，如果没有日辰、月建、动爻冲克，主冲空实空的日子痊愈；倘若遇到冲克，病虽重，但不会死。若值月破，须看用神的旺衰，旺相则实破的日子痊愈，及出月痊愈；衰弱而受克的，必然危险。久病而用神值旬空月破的，即使用神旺相，也没法治疗。

野鹤说：《海底眼》《黄金策》都说：“主象旬空而无救护，中途死亡，不分久病还是近病。”这不是经验之谈。

觉子说：我得到应验的是，近病值旬空，如果逢三合六合，必定变成久病，乃至命终。

【原文】

**用化鬼鬼化用，慎防不测，忌化用用化忌，最难调治。**

自占病，不宜世爻变鬼及化回头克；占兄弟妻子，皆不宜鬼变弟兄妻子，及弟兄妻子而变鬼，又不宜兄变财、财化兄、子化父、父化子。

野鹤曰：鬼乃父母之原神，父动化鬼，乃为化生，轻病者即愈；久病者鬼化父、父化鬼，皆主危亡。

或曰：“用神化鬼即为凶兆，假使又值旬空，近病者何以断之？”余曰：“曾有占验，请试详。”

【译文】

**用神化官鬼与官鬼化用神，小心防备不测；忌煞化用神和用神化忌煞，最难调理治疗。**

自己占病，不宜世爻变官鬼及化回头克。占兄弟、妻财、子孙，都不宜官鬼变弟兄、妻财、子孙，及弟兄、妻财、子孙变官鬼；又不宜兄弟变妻财、发财化兄弟、子孙化父母、父母化子孙。

野鹤说：官鬼是父母的原神，父母发动而化官鬼，属于化为相生，轻病的马上就会痊愈。久病的，凡遇官鬼化父母、父母化官鬼，都主危险或死亡。

有人说："用神化官鬼既是凶兆，那么假如又值旬空，近病者怎么决断？"我说："曾有占验，请让我详细说。"

**【原文】**

申月庚寅日，占子近病，得恒之解卦。断曰："鬼变子孙，夭折之兆，幸得子孙值旬空，近病即愈，恐其难过午年。"果在出空之日而愈。辰年占卦，至午年出花而死。

**【译文】**

申月庚寅日，占儿子的近病，得到雷风恒卦，变为雷水解卦：

妻财戌土●●　— —应

官鬼申金●●　— —

子孙午火●　———

官鬼酉金○　———世　　　　子孙午火●●　— —

父母亥水●　———

妻财丑土●●　— —

断卦说："官鬼变子孙，是夭折的征兆，幸而子孙值旬空，主近病马上痊愈，但恐怕他难以活过午年。"果然在出空的日子痊愈。但辰年占卦，到午年又因为出天花而死。

**【原文】**

**动墓绝化墓绝，须凭生旺；日月克动爻克，最怕囚休。**

用神逢墓绝，及动而化墓化绝，全看衰旺。用神旺者何须虑？用神衰者实堪忧。日、月、动爻克者亦看旺衰。旺者冲去克神之日而愈，衰者生助克神之日而危。

**散破无援脱气，忌摇原动仇兴。**

用神临散、遇破及全无生扶或脱气，此四者皆无根蒂，少吉多凶。忌神动克用神，若有原神发动，许之有救；只恐忌神又动，当许凶危。须于《原神章》内详之。

**【译文】**

**墓绝发动，又化墓绝，须凭生旺；日月来克，动爻也克，最怕**

**囚休。**

用神逢墓绝及发动而化墓化绝，全凭衰旺来决断。用神旺相何必忧虑？用神衰弱实在堪忧。日辰、月建、动爻克的也看旺衰。旺相的，冲去克神的日子痊愈；衰弱的，生助克神的日子危险。

**日散月破，全无救援，用神脱气；忌神摇动，原神发动，仇神兴起。**

用神临日散、遇月破及全无生扶或者脱气，这四种情况都属于无根蒂，吉少凶多。忌神发动克用神，若有原神发动，许他有救；只恐怕忌神也发动，这样一来，还主凶险。须在《原神章》内细看。

**【原文】**

**世持官父，病虽轻而难疗；**

此有两说。自占病，官鬼持世，其病难痊。虽得子动克去身边之鬼，目下虽愈，终不断根，不然迟迟又生他病。此之谓“病不离药”。世临官鬼，以临帝旺、长生，必得久远疾病。代占六亲之病，若见官鬼持世，乃犹疑之状，唯喜子孙发动，克去我之犹疑，即使用神衰弱，管许平安。

**【译文】**

**世爻为官鬼或父母，病势虽轻，但是难治；**

这有两种说法。自己占病，官鬼持世，难以痊愈。即使子孙发动，克去身边的官鬼，也主眼下虽然痊愈了，但病根始终不断；不然就是迟迟不好，又添其他病。这叫作“病不离药”。世爻临官鬼，并且临帝旺或长生，疾病必定长久绵延。代占六亲的病，如果官鬼持世，主犹疑的情状，只要子孙发动，克去我的犹疑，就即使用神衰弱，病者也一定平安。

**【原文】**

如申月壬子日占子病，得遁卦。断曰：“令郎今日即愈。”彼问：“何以知之？”余曰：“官鬼持世，忧也。今日子日冲去忧心，管许立愈。”果于本日愈。

觉子曰：如占自身及兄弟妻儿者，此法是也。若占父母之灾，官鬼为父母原神，岂宜子动而伤耶？占夫宜鬼为用神，又岂子动以伤官耶？不唯不能解忧，反添忧也。

【译文】

例如，申月壬子日占儿子的病，得到天山遁卦：

父母戌土● ———

兄弟申金● ———应

官鬼午火● ———

兄弟申金● ———

官鬼午火●● — —世

父母辰土●● — —

断卦说："您的儿子今天就痊愈。"他问："凭什么知道？"我说："官鬼持世主犹疑。今天是子日，冲去忧虑的心情，管保立刻痊愈。"果然当天就痊愈了。

觉子说：如果占自身及兄弟、妻子、儿女，这种方法是对的。若占父母的病，官鬼为父母的原神，怎么会宜于子孙发动而伤克呢？占丈夫以官鬼为用神，又怎么适宜子孙发动来伤官鬼呢？不但不能解除忧虑，反而会增添忧虑。

【原文】

**身临福德，势虽险以堪医。**

亦有两说。自占病子孙持世，不药而痊；临空破者，实空实破之日而愈。代占六亲之病，不必看用神之衰旺，即知其安。何也？子孙乃喜悦之神，只要旺相，若动于卦中者，亦为吉庆。

【译文】

**身位临福德，病势虽险，却还能医。**

对此也有两种说法。自己占病而子孙持世，不用药就会痊愈；临旬空月破的，实空实破的日子痊愈。代占六亲的病，不必看用神的衰旺，就知道他的安好。为什么？子孙是喜悦的爻神，只要旺相，如果在卦中发动，也主吉庆。

【原文】

如寅月乙卯日占妻病，得屯之节。断曰："未日即愈。"彼问："妻财不上卦，何言即愈？"余曰："子孙化子孙，乃喜悦之神，嫌其太旺。许未日愈者，木墓于未，未日而喜悦也。尊妻若不全安，何喜之有？"果午日退灾，未日大愈。

觉子曰：占父母病，子孙持世而动者，克去父母之原神；妻占夫病，子动伤夫，皆非喜悦之神也。须宜通变观之。

【译文】

例如，寅月乙卯日占妻子的病，得到云雷屯卦，变为水泽节卦：

兄弟子水●●　— —

官鬼戌土●　———应

父母申金●●　— —

官鬼辰土●●　— —

子孙寅木×　— —世　　子孙卯木●　———

兄弟子水●　———

断卦说："未日就会痊愈。"他问："妻财不上卦，为什么说马上痊愈？"我说："子孙化子孙，是喜悦之神，但嫌它太旺。许为未日痊愈，是木墓于未，主未日得喜悦。若不是您的妻子痊愈，有什么可喜呢？"果然他的妻子于午日退病，未日大为好转。

觉子说：占父母的病，子孙持世而发动，克去父母的原神；妻子占丈夫的病，子孙发动而伤害夫星，都不是喜悦之神。必须灵活变通。

【原文】

**鬼为长生忌化进，须虑添灾；**

鬼爻发动，病势必重；若长生于日辰，或动化长生，病势必轻。克用神者为忌神，若动化进神，亦同此意。忌神化退，其病渐减。

觉子曰：鬼乃父母之原神，占父母者，其病即愈。鬼乃女人占夫之用神，占夫者亦即愈。

**福摇化克卦反吟，病必反复。**

自占病及占兄弟病，得子孙动者，制服官鬼，其病即愈。倘子孙动而化克，即使病愈，愈后还发，反复之象。卦得反吟者，亦同此意。

【译文】

**官鬼为长生，忌神化进神，须防增添新症；**

官鬼爻发动，病情一定严重；如果长生于日辰，或者发动而化长生，病势必定轻微。克用神的爻为忌神，若发动而化进神，也与这个意思相同。忌神化退神，病症逐渐减退。

觉子说：官鬼是父母的原神，占父母病情，主痊愈。官鬼是女人占丈夫的用神，占丈夫的病情，也主痊愈。

**福德回头克，卦爻遇反吟，小心病情反复。**

占自己的病及占兄弟的病，如果子孙发动而制服官鬼，病就会痊愈。倘若子孙发动而化回头克，即使病一时好了，愈后还会复发。得到反吟卦的，情况也与此类似。

【原文】

**用绝逢生，危而有救；生扶得助，重亦何妨？**

用爻受刑冲克制，但得日、月、动爻有一而生扶者，乃为绝处逢生，临危有救。用神不宜太弱，太弱则体虚卒难痊；但得生扶拱合，虽得重病，亦不至死。

觉子曰：用神亦不宜于太旺，易理贵乎中庸，过犹不及。

【译文】

**用神绝处逢生，危险而有救；衰弱而生扶拱合，严重又何妨？**

用神受刑冲克制，只要日辰、月建、动爻中有一个生扶，就属于绝处逢生，主临危有救。用神不宜太弱，太弱则身体虚弱，终究难以痊愈；但只要得到生扶拱合，即使得了重病，也不至于死。

觉子说：用神也不宜太旺，易理以中庸为贵，过分和不及同样不好。

【原文】

如巳月戊午日自占病，得未济之睽。此公寿逾八旬，占病得此。或曰：“世临日辰，当权得令，又有寅木生之，应不药而愈。”余曰：“过十八壬戌日则无碍矣。”已而果卒于壬戌日寅时。

或问：“卦旺极，何所见而断其戌日之危也？”余曰：“正为旺极耳，器满则倾，理之常也。衰极之老人而得全盛之卦，如日将坠而见霞，灯将烬而放亮，岂能久乎？断壬戌日者，旺火而入墓也，今死寅时者，逢三合也。”

**【译文】**

例如，巳月戊午日自己占病，得到火水未济卦，变为火泽睽卦：

兄弟巳火● ——应
子孙未土●● — —
妻财酉金● ——
兄弟午火●● — —世
子孙辰土● ——
父母寅木× — — 兄弟巳火● ——

这人年纪已经超过八十，占病而得到这样的卦象，有人说：“世爻临日辰，当权得令，又有寅木生它，应该不药而愈。”我说：“过了十八壬戌日就无碍了。”为人后来果然死于壬戌日寅时。

有人问：“卦旺到极处，看到了什么，竟断他戌日危险？”我说：“正因为旺极呀！太阳高到极处就会西斜，容器满了就会倾覆，这是常理。衰弱到极处的老人而得全盛的卦，如同日将坠而见霞光，灯将燃尽而放光亮，怎么能长久呢？断为死在壬戌日寅时，是旺相的火入墓，又逢三合火局的缘故。”

**【原文】**

**用临日月休寻伏，**

卦无用神，得日月作用神者，不必寻伏神，许之即愈。

**伏神衰弱宜再占。**

凡用神不现，再占一卦，前卷《伏神章》中注解明白，宜细味之。

如申月癸亥日，占友痔病，得火水未济。应为用神，月刑日冲，固知亥月不利。予未敢断，令伊亲人再占。

**【译文】**

**用神临日月，不必寻找伏神；**

卦中无用神，得到辰日月建作用神的，不必再寻伏神，就可以许他很快痊愈。

**伏神值衰弱，适宜再次占卜。**

凡用神不出现的，请再占一卦。前文《伏神章》对此说得很明白，应当细心玩味。

例如，申月癸亥日，占朋友的痔病，得到火水未济卦：

兄弟巳火● ———应
子孙未土●● — —
妻财酉金● ———
兄弟午火●● — —世
子孙辰土● ———
父母寅木●● — —

应爻为用神，月建刑，日辰冲，所以亥月一不利。但我没敢径直决断，而是让他的亲人再次占问。

**【原文】**

同日，子占父病，得泽天夬。前卦应临巳火，月刑日克，此卦又是巳父伏于寅木之下。破木不生无焰之火，许之十月必危。果卒于亥月，以亥水冲破无焰之巳火也。

**【译文】**

同一天，儿子占父亲的病，得到泽天夬卦：

兄弟未土●● — —
子孙酉金● ———世
妻财亥水● ———
兄弟辰土● ———
伏父母巳火 官鬼寅木● ———应
妻财子水● ———

前一卦应爻临巳火，月建刑，日辰克；这一卦又是巳火父母伏于寅木的下面。破木不生无焰的火，断为十月必定危险。果然死于亥月，这是由于亥水冲破了衰弱的巳火。

【原文】

又如申月丙子日，自因久病，占此药能去病否？得升之渐。巳午火为子孙，乃变爻也。变爻不能生正卦之世爻，无药可医。况嫌外卦反吟，病多反复。再命亲人占之。

【译文】

又例如，申月丙子日，自己占这药能去久病否，得到地风升卦，变为风山渐卦：

官鬼酉金× ‒ ‒　　兄弟卯木● ——
父母亥水× ‒ ‒　　子孙巳火● ——
妻财丑土●● ‒ ‒世
官鬼酉金● ——
父母亥水○ ——　　子孙午火●● ‒ ‒
妻财丑土●● ‒ ‒应

巳午火为子孙，为变爻。变爻不能生正卦的世爻，主无药可治；外卦反吟，主病情多反复。又让亲人占问。

【原文】

同日子占父病，得益之渐。前卦日辰合世，此卦父值日辰，目下无碍，但嫌土动伤水，又是风雷合卦。震为棺，巽为椁，棺椁俱全矣。然年月未敢定也，再令亲人占之。

【译文】

同一天，儿子占父亲的病，得到风雷益卦，变为风山渐卦：

兄弟卯木● ——
子孙巳火● ——
妻财未土●● ‒ ‒
妻财辰土× ‒ ‒世　　官鬼申金● ——
兄弟寅木●● ‒ ‒
父母子水○ ——　　妻财辰土●● ‒ ‒

前一卦日辰合世爻，这一卦父母值日辰，眼下无碍；只是嫌辰土发动而伤害水，又是风雷合卦。震为棺，巽为椁，棺和椁都全了。但年月还不敢确定，又令亲人占问。

【原文】

同日女占父病，得雷天大壮。前卦占药，巳午子孙为药，至冬令水旺之时，无药可医；二卦子水化辰土回头之克，子月逢之而无救；后卦午火，子月冲克，冬至月是其时矣。果卒于冬至月。

【译文】

同一天，女儿占父亲的病，得到雷天大壮卦：

兄弟戌土●● — —<br>
子孙申金●● — —<br>
父母午火● ——世<br>
兄弟辰土● ——<br>
官鬼寅木● ——<br>
妻财子水● ——应

前一卦占药，巳午子孙为药，到冬令水旺的时候，无药可治；第二卦子水化辰土回头克，子月遇到它，无救；最后一卦午火为用神，逢子月冲克。三卦合断，冬至月是终老的时间。果然死于冬至这个月。

【原文】

又如丑月辛卯日，占子痘症，得大壮之乾。六冲变六冲，花未发而先谢，又是伏吟之卦，皆为凶兆。子孙虽遇生扶，难保其吉也。

【译文】

又例如，丑月辛卯日占儿子出天花，得到雷天大壮卦，变为乾为天卦：

兄弟戌土× — — 兄弟戌土● ——<br>
子孙申金× — — 子孙申金● ——<br>
父母午火● ——世<br>
兄弟辰土● ——<br>
官鬼寅木● ——<br>
妻财子水● ——应

六冲卦又变六冲，就像花还没开就先谢了，又是伏吟的卦，都是凶兆。子孙虽然遇到生扶，但是难保吉祥。

**【原文】**

命再占之，又得艮之升。午火父动克子，虽有制服，不宜鬼变子孙，须防寅日。已而卒于寅日。夫应寅日者，午火父爻长生于寅也；又应前卦申金子孙化伏吟，寅日而冲申也。

**【译文】**

让再次占问，又得到艮为山卦，变为地风升卦：

官鬼寅木○ ——世 子孙酉金●● — —

妻财子水●● — —

兄弟戌土●● — —

子孙申金● ——应

父母午火× — — 妻财亥水● ——

兄弟辰土●● — —

午火父母发动而克子孙，虽然有制伏，但官鬼既变为子孙，须防备寅日不吉。后来果然死于寅日。应验为寅日，是由于午火父母长生于寅；又应前卦申金子孙化伏吟和寅日冲申金。

**【原文】**

又如戌月庚辰日，占父近病，得离为火。断曰："近病逢冲即愈。"彼问应期，余曰："尔再占之。"

**【译文】**

又例如，戌月庚辰日，占父亲的近病，得到离为火卦：

兄弟巳火● ——世

子孙未土●● — —

妻财酉金● ——

官鬼亥水● ——应

子孙丑土●● — —

父母卯木● ——

断卦说："近病逢冲就会痊愈。"他问应验的时间，我说："你再占问一下。"

【原文】

又得大过之困。乙酉日痊愈。酉鬼逢空，出空之日而生亥水。果甲申日起床，乙酉日大愈。

野鹤曰：以上数卦，教人多占之法也。以数卦合而详之，吉凶之日月可知矣。

【译文】

又得到泽风大过卦，变为泽水困卦：

妻财未土●● — —
官鬼酉金● ———
父母亥水● ———世
官鬼酉金○ ——— 子孙午火●● — —
父母亥水● ———
妻财丑土●● — —应

乙酉日痊愈。酉金官鬼旬空，出空的日子生亥水。果然甲申日下床，乙酉日显著减轻。

野鹤说：以上几卦旨在教人多占的方法。以几卦合起来详推，吉凶的日月就可以知道了。

【原文】

丑月丙戌日，自占近病，得比之革。官鬼持世，申金动而克去身边之鬼，及世化亥水回头之生，当许其愈；但世爻随鬼入墓，又值三合，恐成久病。令亲人再占。

【译文】

丑月丙戌日自己占的近病，得到水地比卦，变为泽火革卦：

妻财子水●● — —应
兄弟戌土● ———
子孙申金× — — 妻财亥水● ———
官鬼卯木× — —世 妻财亥水● ———
父母巳火●● — —
兄弟未土× — — 官鬼卯木● ———

官鬼持世，申金发动，克去身边之鬼，及世爻化亥水回头生，当许其痊愈；但世爻随鬼入墓，又值三合，恐怕成为久病。让他的亲人再次占问。

【原文】

同日妻占夫近病，得中孚之兑。卯官为用，化未土空亡，近病化空即愈，但两卦俱值三合，恐成久病而终。彼曰："防在何时？"余曰："未墓空而且破，若占防忧虑患，则破网破罗，容易而脱；今占病者值三合而难痊，明年未月，犹恐填实其墓。"果卒于次年未月。

存此式为后人法者，何也？使人知近病逢空、化空即愈，若值三合者，必成久病而终。

【译文】

同一天，妻妇占丈夫的近病，得到风泽中孚卦，变为兑为泽卦：

| | | | |
|---|---|---|---|
| 官鬼辛卯木○ | ——— | 兄弟丁未土●● | — — |
| 父母辛巳火● | ——— | | |
| 兄弟辛未土× | — —世 | 妻财丁亥水● | ——— |
| 兄弟丁丑土●● | — — | | |
| 官鬼丁卯木● | ——— | | |
| 父母丁巳火● | ———应 | | |

卯木官鬼为用神，化未土空亡，近病化旬空就痊愈；但两卦都值三合局，恐怕变成久病而命终。她问："要防备时候？"我说："未土之墓旬空而又月破，如果占防忧虑患，那么破网破罗，容易摆脱；现在占病，值三合就难以痊愈了。况且恐怕明年未月填实未墓。"果然死于第二年未月。

我保存这一卦作为后人的法式，是为了什么？为了使人知道近病逢旬空、化旬空就会痊愈；如果值三合局，必定变成久病而死去。

【原文】

又如寅月乙酉日，占甥久病，得坤之乾。久病逢冲必死，况六冲变六冲乎？三月必危。果卒于三月。应三月者，酉子为用神，动而逢合之月也；又是冲去戌土，酉金无以为生也。

【译文】

又例如，寅月乙酉日，占外甥的久病，得到坤为地卦，变为乾为天卦：

| | | | |
|---|---|---|---|
| 子孙癸酉金× | — —世 | 兄弟壬戌土● | —— |
| 妻财癸亥水× | — — | 子孙壬申金● | —— |
| 兄弟癸丑土× | — — | 父母壬午火● | —— |
| 官鬼乙卯木× | — —应 | 兄弟甲辰土● | —— |
| 父母乙巳火× | — — | 官鬼甲寅木● | —— |
| 兄弟乙未土× | — — | 妻财甲子水● | —— |

久病逢冲必死，何况六冲变六冲？三月一定危险。果然死于三月。应验在三月，因为这是酉金子孙为用神，发动而逢合的月份；又因为冲去戌土，使酉金无法生存。

【原文】

又如子月丙寅日，自占瘟病，得节之中孚。断曰："子水克世，月建克世，大凶之兆；幸有寅日相生，若肯避瘟于南方，夜卧南床，使火旺而水枯，可保无虞。"果依此行，亥日病势危急，得遇良医，寅日而愈。

彼时瘟疫流行，家家传染，一人同日亦得此卦，余亦传此法以避之。因此人病重，又信旁言病人不可移床，未肯迁移，卒于亥日。

野鹤曰：存前卦者，使知久病逢冲，用神虽临月建，又有戌土之生，亦不能活也；存后卦者，使知趋避之法也。

【译文】

又例如，子月丙寅日占自己瘟病，得到水泽节卦，变为风泽中孚卦：

| | | | |
|---|---|---|---|
| 兄弟子水× | — — | 子孙卯木● | —— |
| 官鬼戌土● | —— | | |
| 父母申金●● | — —应 | | |
| 官鬼丑土●● | — — | | |
| 子孙卯木● | —— | | |
| 妻财巳火● | ——世 | | |

断卦说："子水克世爻，月建克世爻，是大凶的征兆，幸而有寅日相生。如果肯去南方避瘟病，夜里在南床，使火旺而水枯，可以保证无忧。"这人果然照做不误。到亥日病势危急，遇到良医，寅日得以痊愈。

当时瘟疫流行，家家受传染，另一个人在同一天也得这一卦，我也传授同样的方法来避瘟病。但是，因为这人病重，又信别人的话，以为病人不可移床，结果死于亥日。

野鹤说：保存一前卦，是为了让人们知道久病逢冲，用神即使临月建，又有戌土的生扶，也活不下来；保存后一卦，是为了让人们知道趋避的方法。

【原文】

又如丑月乙未日，占子发热是痘否，得兑为泽。法以官鬼旺者是花痘也，余试不验，乃揣摩之说耳，只看子孙之衰旺而已。子孙旺者，是花何碍？此卦日月世爻克子孙，卦得六冲，花未开而先谢，不祥之兆。明早诚敬再占。

【译文】

又例如，丑月乙未日，占儿子发热是不是痘症，得到兑为泽卦：

父母未土●●　— —世

兄弟酉金●　———

子孙亥水●　———

父母丑土●●　— —应

妻财卯木●　———

官鬼巳火●　———

古法以旺相的官鬼为天花，我试过，不应验，属于揣摩的说法罢了。其实只看子孙的旺衰就可以了。子孙旺相，是天花又有什么妨碍？这一卦日辰、月建、世爻克子孙，得到六冲卦，花未开就先谢了，是不祥之兆。请于明天早晨诚敬地再次占问。

**【原文】**

丙申日又占，得大过之涣。父爻发动，虽有制服，而鬼又变子，令郎①须请明人治之。彼问："何处医人为吉？"余曰："古以子孙爻为医人，今既占子病，又不得以子孙爻为医药也，须再占之。"

**【译文】**

丙申日又占问，得到泽风大过卦，变为风水涣卦：

妻财未土× — — 兄弟卯木● ———
官鬼酉金● ———
父母亥水〇 ———世 妻财未土●● — —
官鬼酉金〇 ——— 子孙午火●● — —
父母亥水● ———
妻财丑土●● — —应

父母爻发动，虽然有制伏，但官鬼又变子孙，您儿子须请高明的医生治疗。他问："用哪儿的医生为吉？"我说："古法以子孙爻为医生，现在既占儿子的病，就不能以子孙爻为医药了，必须再次占问。"

**【原文】**

又得临之师。巳火父动克子，北方医人可治。如言请之。

**【译文】**

又得到地泽临卦，变为地水师卦：

子孙酉金●● — —
妻财亥水●● — —应
兄弟丑土●● — —
兄弟丑土●● — —
官鬼卯木● ———世
父母巳火〇 ——— 官鬼寅木●● — —

巳火父母发动而克子孙，北方医生可以治疗。结果依这个占断请了北方医生。

①令郎：敬辞，称对方的儿子。

【原文】

至庚子日痘变，又占得解之归妹。子日冲动午火子孙，遇寅木生之，此卦与前卦不同，已有生机矣。彼曰："今日痘变，意欲延北门一杨姓之医，再占一卦何如？"余曰："'杨'字有'木'，卦中寅木生火，是此人也，不必再占。"果此人治之而愈。

此乃教人延医之法也。

【译文】

到庚子日天花发生变化，又占得雷水解卦，变为雷泽归妹卦：

妻财戌土●●　— —

官鬼申金●●　— —应

子孙午火●　———

子孙午火●●　— —

妻财辰土●　———世

兄弟寅木×　— —　　子孙巳火●　———

子日冲动午火子孙，遇寅木生它，这一卦与前一卦不同，已经有生机了。他说："今天天花有变化，想请北门一位姓杨的医生，再占一卦看怎么样？"我说："'杨'字有'木'旁，卦中寅木生火，是这个人，不必再占了。"果然这人治好了儿子的天花。

这是教人请医生的方法。

# 痘疹章第一百

【原文】

平时而问男女何时出花，鬼爻为用。鬼爻静者逢值逢冲，鬼爻动者逢值逢合。鬼衰逢生旺之年，鬼旺逢墓库之岁。鬼空鬼破，填实之时；鬼若伏藏，出现之岁。

见花而问吉凶，卦忌六冲；兼忌子孙化鬼及鬼化子孙、父化子、子化父。子孙伏而空破，皆非吉兆。

问花之疏密者，鬼动而临日月及动爻生扶，花必稠密；如值空破、休囚、墓绝，痘必疏朗。

**【译文】**

平时而问男女什么时候出花，以官鬼爻为用神。官鬼爻安静的，逢值逢冲的日子；官鬼爻发动的，逢值逢合的日子。官鬼衰弱，逢生旺的年份；官鬼旺相，逢墓库的年份。官鬼旬空月破，填实的时候；官鬼伏藏，出现的年份。

看到天花而问吉凶，忌六冲卦，兼忌子孙化官鬼，及官鬼化子孙、父母化子孙、子孙化父母。子孙伏藏而旬空月破，都不是吉兆。

问花的疏密，官鬼发动而临日辰、月建及动爻生扶，花必定稠密；如果值旬空月破、休囚墓绝，痘必定疏朗。

**【原文】**

**鬼动乾宫，多生头上；鬼摇坤卦，腹上多丛。**

**艮宫多于手，兑宫多于口。**

**坎离上身，震巽下身。**

**火鬼其色红紫，金鬼其色虚白。水鬼须防痘陷。木鬼杂细，土鬼肿大。**

以上四条分占四卦，不可一卦而断之。大抵全在子孙爻也。子孙临日月及日、月、动爻相生，动而化吉，不受刑伤冲克，爻不乱动，花虽密以全生，痘虽陷仍收功。

**【译文】**

**官鬼发动于乾宫，多生在头上；官鬼发动于坤为地卦，多生在腹部。**

**艮宫多在手部，兑宫多在口部。**

**坎离二卦在上身，震巽二卦在下身。**

**火为官鬼，颜色红紫；金为官鬼，颜色虚浮发白；水为官鬼，须防痘花凹陷；木为官鬼，丛杂而细密；土为官鬼，臃肿而硕大。**

以上四条，分四卦来占问，不可以一卦决断。大体全在于子孙爻。

子孙临日辰月建，及日辰、月建、动爻相生，发动而化吉，不受刑伤冲克，爻不乱动，花即使密也可以保全生命，痘即使凹陷结果也良好。

## 病源章第一百零一

【原文】

**火属心经，发热咽干口燥；水归肾经，恶寒盗汁遗精。**

**金肺木肝，土乃病归脾胃；衰轻旺重，动则煎迫身躯。**

**螣蛇心惊，青龙则酒色过度；勾陈肿胀，朱雀则言语癫狂。**

**虎有损伤，女子则血崩血晕；玄武忧郁，男人则阴症临虚。**

野鹤曰：此乃《黄金策》占疾病之首论也。余以为之撞门槌，对俗人而言，不得不以此而断之。若知分占之法，另占一卦以定吉凶，庶有后验。若即以此卦而兼断其生死者，如若有灵，吾不信也。

【译文】

**火属于心经，发热就会咽干口燥；水归于肾经，恶寒就会盗汗遗精。**

**金属肺，木属肝，土病归于脾胃；衰弱轻，旺相重，发动则煎熬身体。**

**螣蛇主心惊，逢青龙则属于酒色过度；勾陈主肿胀，遇朱雀则导致言语癫狂。**

**白虎主损伤，在女子为血崩血晕；玄武主忧郁，在男人是阴症阴虚。**

野鹤说：这是《黄金策》占疾病的首要论述。我以为这是撞门槌，对俗人来说，不得不这样决断。只有知道分占的方法，另占一卦来定吉凶，才会应验。如果以占病的卦兼断人的生死，又说灵验，我是不信的。

【原文】

要知来人而问病，有何所犯，何以治之，及问吉凶如何，我且以发寒发热而妄猜，猜得着者哄此一时，而病人不得趋避之旨，问卦何益？今见此章单言病症，并不言及何法治之。如果心经发热，来人岂不知也？请问其治热者是何法也？无益之论，故尽删之。

余常以来人问病，先命其占吉凶。卦得吉者，许之调理即愈，不必服药求神；卦得凶者，命之延医。卦得鬼动克用神者，命之再占。或占家宅，或占坟茔，务必求其是何所犯，何法治之，庶不负来人之问也。

【译文】

来人问病，要知道有什么触犯，怎样治疗，及问吉凶如何。如果姑且妄猜为发寒发热之类，猜得着就哄骗一时，而病人得不到趋避的方法，问卦还有什么益处？本章只说病症，并不谈及用什么方法治疗，请问如果心经发热，来人怎么会不知道？用什么方法治发热？这是无益的议论，所以完全删去。

我常因为来人问病，先让他占吉凶。得吉卦的，许他通过调理就能痊愈，不必服药或者求神；得凶卦的，就让他请医生。得到官鬼发动而克用神的，又让他再次占问。或者占家宅，或者占坟茔，务必求得有什么防范，用什么办法治疗，这样才不辜负来占问的人。

## 鬼神章第一百零二

【原文】

凡占鬼神，卦中鬼值休囚及空破墓绝，皆非鬼神之害也。官鬼属金旺相者，武神及西方之神；休囚者，刀剑身亡之鬼。鬼临木者，旺者文神及东方之神，衰则倚草附木之妖，或是刑杖悬梁之鬼。水为河海及北方之神，休囚者池井江湖水死之鬼。火鬼火神，乃雷公、电母、窑灶之神；休囚者，汤水焚烧之鬼也。土鬼土神，乃中央之庙及掌管山川社稷之神；休囚者，墙倒屋塌土死之鬼。

【译文】

凡占鬼神，卦中官鬼值休囚，及适旬空、月破、入墓、遇绝，都不是鬼神为害。官鬼属金而旺相的，是武神及西方的神灵；休囚的，是刀剑下死亡的鬼魂。官鬼临木，旺相的是文神及东方的神灵，衰弱的则是倚草附木的妖魅，或是刑杖、悬梁而死的鬼魂。水为河海及北方的神灵，休囚则是在池井江湖中淹死的鬼魂。火为官鬼主火神，即雷公、电母、窑灶的神灵，休囚则是焚烧热烫而死的鬼魂。土为官鬼，主土神，即中央太庙及掌管山川社稷的神灵；休囚，则是因墙倒屋塌而死的鬼魂。

【原文】

古以金、木、水、火、土各分其神。即如金官者，谓之天将关公、金刚伍公、岳公①等神，余以为非。武神者，不可尽数之神也。有敕封者，有未封者，各方土俗不同，书之未载者更多，何得各庙而祭之？须问病人，或于某武神庙中许愿，信而未还，或于何庙秽污作践，心有所疑者，指其神而占之。鬼爻或旺或动，是此神也。如不上卦，再占他处之神可也。鬼值木火水土者，皆用此法。得罪于正神者，香花纸马②祭之；勾惹邪祟之鬼者，用浆纸钱，夜静之时，金鬼者向西送之，水鬼者向北送之。余仿此。

野鹤曰：凡得时灾瘟瘴，照此法而祭送者，余屡验之。倘系疯痨气蛊，既失调于前，酒色伤身，又失慎重于后，与鬼神何干？祭之送之，皆无益矣。唯节饮食，远色欲，息气养神，其病自减。

【译文】

古法以金、木、水、火、土五行来区分鬼神。比如金为官鬼，说是

①金刚伍公、岳公：金刚：指金刚力士，即手持金刚杵，在佛国从事护法的卫士。伍公：指春秋士大夫伍子胥。岳公：指南宋著名抗金将领岳飞。传说两人死后都成了金刚力士。

②纸马：又称甲马、甲马纸，即印有灶君、山神、土主、门神等神灵形像，用于祭送鬼神的纸。

天将关公、金刚、伍公、岳公等神，我以为不对。武神是数不尽的，其中有敕封的，有没封的，各方风俗不同，书上没有记载的更多，怎么能分别在庙里祭祀他们？须问病人，或许在某个武神庙中许了愿，得到保佑后没有酬还，或许在哪座庙中用污秽作践。心里有所疑惑，就指定那位神来占问，如果官鬼爻或旺相或发动，主就是这位尊神；如果不上卦，再占其他处的神灵就是了。官鬼值木、火、水、土，都用这个方法。得罪了正神的，用香花纸马祭祀；倘若招惹了邪祟鬼类，就用纸钱，在夜静的时候祭送。金为官鬼就向西方祭送，水为官鬼就向北方祭送。其他依此类推。

野鹤说：凡得流行病、瘟病或瘴疠，照这个办法而祭送，我屡次得到应验。倘若是神经错乱、痨病，因为气恼得病，被人下了蛊毒，既然以前已经失去调理，被酒色伤害了身体，现在又不慎重，与鬼神有什么相干？祭送也没有益处，只有节制饮食，远离色欲，息气养神，病才会减退。

**【原文】**

余游遍江湖，曾历滇、黔、蜀、粤，彼方不服药，专信神鬼，先用三牲五牲①，后至杀牛宰马，一次不愈，甚至二三十次，因病致穷者多矣。殊不知害他命而救命，其罪愈彰。所以屡见害性命之多者，终不能救而死，可不戒欤？今下路读书人，亦信此邪神者，余实不解。神农尝百草②遗救生灵，未闻有何圣贤，教人宰牲命以救命也。

李我平曰：《易冒》以鬼临金者为关公岳王，《补遗》又以青龙神为寿亭候，第不知关公之前，金鬼与青龙是何神也？又曰“祭者降以福，不祭者降以殃”，此乃作福作威之邪神也，正直之神何得有此？此书通前彻后，无一不合于理，独此《疾病章》中亦言鬼神之事，余实不服。疑因今人问病，开口先问鬼神，不得不从俗耳。智者察之。

---

①三牲五牲：牲指用来祭祀的牺牲。三牲指马、牛、羊，五牲一般指牛、羊、猪、犬、鸡。

②神农尝百草：传说中农业和医药的发明者。神农发明制作耒、耜，进行农业生产；又遍尝百草，发现药材，医治疾病。

**【译文】**

我游遍江湖，曾游历云南、贵州、四川、广东，那些地方不服药，专信神鬼，先用三牲五牲，后来至于杀牛宰马，一次不愈，甚至二三十次，因为生病而导致穷困的人很多。殊不知害其他性命而救自己的命，其罪过越发严重。所以屡见害性命多的人，终究无法救治，可以不戒止吗？现在，末路的读书人竟也信这些邪神，我实在不理解。神农尝百草，留下救疗生灵的方法，没听说有哪一位圣贤曾经教人宰杀畜生来救自己的命。

李我平说：《易冒》以官鬼临金爻为关公和岳王，《易林补遗》又以青龙神为寿亭候，但不知在关公以前，金鬼与青龙是什么神？又说："祭者降给幸福，不祭者降给灾殃"，如果真是这样的话，就是作福作威的邪神了，正直的神怎么会这样？这本书通前彻后，没有一处不合理，只有这《疾病章》也谈鬼神的事，我实在不服气。疑心是因为现在的人问病，开口就先问鬼神，不得不从俗罢了。请智者加以考察。

# 延医章第一百零三

**【原文】**

野鹤曰：有人而问余曰："问卜以求神，延医而服药，有是理乎？"余曰："若无此理，伏羲画卦、神农尝药，作何事耶？"彼曰："然则又有不能救者，何也？"余曰："有根者可以救之，无根者则不能也。人之星辰过宫①，或是交运脱运，谓之'移花接木之年'。移其有根之花木者，上则遮盖，下宜浇溉，则活矣；不浇不溉，见日则枯。服药求神者，即此意也。若使无根之木、无蒂之花，虽浇虽溉，亦无益矣。"

---

①星辰过宫：指本命星过周天十二宫，在六爻占卜中体现为本命与十二支相遇，如子为本命忌寅申，丑午本命忌丑午，寅卯本命忌巳亥之类。

自占求医，应爻为医。人代六亲而求医者，亦以应为医人。

【译文】

野鹤说：有人而问我说："问卜就要求神，请医生就要服药，有这个道理吗？"我说："如果没有这个道理，伏羲画卦，神农尝药，为了什么呢？"他说："但是又有不能救的，这又为什么？"我说："有根蒂的可以救治，无根蒂的就不能治了。人的星辰过宫，或者是交运脱运，叫作'移花接木的年份'。移有根的花木，上面有遮盖，下面宜于浇水灌溉，这样就活下来了；不浇水不灌溉，见到太阳就会枯萎。服药求神也是这个道理。如果是无根的木、无蒂的花，即使浇水灌溉也没有用。"

自己占求医，须以应爻为医生。人代六亲来求医的，也以应爻为医生。

【原文】

**鬼作忧神休妄动，福为喜悦要生扶。**

自占代占，鬼虽犹疑之神，若持世及动于卦中，得子孙动而制之，此医可请，手到成功。若得子孙临应爻者，乃名医也。其故何也？子孙乃制鬼之神，非真正能却魔之神也，乃先去忧神，我无忧也。

【译文】

**官鬼主犹疑，不可妄动；子孙兆喜悦，需要生扶。**

无论自己占还是代别人占，官鬼虽是主犹疑的爻神，但只要持世及发动在卦中，有子孙爻发动来制伏，这医生就可以请，一定会妙手回春。子孙临应爻主名医。为什么？因为子孙是克制官鬼的爻神，不是真正的能击退病魔的爻神，只是先克去犹疑神，使人无忧罢了。

【原文】

**应作医人，不宜空破墓绝；**

应爻空破、墓绝、休囚、衰弱，或旺相而被日月动爻冲克，或动化鬼、化绝、化回头克，药不见效。

**子孙克鬼，最喜旺相生扶。**

子孙临世应，或发动于卦中，亦要旺相，不受刑冲克害，不逢破墓绝空，药必见效。子动化鬼化克，其药不精。子动化空，实空之日有效。子动化生、化旺、化进神者，其药更灵。古以子孙动化子孙，其药必杂，非也，子动化子而旺相者，另改药品，即比仙丹。

【译文】

**应爻为医生，不适宜空破墓绝；**

应爻值空破、墓绝、休囚、衰弱，或旺相而被日辰、月建、动爻冲克，或发动而化官鬼、化绝、化回头克，主所服的药无效。

**子孙克官鬼，最喜欢旺相生扶。**

子孙临世应二爻，或发动在卦中，也要旺相，不受刑冲克害，不逢月破、入墓、遇绝、旬空，这样药一定见效。子孙发动而化官鬼，或化回头克，主用药不确切。子孙发动而化空亡，到填实空亡的日子才能见效。子孙发动而化生扶、化帝旺、化进神，药非常灵验。古法以为子孙发动而化子孙，用药一定芜杂，这是不对的。子孙发动化子孙而旺相，预示只要改换药品，效验就可以与仙丹相媲美。

【原文】

**医克用爻，近病即愈；**

自占病，应爻克世者，克制我之病也。应爻克用神，亦如此断，惟不宜乎久病及体弱之人，非独克病，身亦受其伤矣。应爻临兄鬼而克用神，及克世爻者，不拘近病久病，必遭其害。

**父爻持世，妙药难调。**

自占病，父持世，药不见功，宜于静养，远色欲，息气恼可也。兄弟持世，有子孙动于卦中者，医可延之，惟嫌鬼旺鬼兴，误服药饵。财爻持世，切勿误食肥甘。旺相遇生扶，良医有觅；休囚逢冲克，无药可医。

【译文】

**医爻克用神，近病则立刻痊愈；**

自己占病，应爻克世爻，主病克制我，应爻克用神也这样断；只是不适用于久病及身体过于衰弱的人，因为不只克制疾病，身体也会受伤。应爻临兄弟和官鬼，而克用神、克世爻，不论近病还是久病，必然受害。

**父母持世爻，妙药也难以调治。**

自己占病，如果父母持世，主药不见效，应当静养，只要远离色欲，平心静气就可以了。兄弟持世，而有子孙爻在卦中发动，应当再请医生，只是忌官鬼旺相发动，以致误服药饵。妻财爻持世，千万不要贪食甘美或油腻的东西。子孙旺相而遇生扶，主能够请到良医；休囚而逢冲克，则既无医生可请，也无药可治。

**【原文】**

**子不代父以占药，妻不代夫而卜医。**

子占父宜父爻旺相，占药占医又以子孙为用神，父旺以伤子也。一爻不能两用。妻占夫宜官鬼旺相，占医占药又以子孙为用神，子旺又能伤夫，所以不能代占医也。

**延医于子孙之方，治病以病爻为定。**

卦中子孙爻旺者，延医于子孙之方。且如午火子孙，或旺或动，请南方之医。余仿此。

卦中子孙休囚空破者，又看应爻旺否，若得应爻旺，应生合用神，即于应爻之方请之。且如应爻申金，名医必在西南。余仿此。

如卦中有一爻独发，而生用神者，又以此方而延医。

**【译文】**

**儿子不代父亲占药饵，妻妾不替丈夫卜医生。**

儿子占父亲，宜于父母爻旺相，但占医药以子孙爻为用神，父母旺相就会伤害子孙，所以一爻不能用在两处。妻妾占丈夫，宜于官鬼爻旺相，但占医药以子孙爻为用神，子孙爻旺相就会克害丈夫，所以不能替丈夫占医生。

**请医生看子孙的方位，治疾病以官鬼为根据。**

卦中子孙爻旺相，应当去子孙爻所值的方位请医生。比如午火为子孙，或旺相或发动，都应当请南方的医生。其余依此类推。

卦中子孙休囚、旬空、月破，就看应爻是否旺相。如果应爻旺相，生合用神，就去应爻的方位去请。比如应爻为申金，名医一定在西南方。其他依此类推。

如果卦中一爻独发而生用神，又以独发的方位为请医生的方位。

【原文】

**不起之症，卦中不现其医；立愈之灾，爻中不报用药。**

屡见占医之卦，无药可医之症者，神不现其医矣。若非用神化鬼、鬼化用神，即是忌神化六亲、化忌神，及用神化绝、化克、化墓。久病逢冲、逢空、随鬼入墓，此皆无药可医也。病之即愈，神亦不现其医。近病者，若非卦得六冲，即现用神值旬空，或用神化回头生，自占者子孙持世，此皆不药而愈也。

【译文】

**无法治疗的病，卦中不体现医药；立刻痊愈的病，爻象不告诉药品。**

屡见占医生的卦和无药可治的病，医生的用神就是不出现。不是用神化官鬼、官鬼化用神，就是忌神化六亲、化忌神，以及用神化绝、化克、化墓。占久病而逢冲、逢空、随鬼入墓，这些都主无药可治。不过病马上就会痊愈，医生的用神也不出现。占近病，不是卦得六冲，就是用神值旬空，或用神化回头生，自己占则子孙持世，这些都主不用服药就会痊愈。

# 医卜往治章第一百零四

【原文】

大抵与医卜相仿。世为己，应爻为病人。若得世爻旺相，子孙、财爻持世，世生应爻，世爻动化进神，化回头生，日月动爻临财星、子孙而生世，此皆手到病除。

近病者，应值旬空，或动而化空，化回头生，化旺，化退神，或日月动爻生应爻，及卦逢六冲，卦变六冲，此皆宜速往救，勿令他人先到以成功也。久病者，应爻旺相，或逢日月动爻相生，或动而化生，化旺，应临子孙，应临财动生世，虽然病久，我必除根。除此外，皆不宜往，徒损盛名。

【译文】

医生占是否前去治疗，方法大致与占医生相仿。世爻为自己，应爻为病人，如果世爻旺相，子孙或妻财爻持世，世爻生应爻，世爻发动化进神、化回头生，日辰、月建、动爻临妻财，或子孙而生世爻，这些都主手到病除。

占近病，应爻值旬空，或发动而化旬空、化回头生、化帝旺、化退神，或日辰、月建、动爻生应爻，及卦逢六冲、卦变六冲，这些都主适宜迅速前往救治，不要让别人先到而取得成功。占久病，应爻旺相，或逢日辰、月建、动爻相生，或发动而化生扶、化帝旺，或应爻临子孙，应爻临妻财发动而生世爻，遇到这些卦象，对方虽然属于久病，但我一定能除去病根。除这些情形之外，都不宜前去，以免白白降低自己的声誉。

【原文】

野鹤曰：诸书无不以官为鬼为病，应为医人，子孙为药，理固然也。但此官鬼者，非鬼非病，乃忧神耳。占子病者，父母爱子之心，未病忧疾，况已病乎？自占病者，性命在呼吸之间，且一人不起，举室惊惶，谁不忧乎？此官鬼者，即一家之忧神也。唯解此忧者，乃赖子孙爻也。

【译文】

野鹤说：占卜书无不以官鬼为鬼为病，以应爻为医生，以子孙为药，按照道理，这是当然的。但是这官鬼不是鬼也不是病，只是犹疑之神罢了。占儿子的病，父母因为爱儿子，儿子还没有生病就忧虑了，何况已经生病呢？占自己的病，性命在一呼一吸之间，而且只要有一个人无救治，全家都感到惊惶，谁不犹疑呢？这官鬼就是一家的忧神，解除这个犹疑要靠子孙爻。

【原文】

如午月甲寅日，一人病在危笃，医家不治，迎余到宅，见有三十余人，至亲泪眼不干，密友愁容可掬，此非一家之忧乎？及至弟占兄病，得屯之中孚卦。余即笑而言曰：“列位放心。今日半夜退灾，明日卯日即起床矣。”大小一门愁容变喜。此卦中之子孙爻者，是药耶？是解忧之神耶？许即愈者何也？此人虽是险症，其实近病，子水兄爻值旬空，近病逢空即愈。值半夜子时而不空也。

或曰：“近病逢空，何不许冲空之午日，实空之子日？”余曰：“因子水化卯木，子孙世爻又临寅木子孙，化卯木子孙，次日即是卯日，正一家解忧释疑之时，所以许半夜实空之时也。”果于子时退灾，次日起床。此何尝用药而制鬼耶？

【译文】

例如午月甲寅日，一个人病情危重，医生不肯治了，把我请到家里。我看见家中有三十余人，至亲们泪眼不干，关系密切的朋友愁容满面，这难道不是全家的忧患吗？及至弟弟占兄长的病，得到云雷屯卦，变为风泽中孚卦：

兄弟子水× ▅ ▅　　子孙卯木● ▅▅▅

官鬼戌土● ▅▅▅应

父母申金●● ▅ ▅

官鬼辰土●● ▅ ▅

子孙寅木× ▅ ▅世　　子孙卯木● ▅▅▅

兄弟子水● ▅▅▅

我笑着说而：“各位放心。今日半夜退病，明天卯日，就起床了。”听了这话，一家大小的愁容变成了喜色。卦中的子孙爻，是药还是解忧之神呢？许他马上痊愈又是为什么呢？这人虽然得的是危险的病，其实是近病。子水兄弟值旬空，近病逢空就痊愈，而值半夜子时就不空了。

有人说：“近病逢旬空，为什么不许作冲空的午日、实空的子日呢？”我说：“因为子水化卯木，子孙世爻又临寅木子孙而化卯木子孙，第二天就是卯日，正是一家解忧释疑的时候，所以许为半夜实空的时候痊愈。”果然于子时退了病，第二天就起床了。这哪曾用药来制伏官鬼呢？

【原文】

余再取舟中阻风之例言之，而子孙为解忧之神，愈可知矣。

曾过洞庭阻风，同行者于卯月辛丑日，占何日顺风，得剥之观。彼断曰："'若论风云，全凭兄弟'，又云'木动生风'。卦中寅卯不动，幸而旺相，兄爻申金伏于世下，今日申时出而冲动寅木，必有顺风；不然明日寅日冲出申金兄爻，一定开舟。"余笑曰："此时大风大雨，何尝无风？"彼曰："我问者，顺风也。"余曰："似此断法，正没把鼻。夫占天时之旱涝，以木爻兄爻为风云，今已登舟，岂可执此为法？尔问我阻风于此，焦心如焚，能解我辈之忧者，乃子孙之爻耳。此卦子孙持世而化空，连朝风雨，只待出空而后晴，子孙出空之日，开船解我之忧矣。"果于乙巳日大晴，风恬浪静，尚无顺风。次日丙午，一日顺风，竟过湖矣。顺风顺水，畅饮开怀，得非子孙之力，释我之忧耶？彼曰："卜书从来无此论，必有秘传。"余曰："昔亦以木兄而断，屡试不验，因见子孙值日以开舟而风顺者，比比皆然，遂悟出此理耳。"彼又问："子水子孙化巳空，巳日已开舟矣，何故至丙午日而始得顺风？"余曰："此卦占于丑日，子水到巳日虽则出空，还被日辰合住，故必待丙午日冲开，方遇顺风也。此子孙者，不犹夫《疾病之篇》以子孙为解忧之神者？理一而已。"

【译文】

我再拿在船中因风受阻的例子，来说子孙为解忧之神，就更明确了。

曾经过洞庭湖而因风受阻，同行者于卯月辛丑日占哪一天得顺风，得到山地剥卦，变为风地观卦：

妻财寅木● ——

子孙子水× — —世　　　官鬼巳火● ——

父母戌土●● — —

妻财卯木●● — —

官鬼巳火●● — —应

父母未土●● — —

他断卦说："'如果推论风云，完全依据兄弟'，又说'木动生风'。

卦中寅卯木不动，幸而旺相，兄弟申金伏藏在世爻下，今天申时出现而冲动寅木，必定有顺风；不然明天寅日冲出申金兄爻，一定开船。”我笑道：“现在大风大雨，哪里是没有风？”他说：“我问的是顺风。”我说：“这样的断法，恰恰没有把握。占天时的旱涝，以木爻兄弟爻为风云，现在已经登船，怎么可以用这方法？你问我因风阻遏在这里，焦心如焚，能解我们的忧的是子孙爻。这一卦子孙持世而化旬空，主连日风雨，只等出空后才晴天。子孙出空的日子，就开船解我的忧了。”果然于乙巳日大晴，风恬浪静，但是还没有顺风。第二天丙午，一天顺风，竟过了湖。顺风顺水，畅饮开怀，不是子孙的作用，解了我的忧愁吗？他说：“占卜书从来没有这种说法，必有秘传。”我说：“过去也以木爻和兄弟决断，但是屡试而不应验；因为见子孙值日而开船而风顺的情况比比皆是，这才悟出这个道理。”他又问：“子水子孙化巳火旬空，巳日已经开船了，为什么到丙午日才得顺风？”我说：“这一卦占于丑日，子水到巳日虽然出了空，却还被日辰合住，所以必须等到丙午日冲开，才遇到顺风。这子孙爻不正像《疾病之篇》一样，以子孙为解忧之神吗？道理是一个。”

**【原文】**

又如，一日时值初更，叩门入曰：“家小主有病，相迎占卜。”余问得病源，自山东方回，顷刻得病。余即自占一卦。于未月壬子日，占此行有益否？得节之比。巳火财爻持世，子动生世。子孙乃喜悦之神，此行有益。及到伊家，值医捡药，其父卜之。

**【译文】**

又例如，一天时值初更，有人叩门说：“家中小主人有病，请您去占卜。”我问明了病源，原来是从山东才回来，顷刻间就得了病。我当即自占一卦。

于未月壬子日，占这次前去有益吗，得到水泽节卦，变为水地比卦：

兄弟子水●● — —
官鬼戌土● ———
父母申金●● — —应
官鬼丑土●● — —
子孙卯木○ ——— 妻财巳火●● — —
妻财巳火○ ———世 官鬼未土●● — —

巳火妻财爻持世，子孙发动生世爻。子孙是喜悦之神，这次前去有益。等到了他家，正值医生在捡药。他的父亲卜问。

**【原文】**

壬子日占子病，得解之坎卦。余见此卦生疑：近病得六冲，不死之症；却是子孙变鬼，必死之症。不敢断之，再请亲人卜之。

**【译文】**

壬子日占儿子的病，得到雷水解卦，变为坎为水卦：

妻财戌土●● — —
官鬼申金× — —应 妻财戌土● ———
子孙午火○ ——— 官鬼申金●● — —
子孙午火●● — —
妻财辰土● ———世
兄弟寅木●● — —

见了这一卦，我不免生疑：近病得到六冲卦，主不死的病；却是子孙变官鬼，主必死之症。不敢决断，又请亲人卜问。

**【原文】**

叔占侄病，得坤卦。又见六冲，知不死矣。问有旧病否，彼曰："从无病根，便自山东一路而来，亦无病起。适间日落之时，忽而满床乱滚，口不能言。"余曰："既无旧病，余敢保之即愈。"

**【译文】**

叔父占侄儿的病，得到坤为地卦：

子孙酉金●●　— —世

妻财亥水●●　— —

兄弟丑土●●　— —

官鬼卯木●●　— —应

父母巳火●●　— —

兄弟未土●●　— —

又遇到六冲卦，知道不会死了。问有旧病没有，他说："从无病根，即便从山东一路而来，也没生病。刚才日落的时候，忽然满床乱滚，不能说话。"我说："既没有旧病，我敢保证痊愈。"

**【原文】**

再请医者卜之，得井之明夷卦。应为病人，世克应爻还不妨，乃是克制病人之病也。但不宜应爻化回头克，定是用药有误。余问东家："药曾吃否？"答曰："未熟。"问医者曰："所得何病，所下何药？"伊曰："三伏天途中受暑，不过解暑之凉药耳。"余私对东家曰："令郎不死，却得必死之卦，恐此药未必对症。"再请复看，医者曰："床上乱滚，不能把脉。"遂以家人问途中如何。家人言曰："到家热极，移床于此有风之处，再用大冰二块安于凉床之下，命婢女掌扇。一觉睡熟，忽然醒来，叫唤几声，即不言矣。"余想热极之人卧冰临风，久旷之夫使婢掌扇，其病可知。医者亦曰："适看病已扶入房矣，不知此节事，看来寒药实可不服。"余曰："径用附子、肉桂方可治之。"更命伊父占之。

**【译文】**

再请医生卜问，得到水风井卦，变为地火明夷卦：

父母子水●●　— —

妻财戌土○　——世　　父母亥水●●　— —

官鬼申金●●　— —

官鬼酉金●　——

父母亥水○　——应　　妻财丑土●●　— —

妻财丑土×　— —　　兄弟卯木●　——

应爻为患者，世爻克应爻还不妨，是克制患者的病，但应爻化回头克，一定是用药有误。我问东家："曾经吃药没有?"答曰："还没有煎好。"我问医生："得的是什么病？下的是什么药?"医生说："三伏天途中受暑，不过解暑的凉药罢了。"我私下对东家说："你儿子不会死，却得到必死的卦，恐怕这药未必对症。"再请重新看，医生说："在床上乱滚，没法把脉。"于是叫家人，问途中怎么样。家人说："到家热极了，把床挪到有风处，又把两块大冰放在凉床下，让婢女掌扇。然后熟睡了一觉，忽然醒来，叫唤几声，就不说话了。"我想热极的人卧在冰床上而又临风，再考虑到久不亲近女色的男人使婢女掌扇，他的病就可以知道了。医生也说："刚才看病，已经扶入房了，不知道这一节事，看来寒药确实可不服用。"我说："径直用附子、肉桂才可以治好。"又让他的亲父占问。

**【原文】**

壬子日占用附子可否，得大有之大畜。子孙临日辰，酉金兄动以相生，服用一剂，保管立愈。医家先用干姜汤试之，少刻开言肚疼之甚。余曰："何如？快服此药。"医家加减调理一夜，次日早愈。

此人之不死也，因我出门子孙发动一卦而断定矣。厥后连占数卦，合而参之，方敢用大热之剂起死回生。不然，一剂凉药，寒上加寒，能于活耶？

**【译文】**

壬子日占用附子可否，得到火天大有卦，变为山天大畜卦：

官鬼巳火● ——应

父母未土●● — —

兄弟酉金○ —— 父母戌土●● — —

父母辰土● ——世

妻财寅木● ——

子孙子水● ——

子孙爻临日辰，酉金兄弟发动而相生，服用一剂药，保管立刻痊愈。医生先用干姜汤试验，不一会儿开了口，说肚子疼得很。我说：

“怎么样？快服这药。”医生加药减药，调理了一夜，第二天早上痊愈。

这人不会死，我出门时子孙发动那一卦已经断定了。此后连占数卦，合起来参详，才敢用大热的药来起死回生。不然，一剂凉药，寒上加寒，还能活吗？

【原文】

觉子曰：此卦酉金动以生子孙，服此热药而病愈，若使前贤见之，又以酉金兄爻而为药矣！

李我平曰：凡卜药，亦有占卜之道，或医家看临危之症，欲投此药，可以起死回生，唯恐一失，关系不小。得子孙动者，必喜悦也，即可用之，用而必效。或泛海行舟，或长途羁旅，无处寻医，有人传一奇方，占得子孙动者，其方必效。半夜更深，延医不及，检点古方及家藏丸药，实对此症，不敢擅用，不可不占，皆以子孙为用神。但得子孙持世，子孙发动，服之立可解忧。

此诸占之子孙者，不拘金木水火土也，或旺或动，即为喜悦之神。用此方而见效，不然何喜之有？切不可又以金临子孙而用针，火属子孙而用灸，错也误也！

【译文】

觉子说：这一卦酉金发动而生子孙，服这热药而病愈，假使前代的贤人见了，又会以酉金兄弟爻为药了！

李我平说：凡占药，也有方法。医生见病已临危，要用某种药起死回生，但唯恐有失误，那样的话关系不小。这时得到子孙发动的卦，一定喜悦，用了一定见效。或者泛海行船，或者长途羁旅，无处寻找医生，有人传一个奇方，占得子孙发动的，奇方必定见效。半夜三更，来不及请医生，检点古方及家藏的丸药，确实对症，又不敢擅用，这时不可不占问，而占问须都以子孙爻为用神。只要得到子孙持世或子孙发动，服用后可以立刻解忧。

这几种情况下的子孙爻，不论金木水火土，或者旺相或者动发，就是喜悦之神，用这方就见效，不然有什么可喜？切不可又以金临子孙而用针，火属子孙而用炙，那是错误的。

【原文】

一日到一府中，众客告曰：老先生昨日在后园仆倒，扶起，口出狂言，至今不知人事。适间诸位医者内，有曰："不服人参不能提气。"有曰："幸无痰上，若吃人参痰上则难治矣！"余曰："就卜人参吃得否。"

寅月丁卯日子占父病，人参吃得否，得萃之否。占人参必以子孙为用神。若不通变，见卦中父动克子孙，不过曰"人参不可服也"。余非此断。子占父病，父爻为用神，未父化戌父，戌父旬空，人参勿用，药亦勿服，明日辰日冲空即愈。果于鸡鸣时苏醒，次日不药而愈。

【译文】

一天，到一座府中，众客人告诉我：老先生昨天在后园摔倒，扶起后口出狂言，到今天还不省人事。刚才各位医生中，有的说："不服人参不能提气。"有的说："幸而无痰涌上来，如果吃人参而痰涌上来，就难治了！"我说："就占人参吃得与否。"

寅月丁卯日儿子占父亲的病，人参吃得否？得到泽地萃卦，变为天地否卦：

父母未土× — —　　父母戌土● ——

兄弟酉金● ——应

子孙亥水● ——

妻财卯木●● — —

官鬼巳火●● — —世

父母未土●● — —

占人参一定以子孙为用神，但是如果不懂得变通，见卦中父母发动克子孙，就会说人参不可服用了。我不这样断。儿子占父亲的病，父母为用神，未土父母化戌土父母，戌土父母旬空，人参不要用，药也不要服，明日辰日冲空就痊愈了。果然于鸡鸣时苏醒过来，第二天没用药就痊愈了。

【原文】

又如一日在席间，忽而东翁口歪眼斜，痰涎长流。余亦在座，令郎问曰："家有牛黄，但不知可服否？"余命占之。亥月辛酉日子，占父病吃牛黄丸可否，得夬卦。余曰："喜子孙持世，灌服此丸可保立愈。"服之果醒。或曰："同是子占父药，一卦看父爻，一卦用子孙，其故何也？"余曰："前卦父爻发动，神兆机于动，以父母断之；后卦子孙持世值日辰，子孙乃喜悦之神，父病即安则喜悦矣。卦无不灵，在人通变。"

【译文】

又例如，一天在席间，忽然东家老翁口歪眼斜，痰涎长流。我也在座，儿子问道："家中有牛黄，但不知可不可以服用？"我让他占问。亥月辛酉日，儿子占父亲的病，吃牛黄丸可以吗？得到泽天夬卦：

兄弟未土●● — —

子孙酉金● ——世

妻财亥水● ——

兄弟辰土● ——

官鬼寅木● ——应

妻财子水● ——

我说："且喜子孙持世，灌服这丸药可以保证立刻痊愈。"服后果然醒了。有人问："同样是儿子占父亲用药，一卦看父母爻，一卦用子孙爻，这是什么缘故？"我说："前一卦父母爻发动，神兆示机微于动爻，所以据父母爻决断；后一卦子孙持世而值日辰，子孙是喜悦之神，父亲的病痊愈就喜悦。卦没有不灵的，在于人的通变。"

【原文】

又如申月癸卯日，因杨梅疮占医好否，得履之否卦。断曰："此医不可用之。虽系子孙持世，应为医人，不宜应爻巳火克申金，又有卯木生火，世爻虽旺，巳日一定添灾。"不听，竟延此医治之。卯辰日服药还保平安，巳日忽然变症，遍身疼痛难当。病人着急而问余曰："可伤命否？"余曰："世值月建，如何伤命？速服解药，过此巳午日则止疼矣。"即服解药，至申日其病如常。

【译文】

又例如，申月癸卯日占治杨梅疮，得到天泽履卦，变为天地否卦：

| | | | |
|---|---|---|---|
| 兄弟戌土● | ——— | | |
| 子孙申金● | ———世 | | |
| 父母午火● | ——— | | |
| 兄弟丑土●● | — — | | |
| 官鬼卯木○ | ———应 | 父母巳火●● | — — |
| 父母巳火○ | ——— | 兄弟未土●● | — — |

断卦说："这医生不可用。虽然是子孙持世，但是应爻为医生，不宜应爻巳火克申金，又有卯木生火，所以世爻虽然旺，巳日一定添病。"占问者不听，竟请这位医生治疗。卯辰日服药还平安，巳日忽然发生病变，全身疼痛难当。病人着急地问我："会伤害性命吗？"我说："世爻值月建，怎么会伤害性命？快服解药，过了巳午日，疼痛就停止了。"当即服解药，到申日他的身体已经恢复正常。

【原文】

野鹤曰：前篇俱言子孙持世，其病即愈。必要子孙不受克可也，后贤不可不知。

李我平曰：此论官鬼为忧神，子孙为喜悦解忧之神，虽系古法，用之而当，非合鬼神之机，不能幻想至此。然又有不以鬼作忧神者，全在来人念之所指。彼问病之吉凶，若得鬼之持世，鬼动卦中，则为忧神；子孙扶世，子孙发动，则为解忧喜悦之神是也。彼问犯何鬼神者，卦现金鬼，必冲犯于武神；水神者，获罪于河神也。彼问病源，火鬼必属心经，水鬼必居肾部。

子孙旺而动者，不药而愈，非教人以此子孙为治病之药也。往往前贤见此子孙旺动，占病病愈，占医医良，错以此子孙爻为治病之药。金持子孙而用针，火持子孙而用灸。殊不知子孙若旺，其病自痊，何用针灸？子孙若值空破，用针灸而何益？

【译文】

野鹤说：前一篇都是说子孙持世，病就会痊愈，但是子孙必须不受克才行。对此，后人不可以不知道。

李我平说：所谓官鬼为忧患之神，子孙为喜悦解忧之神，这虽然是古法，但是如果不合乎鬼神的道理，就不能幻想有多么灵验。不过，又确有不以官鬼为忧患之神的情形。是否以官鬼为忧患之神，全在来人的念头的指向。来人问病的吉凶，如果官鬼持世、官鬼发动于卦中，则是忧患之神；子孙扶世爻、子孙发动，则为解忧喜悦之神。他问犯什么鬼神，卦中出现属金的官鬼，必主冲犯了武神；出现了水神，必主得罪了河神。他问病源，火为官鬼的，必主病在心经；水为官鬼的，必主病在肾部。

子孙旺相而发动，不用药就会痊愈，但这不是教人以子孙为治病的药。往往前贤以为子孙旺相发动，占病主痊愈，占医生主高明，就错以子孙爻为治病的医生和药，甚至以为子孙属金就用银针，子孙属火就用灸法，却不知道子孙旺相，病体自会痊愈，哪里用得着针灸？子孙若值旬空月破，用针灸又有什么用呢？

【原文】

诸书皆曰："土鬼忌热，水鬼忌寒，水鬼若居生旺之地，须用大热之药以治之，火鬼旺者，宜大寒之药以攻之。"余不知从何见。假使用神属土及子占父病，父爻临土，若得火鬼发动，乃生用爻之原神也，岂可以大寒之药而治原神耶？又如妻占夫病，鬼为用神，假令夫临水鬼，又可以大热之药以攻夫爻之用神耶？

尝见穷乡僻壤，无处觅医，只谓《周易》乃大圣大贤之书，遵之必灵，以此大寒大热之药，不知坑陷如许之命，言及发指。此书一出，寒热之药不敢轻用，从此泉下无怨鬼矣。

【译文】

各种书都说："土为官鬼的忌热；水为官鬼的忌寒；水为官鬼而居生旺之地，必须用大热的药来治疗；火鬼旺的，适宜大寒的药来攻治。"我不知道凭什么这样说。假如用神属土，或儿子占父亲的病，父母爻临土爻，如果属火的官鬼发动，就是生用神的原神，怎么可以用大寒的药来治原神呢？又如妻子占丈夫的病，以官鬼为用神，假使夫星属水，竟可以用大热的药来攻治夫星吗?

曾见穷乡僻壤，无处寻觅医生，只说《周易》是大圣书，遵循必定灵验，于是不知这种大寒大热的药坑害了多少性命。说到这里，头发都竖起来了。本书问世后，只要大寒大热的药不敢轻易用，黄泉下就没有怨鬼了。

# 增删卜易卷之十二

［清］野鹤老人
［清］李文辉
［清］李我平　撰
孙正治　注

## 家宅章第一百零五

**【原文】**

野鹤曰：诸书皆曰："一卦之中，可决一家休咎；六爻之内，能分六事吉凶。"以卦中之父母爻为屋宇，又以父母爻为双亲；既为二亲，又以五爻为父，四爻为母。如此悖谬糊涂，尚自刊传为法，余实不解。

如戌月丙午日占，得乾之小畜。古法有云："卦无父母，不免堂上之忧。"此卦不独有父母戌土，父母临月建，午火官鬼动以相生，即父母双庆之祥也。若又以五爻为父、四爻为母断者，"鬼临四位，老母多灾"，执此问之，老母多灾耶？堂上无忧耶？

**【译文】**

野鹤说：各种占卜书都说："一卦当中，可以决断一家的休咎；六爻之内，能区分六类事情的吉凶。"以卦中的父母爻为屋宇，又以父母爻为双亲；既为二亲，又以五爻为父亲，四爻为母亲。如此悖谬糊涂，还有人尊为法度，刊刻传世，我实在不理解。

例如，戌月丙午日，占得乾为天卦，变为风天小畜卦：

父母戌土● ——世
兄弟申金● ——
官鬼午火○ ——白虎 父母未土●● — —
父母辰土● ——应
妻财寅木● ——
子孙子水● ——

古法有这样的说法："卦中无父母，不免有对长辈的忧患。"这一卦不但有父母戌土，而且父母临月建，午火官鬼发动而相生，是父母双双在堂的祥兆。如果又以五爻为父亲、四爻为母亲来决断，说什么"官鬼临第四爻，老母亲多灾难"，就这一卦来说，是老母多灾难呢，还是无双亲的忧患呢？

**【原文】**

又曰："何爻受克，即此逢伤。"今五爻申金被午火鬼克，此爻老父以生灾耶？又曰："鬼动乾宫，老父之咎。"此卦鬼发乾宫，又为老父之咎？又云："火鬼动以防回禄，白虎鬼为丧服之忧。"又云："世逢生旺宅旺家安。"此卦世已旺矣，奈因火鬼临于虎动，可谓之回禄乎？丧服乎？家与宅旺乎？又以官鬼为厅堂，谓之"官旺屋宇轩昂"，又云"鬼旺鬼兴，为灾为咎"，此卦鬼临日辰旺动，屋宇轩昂乎？为灾为咎乎？又云："财官旺相，热闹门庭。"又曰："财爻发动，父母遭伤。"岂门庭热闹之家，皆无父母之家耶？又云："兄爻旺相，紫荆并茂于堂前。"又云："兄弟持世，丝弦再理。"岂雁行队队者，皆失履遗簪之宅耶？种种悖谬，难以枚举，余不得已而正之。

**【译文】**

又说："哪一爻受克，就是哪一爻所主之人被伤害。"现在五爻申金被午火官鬼克制，难道这一爻主老父有灾吗？又说："官鬼发动于乾宫，是老父的灾咎。"这一卦官鬼发动于乾宫，难道又是老父的灾咎？又说："属火的官鬼发动，要防火灾；白虎值官鬼发动，为丧服的忧患。"又说："世爻逢生旺，住宅旺相，家庭安然。"这一卦世爻旺相，无奈因为属火的官鬼临于白虎发动，难道可以断为火灾、丧服、家庭与住宅旺相吗？又以官鬼为厅堂，说是“官鬼旺相，屋宇轩昂”；又说“官鬼旺相或发动，为灾难，为祸咎”。这一卦官鬼临日辰而旺相发动，究竟是屋宇轩昂，还是为灾难祸咎呢？又说：“妻财和官鬼旺相，门庭热闹。”又说：“妻财爻发动，父母遭伤害。”难道门庭热闹的人家，都是无父母的人家吗？又说：“兄弟爻旺相，紫荆花并茂在堂前。”又说：“兄弟持世，丝弦再一次调理。”难道兄弟像大雁一样成行成队，都是丧妻的人家吗？种种悖谬，难以一一列举，我不得不加以订正。

## 盖造、买宅、赁宅章第一百零六

【原文】

**父旺持世，此处清安宜久住；**

父爻旺相持世，生世合世，及世爻动而化父相生，或得日月作父母生合世爻，皆为发福之第。

**财爻发动，他方仁里另宜求。**

财动以克父爻，另于他处图之。

**爻逢六合，终见亨通；卦遇反吟，多于愁叹。**

世爻父爻旺相，又得六合卦者，事之必成，成而久远。但不喜六冲，六冲不久之象。卦遇反吟，倘如世破冲克，大凶之兆。

【译文】

**父母旺相持世，此处清静，适于久住；**

父母爻旺相持世，生世爻或合世爻，及世爻发动而化父母相生，或得日辰月建作父母生合世爻，都是发福的宅第。

**妻财如果发动，他处宜居，另外谋求。**

妻财发动则克父母爻，只好另外到其他地方寻求。

**逢六合卦，终究亨通；遇反吟卦，多愁多叹。**

世爻和父母爻旺相，又得六合卦，事情必成，而且成后可以长久。

只不喜欢遇到六冲，因为六冲是不久的征象。卦遇反吟，如果世爻遭破冲克，是大凶的朕兆。

【原文】

**世动而化进，绵长百代；父兴不化退，增置千间。**

**最忌随官入墓，须防鬼动伤身。**

世爻随鬼入墓、财爻助鬼克世，及世爻动而变凶，或日月动爻克世，皆不宜行。父动克世及世爻、父爻空破墓绝者，亦不宜行。

野鹤曰：凡盖造、买宅、赁宅，世与父爻旺相，不犯冲克者，即宜成之，自是荣华昌盛。如问一家之吉凶，虽则须宜分占，亦待迁居入火[①]之时，择其吉日而占之。告于神曰："今择某日迁居，有碍于父母妻子否？"有妨碍须宜另择一日，不然或叫所碍之人另择一时以入门者可也。朝廷颁历[②]以便民间之用者，此也。如若盖造占问，一家俱宜吉庆。假令家有百口，欲使人人合其吉者，百年买不成矣。

【译文】

**世爻发动而化进神，居住可以长达百代；父母兴起而不化退神，房屋能增加到千间。**

**最忌讳随鬼入墓，须防备官动伤身。**

世爻随鬼入墓、妻财爻扶助官鬼克世爻，及世爻发动而变凶，或日辰、月建、动爻克世，都不吉。父母发动克世爻，及世爻、父母爻旬空、月破、入墓、遇绝，也主不吉。

野鹤说：凡盖造、买宅、赁宅，世爻与父爻旺相，不犯冲克，就应当建完，那时自然荣华昌盛。如果问一家的吉凶，虽然应当分别占问，但也要等到迁居入火的时候，再来择吉日而占。向神祷告说：今择某日迁居，对父母妻子有妨碍没有？有妨碍就另选一天来占，不然就叫所碍的人另择一个时间入门，这样就可以了。朝廷颁布历书，以便利民间的使用，就是为了这类情况。如果占问建造房屋，要求对全家每个人都吉

---

①入火：指迁入新宅烧火做饭，已经开始新宅的生活。

②朝廷颁历：指朝廷颁布的历书，俗称皇历，有选择吉日吉时的用处。

祥，那么，假使家中有一百口人，那就一百年也无法成事了。

## 创造宫室章第一百零七

**【原文】**

**创造兴工，卦忌六冲。**

**鬼动为忌，克世最凶；随鬼入墓，祸事多逢。**

父爻旺相，世位兴隆，世父两爻动化吉，人安宅盛事亨通。

**【译文】**

**兴工建造，卦忌六冲。**

**官鬼发动为忌讳，克世爻最凶险；随鬼入墓，主多遇祸事。**

父母爻旺相，世爻兴隆，或世爻和父母两爻发动而化吉，主人口安康，家宅兴盛，事事亨通。

## 修方动土章第一百零八

**【原文】**

**世临福德最相宜，官鬼交重有祸基。**

**世旺逢生宜化吉，世衰受克且停之。**

**子孙之方宜起手，官鬼之位莫挑泥。**

且如子孙属水，起手动工宜于北方；官鬼属火，不可动土于南方；鬼在辰戌丑未，此方切忌动土。

**旧宅岂嫌财象发？新兴偏忌父爻虚。**

**造成屋宇忧冲散，父爻旺相久长居。**

【译文】

**世爻临子孙最理想，官鬼发动有祸胎。**

**世爻旺相而逢生，宜于化为吉神；世爻衰弱而受克，已经动工也须停。**

**子孙的方位可以开工，官鬼的方位不可动土。**

比如子孙爻属水，宜于从北面开始动工；官鬼爻属火，不可在南面动土；官鬼值辰戌丑未，相应的方位千万不要动土。

**旧宅怎么会忌妻财发动？新宅却忌讳父母爻落空。**

**造成的房屋，怕逢冲散；父母爻旺相，可以久居。**

## 迁居过火[①]章第一百零九

【原文】

占以内三爻为已居之宅，外三爻为未居之房。内克外者，外宅不利，不宜迁之。内生外者，外宅兴隆，速迁为吉。

野鹤曰：余以此法不善。已盖造买成，今欲入火，假使占得外宅不吉而不迁耶？既有新宅，旧宅或已弃矣，倘若占得内卦吉者，岂可仍居旧宅耶？

觉子曰：此法亦有使处。来人有问，欲弃旧宅而买新宅，可乎？用此法者宜也。

【译文】

占卜时，以内卦三爻为已住的房，以外卦三爻为未住的房。内卦克外卦，主外宅不利，不宜迁往；内卦生外卦，主外宅兴隆，应该赶快迁过去。

①过火：迁居时烧柴过火的习俗，所谓“炉火照新人，乔迁喜气生”，所以又以过火指代乔迁。

野鹤说：我以为这种说法不妥。已经盖造或买成的房屋，现在要入住举火，假使占得外宅不吉，难道就不迁入了吗？既有新宅，旧宅或许已经放弃了。倘若占得内卦吉，难道会仍住在旧宅吗？

觉子说：这一说法也有用处。有人来问，想放弃旧宅而买新宅，可以吗？用这一说法论断就可以了。

## 归宅入火章第一百一十

**【原文】**

宅之吉凶，已于盖造买宅卦中卜就之矣，今占入火之日。须将父母、兄弟、妻儿各为分占。宜于此日者用之，不宜此日者改之，或改日，或另择一时以入门，皆可化凶为吉。

**【译文】**

住宅的吉凶，已在建造和买宅卦部分说过了，现在占入火的日期。应当父母、兄弟、妻儿各自分别占问。宜于这一日就用这一日，不然就改个日子。或者改日子，或者另择一个时辰入门，都可以化凶为吉。

## 入宅六亲吉凶章第一百一十一

**【原文】**

择于某日入宅，宜于父母否？再占一卦，宜于兄弟否？再占一卦，宜于妻儿否？占父母，父母宜于旺相；占兄弟妻儿，皆宜旺相而遇生扶，不宜变动而化鬼及刑冲克制。得其吉者，即于此日入宅；卦之凶者，令此人另改一日入门可也。假令数卦之中，或兄弟或妻子，内有一卦不利者，即令另择一日，或另择一时，俱可。

野鹤曰：余得周公克制之法，凡六亲所犯之神，令之趋避，无一不验。且如木临父母命爻，财动以伤之，父母入宅须择克制金爻之日。安父母之床榻，宜克制金爻之方。屡试屡验。

【译文】

选择某日入宅，于父母有利没有？再占一卦，于兄弟有利没有？再占一卦，于妻儿有利没有？占父母，宜于父母爻旺相；占兄弟妻儿，都宜于旺相而遇生扶，不宜变动而化官鬼及刑冲克制。得吉的就在这日入宅，得凶的就另改一日入门。假如数卦当中，或兄弟，或妻子，其中有一卦不利的，就让他另外选择一日，或另择一个时辰，都可以。

野鹤说：我得到了周公克制的方法，凡六亲所犯的爻神，都让他们依卦趋吉避凶，没有一个不应验的。比如木临父母的本命爻，妻财发动而伤克它，父母入宅须选择克制金爻的日子；安父母的床榻，宜在克制金爻的方位。这是已经屡次试验，屡次应验了的。

【原文】

子月丁酉日，占择某日入宅，有妨父母否，得萃卦。断曰："此日入宅，卯木暗动以克父母。"彼曰："即烦另改一日。"余曰："不必改日。此日寅卯时吉，申时亦吉。尔等于寅卯时入宅，父母于申时入宅，保尔清静吉祥。"彼曰："何也?"余曰："申时者，卯木绝于申也。父母未土长生于申，是以为吉也。入宅之时，宜父母安床于西南。"后照此行，余目击平安一十七载。

【译文】

子月丁酉日，占择某日入宅会不会妨害父母，得到泽地萃卦：

父母未土●●　— —

兄弟酉金●　———应

子孙亥水●　———

妻财卯木●●　— —

官鬼巳火●●　— —世

父母未土●●　— —

断卦说："这一天入宅，卯木暗动而克父母。"来人说："那就麻烦您另改一日。"我说："不必改日。这天寅卯时吉，申时也吉。你们在寅卯时入宅，父母在申时入宅，保你清静吉祥。"他问："为什么？"我说："选择申时，是因为卯木绝于申；父母未土长生于申，所以为吉。入宅的时候，应当把父母的床安于西南方位。"后来这人依我的嘱咐行事，我眼看他一家平平安安，已经十七年了。

**【原文】**

又如卯月丁卯日，占某日入宅子女安否，得革之丰。父动克子，幸子孙临日月，父母又化退神。宜于亥子日迁居，安子女之床榻于南房，将来必然贵显。果依此行之，其长子于卯岁登科。

大凡占宅，无不以一家安乐为吉，所以父母、兄弟、妻妾、子女，自当分占。各有相忌相伤，不可一卦而决。然又常得验者，初买房时，不待另占，如有刑伤骨肉之事，卦中早现之者，亦所当知。

**【译文】**

又例如，卯月丁卯日，占某日入宅子女安否，得到泽火革卦，变为雷火丰卦：

官鬼未土●● — —
父母酉金○ ——— 父母申金●● — —
兄弟亥水● ———世
兄弟亥水● ———
官鬼丑土●● — —
子孙卯木● ———应

父母发动克子孙，幸而子孙爻临日辰月建，父母又化退神。宜于亥子日迁居，把子女的床榻安排在南房，将来必然显贵。主家这样做后，长子果然于卯年登科及第。

凡占住宅，无不以一家安乐为吉，所以父母、兄弟、妻妾、子女，自然应当分别占问。六亲各有相忌相伤的因素，不可用一卦来决断。但又经常得到应验的是，刚买房时，不必另占，如果有刑伤骨肉的事，卦中就会早早呈现出来。这也是应当知道的。

【原文】

如申月辛卯日，占买此宅吉否，得革之夬。此宅宜买。申金月建生世，卯日又冲动父爻生世，人宅相宜，管许必发；但嫌二爻鬼变子孙，须防克子。彼曰："如此买之何益?"余曰："此非宅之故也，即使不买此宅，亦恐难保。子孙临月破，鬼动化出，危险极矣。"彼弃之不买，其子于八月死于痘，十月仍买此宅。

【译文】

例如，申月辛卯日，指一座住宅占买入吉凶，得到泽火革卦，变为泽天夬卦：

官鬼未土●● — —
父母酉金● ———
兄弟亥水● ———世
兄弟亥水● ———
官鬼丑土× — — 子孙寅木● ———
子孙卯木● ———应

这座住宅应当买。申金月建生世爻，卯日又冲动父母而生世爻，人宅相宜，居住必定发达。只嫌二爻官鬼变子孙，必须防止克子。他说："这样的话，买宅还有什么利益?"我说："这不是住宅的缘故，即使不买这座住宅，也恐怕难保。因为子孙临月破，官鬼发动化出，危险极了。"他放弃不买，但他的儿子于八月死于天花，到十月还是买了这座住宅。

## 马房猪圈章第一百一十二

【原文】

凡作牛栏、马房、鸡栖、羊栈，亦宜分占。

**子孙须宜旺动，父母切忌兴隆。**

凡占一切六畜，皆以子孙为用神。不拘猪羊牛马，皆忌父母发动，动则六畜受伤；亦忌子孙空破墓绝，及被日、月、动爻刑冲克害，及子孙动而化空破墓绝、化鬼化父、化回头之克，皆主刑伤。此地不宜用之，或更择地方，或另改一日。改日改地方者另占。

**生相①必须兼用，日月更喜相生。**

六畜虽以子孙为用神，又宜兼于生相。假令作马房，子孙不被冲克，乃为吉也；不宜午爻临鬼，亦不宜动而变鬼。余仿此。

凡占六畜，最宜日月生扶，谓之“卦得日月生扶，六畜必然繁盛”。倘若受日月冲克，牲口绝种无根。

**【译文】**

凡建造牛栏、马房、鸡栖、羊栈，也应该分别占问。

**子孙适宜旺相而发动，父母切忌隆盛而兴起。**

凡占一切六畜，都以子孙爻为用神。不论猪羊牛马，都忌父母发动，发动六畜就会受伤；也忌子孙旬空、月破、入墓、化绝，及被日辰、月建、动爻刑冲克害，及子孙发动而化旬空、月破、入墓、化绝，化官鬼，化父母，化回头克，都主刑伤，这地不宜用，或者另外选择地方，或者另改一日。改日或改地方，另行占问。

**必须兼用生相，喜欢日月相生。**

六畜虽然以子孙爻为用神，又宜兼用生相。假令作马房，子孙不被冲克，属于为吉卦；不宜午爻临官鬼，也不宜发动而变官鬼。其余依此类推。

凡占六畜，最适宜日辰月建生扶，叫作“卦得日月生扶，六畜必然繁盛”。倘若受日辰月建冲克，牲口会死到绝种无根的程度。

---

①生相：生畜所属地支，如马为午、羊为未之类。

# 旧宅章第一百一十三

【原文】

野鹤曰：以前之卜宅者，乃卜盖造买宅之新居也。常见来人而占久住之家宅，古法亦以一卦断诸般之吉凶。先论官鬼，次论八宫，以十二生相定六畜之灾：午鬼而夭良马，丑鬼而伤耕牛。又以之定人口之匹：午火临鬼，马命者殃；巳鬼爻兴，蛇命有难。假使午爻临鬼，马死耶？属马之人不禄耶？悖谬不堪，难以数说。余不知昔人何以回复来人之问也。

要知彼之来意，或因连年破耗，疑家宅之不安，或因屡科之不第，或因有子求名，疑此宅能兴旺子孙否，必用子孙亲卜。或因官不升转，或因子女不存，或因官灾火盗，或因父母六亲多病，或因前后左右他人盖造，疑其冲犯，或因家有响动，邪祟鬼形，须问来人而判。

【译文】

野鹤说：以前的卜宅者，卜的是建房或买宅，是新居。常见来人占久住的家宅，古法也以一卦来断多方面的吉凶。首先看官鬼，其次谈论八宫，根据十二生肖确定六畜的灾病。午为官鬼则损失良马，丑为官鬼则伤害耕牛。又据此确定与人口的匹配：午火临官鬼，属马的人有祸殃；巳火为官鬼爻而发动，属蛇的人有灾难。那么，假使午爻临官鬼，是马死呢，还是属马的人死呢？其中悖谬不堪，难以一一论说。我不知道过去的人怎么回答来人的疑问。

要知道对方的来意，或者因为连年破耗而疑心家宅不安，或者因为屡应科考而不能及第，或者因为有子孙求名，疑心家宅能不能使子孙兴旺，必须由子孙亲自占卜。或者因为官职不能升迁，或者因为子女不在世，或者因为官司、灾祸、失火、失盗，或者因为父母六亲多病，或者因为前后左右有其他人建房，疑心这些房屋冲犯，或者因为家中有响动，有邪祟作鬼影，这些都需要问来人而判断。

【原文】

曾因官府十载不升，疑其家宅有碍。余曰："若以一卦而断全家之事者，余则不能，须指其所疑之事而占之，其应如响。"公曰："何也?"余曰："卦中不过干支五行，虽有现出，难以直指一处。即如火鬼发动为灶神①，府上二百余间，其灶不少，谁知何灶而不安？又如卯木鬼门户不安，古以四爻为门，尊府门户不少，即以六爻全为门户，不过定得六座，难知何门而不利。所以指其所疑之处而占之，无不响应。"公曰："余疑院内不宜有井，占问是否。"

【译文】

曾有人因为在官府十余年不得升迁，而疑心他的家宅有妨碍。我说："要是通过一卦来断全家的事，我做不到，必须指所疑的事来占问，才能回应如响。"那人说："为什么?"我说："卦中不过干支五行罢了，虽然能反映实际的情况，却难以直指一处。比如火为官鬼发动，为灶神，府上二百余间房子，灶不少，谁知道是因为哪个灶不安？又比如卯木为官鬼，主门户不安，古人以四爻为门，尊府门户不少，即使以六爻全为门户，也只不过能决定六个，难以知道是哪个门不利。所以就你所疑处来占，才没有不回应的。"那人说："我疑心院里不应该有井，占问是不是。"

【原文】

酉月戊寅日，占得师之临。断曰："子孙发动，非此井也。"公曰："大门对向不利，意欲改之，可否?"

【译文】

酉月戊寅日，占得地水师卦，变为地泽临卦：

①灶神：也称灶君、灶王爷、东厨司命等，是中国古代神话传说中的司饮食之神。

父母酉金●●　— —应
兄弟亥水●●　— —
官鬼丑土●●　— —
妻财午火●●　— —世
官鬼辰土●　———
子孙寅木×　— —　　妻财巳火●　———

断卦说："子孙发动，不是井的事。"那人说："大门朝向不利，想要改，可不可以？"

【原文】

又占一卦，得同人卦。断曰："官鬼持世，是此门也，速宜迁改。"

【译文】

他又占一卦，得到天火同人卦：

子孙戌土●　———应
妻财申金●　———
兄弟午火●　———
官鬼亥水●　———世
子孙丑土●●　— —
父母卯木●　———

断卦说："官鬼持世，是这个门的问题，应当迅速改变朝向。"

【原文】

再占一卦，改门之后功名如何？又得小过之剥。断曰："午火官鬼持世，寅日生之，外卦三合官局，明岁巳年及午年连升大位。"果于次年一岁两升，午年又升，官至二品。

【译文】

又占一卦，问改门后功名如何，又得到雷山小过卦，变为山地剥卦：

| | | | |
|---|---|---|---|
| 父母庚戌× | — — | 妻财寅木● | —— |
| 兄弟庚申●● | — — | | |
| 官鬼庚午○ | ——世 | 父母戌土●● | — — |
| 兄弟丙申○ | —— | 妻财卯木●● | — — |
| 官鬼丙午●● | — — | | |
| 父母丙辰●● | — —应 | | |

断卦说："午火官鬼持世，寅日生它，外卦三合成官鬼局，明年巳年及午年接连升迁，达到高位。"果然于第二年两次升迁，午年又一次升迁，官阶达到二品。

【原文】

**福德动摇，不是此方之祸；**

子孙持世或动于卦中，或官鬼不动及六爻安宁，非此处也。

**官鬼发动，定于此处兴妖。**

官鬼持世克世，官鬼动爻，实因此处有害。

野鹤曰：占得果是此处不利，即宜修补。再占一卦，修补之后何如。问名者，《功名章》内断之；求财者，《求财章》内断之；防患者，《防患章》内断之；疾病者，《疾病章》内断之。

【译文】

**子孙发动，这里不生祸患；**

子孙持世或动于卦中，或官鬼不动及六爻安宁，不是这个地方。

**官鬼发动，此处兴起妖邪。**

官鬼持世克世，官鬼发动，实在是因这里有害。

野鹤说：如果占得确实是这里不利，就应当修补。再占一卦，看修补之后怎么样。问名的根据《功名章》推断，求财的要看《求财章》推断，防患的根据《防患章》推断，生病的根据《疾病章》推断。

【原文】

曾有士子，才重当时，屡科不第，卜家宅何如，余曰："虽则为名而占，贵宅有疑相犯之处否？"彼曰："疑宅后有庙冲射本宅。"

巳月己丑日占，得大有之乾卦。断曰："世为本宅，庙为应，世应相生，如何有犯？庙前另有一物，未土发动刑世，乃此故耳。"彼曰："庙前有一照壁，照壁之后有一株大树，数百年矣。"余曰："即此物也。尔用大兽头安于屋脊，张口对树则吉。"

【译文】

曾经有一位士子，才能在当时很受推崇，却屡次参加科考都不能及第。他为此占卜家宅如何，我说："虽然是为求名而占卦，但是贵宅有被疑心妨犯的地方没有？"他说："疑心宅后有庙冲射本宅。"

卦是巳月己丑日占问，得到火天大有卦，变为乾为天卦：

官鬼巳火● ——应

父母未土× — — 兄弟申金● ——

兄弟酉金● ——

父母辰土● ——世

妻财寅木● ——

子孙子水● ——

断卦说："世爻为本宅，庙为应爻，世应相生，怎么会有妨犯？庙前另有一个东西，在卦上为未土发动而刑世，应该是这个缘故。"他说："庙前有一个照壁，照壁后面有一棵大树，已经数百年了。"我说："就是它。你把大兽头安在屋脊上，张口对着树，就会化凶为吉。"

【原文】

再占一卦，修补之后何如，得归妹之豫卦。断曰："修补之后，包公今科必中。财动生官，官动生世，大吉之兆。"果中经魁①，下科胞弟又发。

【译文】

又占一卦，问修补以后何如？得雷泽归妹卦，变为雷地豫卦：

①经魁：科举有以五经取士之法，每经各取一名为首，称为经魁。乡试中每科必于五经中各中一名，列为前五名，称为五经魁，或五魁。

父母戌土●●　— —应
兄弟申金●●　— —
官鬼午火●　———
父母丑土●●　— —世
妻财卯木○　———　　官鬼巳火●●　— —
官鬼巳火○　———　　父母未土●●　— —

断卦说："修补之后，包您今年科考必定中榜。妻财发动而生官鬼，官鬼发动而生世爻，是大吉的征兆。"果然中了经魁，而且下一科，他的胞弟又考中了。

【原文】

曾有人于亥月戊午日占家宅，得比之蹇。余曰："占家宅者，若依古法，此卦虎鬼动，主丧服；木鬼兴，忌栽种；鬼持世，自身有刑杖枷锁之厄；鬼在坤宫，坟墓有碍；鬼临卯，兔命者危。又曰三爻为弟位，今鬼在三爻，兄弟必有病险；卦中子水财爻，暗兴助鬼，以克未兄，亦主兄弟危亡；世为宅长，卯化申克，十月死气在卯，虎临死气于世爻，家长必有刀剑之害。更有许多神煞，不暇细数，乃极凶之家宅也。右依古法之断如斯。汝实因何事而占，当实告知，如不灵，则我之过。"彼曰："向因母病，今妻又病，疑家宅有碍，故占之。"余曰："近病逢空即愈，今日午日，冲动妻财，病人逢冲则起，今晚即当退灾。但三爻卯木鬼动，尔家曾另安一门否？"彼曰："有右门，近改于左矣。"余曰："庚申日仍改于右，妻病必于甲子日痊安。自此之后，家宅安矣。"夫应门户者，鬼临卯也；申日改者，金制木也。妻果子日大愈，家宅从此平安。以此观之，以古法而妄猜，可乎？不可乎？以来意而判决，是耶非耶？

【译文】

曾经有人，于亥月戊午日占家宅，得到水地比卦，变为水山蹇卦：

妻财子水●● — —应
兄弟戌土● ——
子孙申金●● — —
官鬼卯木× — —世 子孙申金● —— 白虎
父母巳火●● — —
兄弟未土●● — —

我说："占家宅若依古法，这一卦白虎值官鬼发动，主丧服；木为官鬼而发动，忌栽种；官鬼持世，自身有刑杖枷锁之类灾厄；官鬼在坤宫，坟墓有妨碍；官鬼临卯木，兔命的人危险。又说三爻为兄弟的爻位，现在官鬼在三爻，兄弟必有疾病导致的危险；卦中子水妻财暗动，生助官鬼而克未土兄弟，也主兄弟危亡。世爻为宅中长辈，卯木化申金回头克，十月死气在卯位，白虎临死气而在世爻，家长必有刀剑的伤害。更有许多神煞，无暇细数，是极凶住宅。以上是依古法论断，结果就是这样。你究竟为什么事而占？应当实话告诉我。告诉以后如果卦不灵，就是我的过错。"他说："母亲一向生病，现在妻子又病了，疑心家宅有妨碍，所以占卦。"我说："近病逢空就会痊愈，今日是午日，冲动妻财，近病人逢冲则愈，今天晚上就应当退病。但三爻卯木官鬼发动，你家曾经另安一个门吗？"他说："有个右门，最近改到左边了。"我说："庚申日仍改到右边，妻子的病必定于甲子日痊愈。从此以后，家宅就安生了。"应验在门户，是官鬼临卯的缘故；申日改门，是金制木的缘故。妻子果然子日大为好转，家宅也从此平安。从这一卦看，根据古法而妄猜，可以不可以呢？根据来意来决断，对不对呢？

**【原文】**

**福德临身，转灾为福；旺财持世，宝藏兴焉。**

子孙持世、子孙发动者，鬼祟潜行，即有活鬼出现，可保平安。子动无忧，神藏鬼没。旺相之财爻持世，财动生世合世，必有古窖。若问在于何方，财来寻我，我莫寻他，是我之财自然出现。若问何时可得，即以财爻，《应期章》内断之。

【译文】

**子孙临世身，变灾为福；旺财持世爻，宝藏出现。**

子孙持世，或子孙发动，鬼只能暗中作祟，看上去情况再严重也保证平安无事，因为子孙发动，凡事无忧，鬼神一定会消失。旺相的妻财爻持世，或妻财发动生世合世爻，必有古窖。要问在于哪个方位，既然是财来寻我，我就不用找它，是我的财自然会出现。要问什么时候可以得到，须根据妻财爻和《应期章》来推断。

【原文】

**鬼动爻中，真祟真妖。**

鬼临白虎，必有伏尸；鬼临玄武，水怪山魈。蛇主虫蛇为妖，雀是官非火盗。勾陈鬼牢狱羁身，青龙鬼色欲而丧。亥子鬼，投河溺井之魂，或因水沟池塘之患。辰戌丑未之鬼，墙倒屋塌，或因墙垣兽头之犯。寅卯鬼悬梁自缢，又为门户栋梁。巳午鬼，火伤窑死，兼为炉灶不安。鬼临申酉之乡，刀剑亡身之魄，或因金铁为怪，又为狐狸为精。

【译文】

**官鬼发动处，妖祟是真的。**

官鬼临白虎，必有伏藏的尸骨；官鬼临玄武，是水怪或者山魈作怪。螣蛇主虫蛇之类为妖作祟，朱雀主官司、是非、失火和失盗。勾陈值官鬼，被牢狱所关押；青龙值官鬼，因为色欲而丧生。亥子为官鬼，投河溺井的魂灵，或者因为水沟池塘为祸患；辰戌丑未值官鬼，墙倒屋塌，或因墙垣兽头有妨碍；寅卯值官鬼，主悬梁自缢，又为门户和栋梁为祟；巳午值官鬼，主因火热而伤死，也主炉灶不安宁；官鬼临申酉，主死在刀剑下的鬼魂，或者是金属作怪，又为狐狸成精。

【原文】

**鬼在变爻，冤家债主；鬼临日月，供养正神。**

**受克者必受其殃，生世者反得其济。**

古法制鬼于庚申日、甲子日，或于除夕日，黄钱数张，浆水一碗。卦现金鬼者，向西送之；水鬼者向北送之。木火土各按其方，人静往送门外，屡验平安。

觉子曰：余有治鬼之法，一正可压百邪：见怪不怪，其怪自灭。

**【译文】**

**官鬼在变动之爻，是冤家或债主；官鬼临日辰月建，为供养的正神。**

**受克者必定遭殃，生世爻反得助益。**

制服鬼怪，古法要在庚申日、甲子日，或在除夕日，用黄纸钱数张，浆水一碗。卦中金为官鬼的，向西方祭送；水为官鬼的，向北祭送。夜深人静的时候送往门外，平安的效果屡次应验。其他依此类推。

觉子说：我有治鬼的方法，一正可压百邪，这就是见怪不怪，这样，那怪会自然消失。

**【原文】**

**官克世位，为灾为祸。**

鬼动克世，或世爻随鬼入墓，及世动变鬼克世，乃是冤家债主，难免祸殃，宜修德作福，自然改祸为祥。财动克父，财化父，父化财，堂上之忧。父动克子，鬼化子，子化鬼，膝前有损。兄弟变鬼，鬼变兄弟，鬼动克兄，妻财变鬼，鬼变妻财，兄动化财，财化兄弟，既防手足刑伤，又主分衾拆枕。

**【译文】**

**官鬼克世爻，为灾或为祸。**

官鬼发动而克世爻，或世爻随鬼入墓，及世爻发动变官鬼而克世爻，是冤家债主寻来，难免祸殃，应当修德修福，这样才能变祸难为祥瑞。妻财发动而克父母，妻财化父母，父母化妻财，主堂上父母的忧患。父母发动而克子孙，官鬼化子孙，子孙化官鬼，家中有子孙损丧。兄弟变官鬼，官鬼变兄弟，官鬼发动而克兄弟，妻财变官鬼，官鬼变妻财，兄弟发动化妻财，妻财化兄弟，既要防备手脚的刑伤，又主夫妻分手。

## 同居章第一百一十四

**【原文】**

**与六亲同居用六亲，与外人同居看应爻。**

世为己，应为人，世应相合相生，日月动爻生合世应者，彼此俱祥。

**克世我遭伤，克应他遭害。**

**世克应，他畏于我；应克世，我被他欺。**

刑冲者同。与六亲同居，宜于财兴，用神相生，不宜相冲相克。

**【译文】**

**占与六亲同住，以六亲为用神；与外人同居则看应爻。**

世爻为自己，应爻为他人，世应相合相生，日辰、月建、动爻生合世应的，彼此都吉祥。

**克世爻则我受伤害，克应爻则他受伤害。**

**世爻克应爻，他畏惧我；应爻克世爻，我被他欺。**

刑冲也这样看。与六亲同住，适于妻财发动，用神相生，不宜二者相冲相克。

## 盖造官衙章第一百一十五

**【原文】**

官府自占，世与官星皆宜旺相。子孙持世及子孙动者，且勿行之。

**变克变绝，反招奇祸；六冲化合，必获奇祥。**

【译文】

官府自己占问，世爻与官星都宜于旺相。子孙持世及子孙动的，就不要建造。

**用神变克变绝，反而招致奇异的祸患；六冲卦化合，一定获得特别的吉祥。**

## 占衙宇章第一百一十六

【原文】

野鹤曰：凡占旧衙者，与占旧家宅同断。有因人口多病，有因连任伤官，有久不升转，有因鬼祟现形。亦可指其所疑而卜。

曾因衙署连任不利于官府，若非怪形，即见凶亡，迎于府中卜过半月，但有所疑，俱曾占过，皆不现爻，又卜后沟从后流宜否。

如戌月己亥日，占得鼎卦。断曰："即此处也，速宜改往东流。"后开沟，见许多尸骸白骨，余始悟曰："虎鬼持世，是以有之。"

【译文】

野鹤说：凡占旧衙署，与占旧家宅同样论断。有的因为人口多病，有的因为历任官职被伤，有的是因为很久不升迁，有的是因为鬼祟现形。也可以指所疑的事而占卜。

我曾经因为衙署连任不利于官府，不是出现怪异的形象，就是遇到凶横死亡的事情，请我到府中卜过半个月，只要有所疑惑，都曾占问过了，都不呈现于卦爻。又卜后面的水沟是否适宜从衙署后面流过。

例如，戌月己亥日，占得火风鼎卦：

兄弟巳火● ——— 勾陈
子孙未土●● — —应 朱雀
妻财酉金● ——— 青龙
妻财酉金● ——— 玄武
官鬼亥水● ———世 白虎
子孙丑土●● — — 螣蛇

断卦说："就是这里，应该迅速改向东流。"后来开沟，看见许多尸骸白骨，我才领悟，说："白虎和官鬼持世，所以有这种情况。"

【原文】

再请占一卦：修沟之后何如？得噬嗑之无妄。断曰："未土财化申金官，未年一定高迁。"后于申年升任。应申年者，值官之年也。

【译文】

又请占一卦：修沟之后怎么样？得到火雷噬嗑卦，变为天雷无妄卦：

子孙巳火●　——

妻财未土×　— —世　　官鬼申金●　——

官鬼酉金●　——

妻财辰土●●　— —

兄弟寅木●●　— —应

父母子水●　——

断卦说："未土妻财化申金官鬼，主未年一定高升。"后来于申年升职。应在申年，因为申年是值官鬼的年份。

## 盖造寺院章第一百一十七

【原文】

大抵与家宅同推。不宜六冲变冲、卦变墓绝及反吟伏吟。主持与山主占者，皆宜世旺，日、月、动爻相生。宜子孙爻动，忌官鬼爻与兄爻持世，多费无益之财。官鬼持世，疾病灾殃之累。兄爻动而克世者，欲造福反成祸胎。财官生世者，虽钱少自有增助。子孙旺相而化进神，多招徒弟；财爻休囚而化退者，有始无终。

李我平曰：卜筮诸书二十余种，所论家宅，理不归一，不知昔贤是何主见？《卜筮大全》初井，二灶，三床，四门，五爻为人，六爻栋宇；《黄金策》初爻是宅舍，三爻为门，四为父母，五兄弟，六妻财；《易冒》以初爻为幼，二爻为妻，三弟，四母，五爻为父，上爻为老。他书俱各不同，不暇细具。

【译文】

盖造寺院，大抵与占家宅同样推论。不宜逢六冲、变冲、卦变墓绝，不宜反吟伏吟。寺院主持与山主占问，都宜于世爻旺相，日辰、月建、动爻相生。适宜子孙发动，忌讳官鬼与兄弟持世，主多费无谓的钱财。官鬼持世，主有疾病和灾殃的牵累。兄弟爻发动而克世爻，主想造福却反会造成祸胎。妻财和官鬼生世爻，虽然钱少，但是自有增加和援助。子孙旺相而化进神，主多招徒弟；妻财爻休囚而化退神，主有始无终。

李我平说：卜筮的各种书有二十余种，所谈论的家宅问题道理不能归一，不知过去的贤人以什么为主见？《卜筮大全》以初爻为井，二爻为灶，三爻为床，四爻为门，五爻为人，六爻为栋梁；《黄金策》以初爻为宅舍，三爻为门，四爻为父母，五爻为兄弟，六爻为妻财；《易冒》以初爻为幼儿，二爻为妻，三爻为兄弟，四爻为母亲，五爻为父亲，上爻为老人。其他书也都各不相同，无暇一一罗列。

【原文】

《易冒》又云："鬼动于内，宅室之灾；鬼动于外，人口之咎。"既以二爻为妻，三爻为弟，假令内爻鬼动，宅室之灾乎？弟妻之咎乎？至于五行之鬼、八宫之鬼，既以之定祸灾火盗，又以之定头目手足病灾。彼谓"火鬼主回禄，鬼在乾宫，主头目之患"，若以一卦而兼断，岂失火盗之家，必染头目之病耶？

有曰"合为门，冲为路，不论卦内之有无，但要暗冲与暗合"。假使有冲无合，有合无冲，岂有门无路之家耶？殊不知家宅之趋避，愿人口为安，财福旺而宅兴，鬼兄静而家宁，于斯而已，何必多生枝叶，以乱后人耳目？

【译文】

《易冒》又说："官鬼发动于内卦，是宅室的灾殃；官鬼发动于外卦，是人口的祸咎。"既以二爻为妻室，三爻为兄弟，假使内卦官鬼发动，是宅室的灾殃呢，还是兄弟妻室的祸咎呢？至于五行的官鬼、八宫的官鬼，既用来定祸灾和失火失盗，又用来定头目手足的疾病与灾难。他说"属火的官鬼主火灾，官鬼在乾宫主头部、面目的疾病"，如果以一卦来兼断，难道失火失盗的人家，必定染头部、面目的病吗？

有人说："合为门，冲为路，不论卦内有没有，只要暗冲与暗合就算。"假使有冲无合，有合无冲，难道是有路无门、有门无路的人家吗？占家宅的趋避，希望人口平安。妻财福德旺，住宅就兴隆；官鬼和兄弟安静，家中就安宁。如此而已，何必多生枝叶，扰乱后人的耳目呢？

# 茔葬章第一百一十八

【原文】

野鹤曰：卜茔卜穴，古法之谬与家宅相同，后贤考诸书而自晓。余因求验之法，每遇拜扫之时，到各坟上命伊占之，知人觅地，就而占之，如此多年，始得其秘。

【译文】

野鹤说：占坟茔卜墓穴，古法的谬误与占家宅相同，后人考察各种书籍就会自然明白。我因为要试验占断方法，每到拜扫墓地的时候，就到各个坟上，请人占问；知道有人觅地，就前去为他占断。这样坚持了多年，才得到其中的奥秘。

# 寻地章第一百一十九

【原文】

**世爻旺相，祖父魂安；福德兴隆，儿孙宿祀。**

古以二爻为穴、内卦为穴、螣蛇为穴，屡试不验。所验者，世为穴也。世宜旺相，或临日月，或日、月、动爻生扶，乃吉地也。儿孙乃祭祀之裔，宜于持世，或在他爻旺相，振振螽斯①。

**三合六合，聚气藏风；世冲六冲，飞砂走石。**

卦逢六合，或世与子孙爻作六合，乃藏风吉穴，代代兴隆。若得六冲卦，或六冲变六冲，或世应相冲，冲者散也，必无气耳。

【译文】

**世爻旺相，祖父的灵魂安宁；福德兴隆，儿孙的祭祀绵长。**

古法以二爻为墓穴，内卦为墓穴，螣蛇为墓穴，我屡试，都不应验。所应验的是以世爻为墓穴。世爻宜旺相，或者临日辰月建，或者日辰、月建、动爻生扶，这样才是吉地。儿孙是祭祀的后裔，宜于持世，或者在其他爻而旺相，都会像螽斯那样，子孙众多而绵长。

**三合六合，主聚气藏风之地；世冲六冲，为飞砂走石之所。**

卦逢六合，或者世爻与子孙爻作六合，是藏风的吉穴，主葬主代代兴隆。如果遇到六冲卦，或者六冲变六冲，或者世应相冲，那么冲就会散，必主此地无气。

【原文】

**六冲变合，地已去而复来；六合变冲，形已成而复失。**

---

①振振螽斯：比喻子孙众多。螽斯，即蝈蝈。语出《诗经·螽斯》：“螽斯羽，诜诜兮。宜尔子孙，振振兮。”意思是说若螽斯不妒忌，就会后妃和子孙都众多。诜诜，音申，众多的意思。

此有两说。六冲变合，或是先求此地而不得，后复得之；或是地运已衰，真龙①早去，今复重来。凡得此者，再得世遇子孙旺相，急宜用之。曾验数占，绵绵科甲。六合变六冲者，或是已得之地而复失，或是地运将衰，龙将去矣，不宜用之。

**世旺而化破绝，吉处藏凶；世衰而化生合，凶中有吉。**

世爻虽旺，不宜化破及化墓绝、化回头克，主先得吉地，后有破绽，若非将来下葬不得吉日，定因葬后被他人伤根，吉变为凶之象。世若衰弱，动而化回头相生、化长生帝旺、化日月、化合、化进神者，先否后泰之兆。目下观其形势，虽是不宜下葬之地，将来地运兴隆，变成大富在贵之区也。

**【译文】**

**六冲变合，失而复得；六合变冲，得而又失。**

这有两种说法。六冲变六合，或者是先求某地而得不到，后来又得到了；或者是地运已经衰落，真龙早就走了，而现在又重新回来。凡得这地的人，再遇到世爻为子孙而旺相，应当赶快用它。曾经应验过几次，都是不断地发科甲。六合变六冲，或者是已经到手的地又失去，或者是真龙即将离去，地运即将衰落，不宜用。

**世旺而化破绝，吉处藏凶；世衰而化生合，凶中含吉。**

世爻虽然旺，但不宜化月破及化墓绝、化回头克，主先得到吉地，后来发现破绽，不是将来下葬不得吉日，就一定因为葬后被他人伤了根，使吉地变为凶地。世爻如果衰弱，发动而化回头相生、化长生帝旺、化日辰月建、化合、化进神，是先塞后通泰的征兆。看眼下的形势，虽然是不宜下葬的墓地，但是将来地运变化，就成为大富大贵的地方了。

**【原文】**

寅月戊午日占地，得颐变无妄卦。断曰："世爻戌土春天休囚，化

①真龙：风水学名词，指生气，既为万物生长发育之气，也指山的走势，因为大地中的生气沿着山脉的走向流动，在流动过程中随着地形的高低而变化，遇到丘陵和山冈则高起，遇到洼地则下降，结穴在生气处露于地表并被藏蓄起来的地方。

出午火子孙回头生世，日、月、世爻共成三合，青龙戏水以化长生，水源极远。只因申为月破，戌土克子水，又被日辰冲散，春夏有水，秋冬必涸。”彼曰：“正是如此。”余曰：“不妨，不可求全责备。卦中日月与子孙共成三合，亡者安而生者乐，子孙昌盛，何愁不发！”后竟葬之。辰年下葬，酉年孙中亚魁，及至子年，次孙又登乡榜。

**【译文】**

寅月戊午日占地，得到山雷颐卦，变为天雷无妄卦：

兄弟寅木●　——

父母子水×　— —　　官鬼申金●　——　青龙

妻财戌土×　— —世　　子孙午火●　——　玄武

妻财辰土●●　— —

兄弟寅木●●　— —

父母子水●　——应

断卦说：“世爻戌土春天休囚，化出午火子孙回头生世，日辰、月建世爻构成三合局，青龙戏水而化长生，水源极远。只因申为月破，戌土克子水，又被日辰冲散，所以春夏有水，秋冬必定干涸。”他说：“正是这样。”我说：“不妨，不可求全责备。卦中日辰月建与子孙构成三合局，主亡者安宁，生者快乐，子孙昌盛，还愁不发达吗？”后来竟葬在这里。辰年下葬，酉年孙子考中了乡试第二名；到了子年，第二个孙子又登上了乡试的金榜。

**【原文】**

**世化进神，千秋绵远；福德化进，百代满堂。**

世宜旺相、化进神、化日月、化回头生、化合、化长生帝旺，龙安水歌，地脉绵长。子孙旺相化进神，或化合、化日月、化旺相，贤孙贵子布满朝堂。

**世化退神，终须迁改；子孙化退，代代不如。**

**日月宜生福德，动爻不可伤身。**

世与子孙爻，宜日、月、动爻生扶，不宜日月冲克。

**旺世临虎，棺上加棺；旺福逢龙，寅葬卯发。**

世临白虎鬼爻，或是随鬼入墓，皆主地有伏尸。世爻旺相，又遇生扶，乃为棺上加棺。曾见两人葬者，后竟大发，休囚者则不可耳。子孙旺相，又遇日月生扶，又逢青龙，即为吉地，寅年葬而卯年发也。皆言其发旺之速也。

**【译文】**

**世爻化进神，像千秋那样绵远；福德化进神，主百代儿孙满堂。**

世爻宜于旺相，化进神，化日月，化回头生，化合，化长生帝旺，这样才真龙安宁，流水欢歌，地脉绵长。子孙旺相而化进神，或者化相合，化日辰月建，化旺相，主贵子贤孙站满朝堂。

**世爻化退神，终究必须迁改；子孙化退神，一代不如一代。**

**日月适宜生福德，动爻不可伤身位。**

世爻与子孙爻，宜于日辰、月建、动爻生扶，不宜日辰月建冲克。

**当旺的世爻临白虎，主棺木上又加棺木；旺福逢龙，必下葬后马上发达。**

世爻临白虎而值官鬼，或者随鬼入墓，都主地中有伏藏的尸体。世爻旺相，又遇生扶，属于棺材上又加棺材。曾见两人葬在这样的地方，后来竟大为发达，但休囚的不在此例。子孙旺相，又遇到日辰月建生扶，又逢青龙，就是吉地，所谓“寅年下葬，卯年就发达”，发达的效验来得极快。

**【原文】**

又如申月戊子日占茔地，得剥卦。断曰：子孙持世，遇日辰申月生之，青龙戏水。水由左旋，旺相必近大河，不然亦有长流之水。白虎卯木，子卯相刑，爪牙埋伏。应为向山，火逢水克，向山不高；戌为案山，戌土克水，案山略高。彼曰：“皆是。”余曰：“宜速葬之，今冬即发。”果于八月安葬，十月次子加升，次年四月，长子向无所出，竟生一孙。

**【译文】**

又例如，申月戊子日占茔地，得到山地剥卦：

妻财寅木●　——
子孙子水●●　— —世
父母戌土●●　— —
妻财卯木●●　— —白虎
官鬼巳火●●　— —应
父母未土●●　— —

断卦说："子孙持世，遇日辰和申月生它，青龙戏水。水从左转，旺相就必定接近大河，不然也有长流的水。白虎卯木，子卯相刑，爪牙埋伏在这里。应爻为向山，火逢水克，向山不高；戌土为案山，戌土克水，案山略高。"他说："说的都对。"我说："应当迅速埋葬，今年冬天就会发达。"果然于八月安葬，十月次子加官升迁；第二年四月，一向没有孩子的长子竟为他生了一个孙子。

【原文】

又，卯月壬寅日，占寻地，得革之既济。父母为用神，申金父母回头生而生亥水。世爻虽则休囚，逢生为旺。只嫌寅日冲去申金，必至今秋七月当令始得其地。父临申酉，地在西南。所得者乃财丁之地，至申年，龙兴运至，发旺不小；世衰而化生，凶中有吉。果七月得地于西南，卯年安葬，酉年子孙大发。

【译文】

另外，卯月壬寅日占寻地，得到泽火革卦，变为水火既济卦：

官鬼未土●●　— —
父母酉金●　——
兄弟亥水○　——世　　　父母申金●●　— —
兄弟亥水●　——
官鬼丑土●●　— —
子孙卯木●　——应

父母爻为用神。申金父母回头生而生亥水。世爻虽然休囚，逢生就属于旺。只嫌寅日冲去申金，必须到今年秋天七月当令，才能得到这块地。父母临申酉，地在西南。得到的是发财旺人的地，到申年真龙兴起，好运到来，发大兴旺不小。世爻衰弱而化相生，凶中有吉。果然七月于西南方得到这块地，卯年安葬后，酉年子孙大为发达。

【原文】

**散绝墓空，世与子孙勿见；化克化鬼，兄弟妻子休逢。**

世爻、子孙爻不宜休囚、墓绝、空破，不宜动逢破散及化破散、化绝、化墓、化鬼、化退神、化回头克，但逢一者，皆非吉地。六亲不宜化鬼，父化子、子化父、鬼化子、子化鬼、兄化鬼、鬼化兄、兄化财、财化兄、财化鬼、鬼化财，此不宜于兄弟妻子。有父母在堂，不宜鬼化父、父化财、财化父。

**应冲合处逢冲，流移迁徙；反伏卦变化克，洪泛陵墓。**

择地不独不喜六冲卦，应冲世者，亦非吉也。倘应世相合，爻逢六合，世应子孙三合成局，即为美地。卦得反吟，遇冲开之年月必迁。卦得伏吟，遇冲年冲月必变。内外反吟者，乃卦变也，如巽变干，坤变震之类，名为化绝化克。得此卦者，重则冲决，轻则迁徙。

【译文】

**散绝墓空，世爻与子孙不可遇；化克化鬼，兄弟与妻子勿相逢。**

世爻和子孙爻不宜休囚墓绝，旬空月破，不宜发动逢月破、逢散，及化破散、化绝、化墓、化官鬼、化退神、化回头克，只要遇到其中一个，就不是吉地。六亲不宜化官鬼，或父母化子孙，子孙化父母，官鬼化子孙，子孙化官鬼，兄弟化官鬼，官鬼化兄弟，兄弟化妻财，妻财化兄弟，妻财化官鬼，官鬼化妻财，这些都不利于兄弟和妻子。有父母在堂的，不宜官鬼化父母、父母化妻财、妻财化父母。

**应当冲合处逢冲，家人迁徙；反伏卦变化克，洪灾侵墓。**

选择墓地不但不喜欢六冲卦，应爻冲世爻也不吉。只要应爻与世爻相合，逢六合卦，世爻、应爻与子孙三合成局，就是理想的墓地。遇到伏吟卦，遇冲开的年月必定迁移。逢反吟卦，遇到相冲的年月必定改葬。内外反吟的，属于卦变，如巽变乾、坤变震之类，称为化绝化克。得到这种卦的，重者会被冲决，轻的也须迁移。

【原文】

如卯月戊子日占地，得巽之升。世为穴。世临月建，日辰生之，是为吉也。但不宜外卦反吟，世被酉金冲克，子孙被亥水冲克，不宜用之。彼曰："已买成矣。"余曰："不葬何妨?"又曰："地师以为美地。"后竟葬之，四年之内二男一女相继而亡，自身又得半身不遂之疾。愚人不怨于己，反怨祖父，棺材暴露而不葬。迟二年身死，一同暴露，竟至没后。应酉年，谓之再冲之年。

**父化父儿孙夭折，子化子子女成行。**

卦中不宜父动，父动化父更凶。子孙化子孙，不遇伤克，代代儿女成行，决非单传。

【译文】

例如，卯月戊子日占墓地，得到巽为风卦，变为地风升卦：

| | | | |
|---|---|---|---|
| 兄弟卯木○ | ———世 | 官鬼酉金●● | — — |
| 子孙巳火○ | ——— | 父母亥水●● | — — |
| 妻财未土●● | — — | | |
| 官鬼酉金● | ———应 | | |
| 父母亥水● | ——— | | |
| 妻财丑土●● | — — | | |

世爻为墓穴而临月建，日辰生它，为吉地；但外卦反吟，世爻被酉金冲克，子孙被亥水冲克，此地不可用。他说："已经买成了。"我说："不下葬有什么妨碍?"他又说："地师以为是理想的墓地。"后来竟埋葬在那里，结果四年之内两个儿子和一个女儿相继死去，自身又得了半身不遂的病。愚人不怨自己，反而怨祖父，棺材暴露出来也不埋葬。过了两年，自己也死了，也一同暴露在外，竟至没有后代。应验在酉年，因为这是再冲的年份。

**父母化父母，儿孙夭折；子孙化子孙，子女成行。**

卦中不宜父母发动，父母发动化父母更凶。子孙化子孙，不遇伤克，代代儿女成行，绝不是单传。

# 占地形势章第一百二十

【原文】

世旺遇长生，来龙①甚远；世衰逢应克，对案山②欺。

两间旺而明堂③宽，龙虎衰而左右陷。

左山旺，头角峥嵘；右山衰，爪牙埋伏。

朱雀遇刑冲，前山杂乱；玄武逢破散，后脉空虚。

龙虎世爻合局，虎踞龙盘；水土世应相合，山环水绕。

水口④不固，上爻一定逢空；道路参差，螣蛇必然破散。

【译文】

世爻旺相而遇长生，来龙遥远；世爻衰弱而应爻克，案山欺凌。

两间爻旺相则明堂宽阔，龙虎衰弱则左右凹陷。

左山旺相，青龙的头角峥嵘；右山衰弱，白虎的爪牙隐伏。

朱雀遇到刑冲，前面的山头杂乱；玄武遭逢破散，后面的龙脉空虚。

龙虎值世爻而合局，虎踞龙盘；水土临世应而相合，山环水绕。

水口不牢固，一定因为上爻逢空；道路有问题，必然由于螣蛇破散。

【原文】

世爻当令，又长生帝旺于日辰，来龙远大。倘若应爻冲世爻者，必

①来龙：指真生气的来路，也指龙脉的来势。

②案山：坟地前面形似几案的小山或坡地。

③明堂：坟地前地气聚合之处。

④水口：两条以上水合流之处。

因对山高耸，或因临葬错对向山①。如应爻受克者无碍，改向可也。世应中间，两间爻以为明堂。旺相者明堂宽大，休囚者明堂斜陷。

近世之爻而为案山，亦不可克世。龙为左山，虎为右山，两山旺者有环抱之势，俱衰者不能环抱。大抵青龙且旺宜扶，头角轩昂；虎山宜衰宜克，爪牙埋伏。朱雀遇刑冲克散及破墓绝空者，前山杂乱；玄武逢破散，后脉空虚。若得世应、龙虎、子孙共成三合者，乃虎踞龙盘之大地也。

第六爻为上爻，若逢空破，水口不固，逢绝者水涸泉枯。看河道之水者，非论水口，须看卦中之水。休囚被克，涨退不常。逢生化生，流长源远，再遇青龙，源长而秀。螣蛇为路，如逢冲散，小路必多；旺相者，必有官道。勾陈为田坡，旺相则有，衰破则无。

**【译文】**

世爻当令，又长生、帝旺于日辰，主来龙远大。倘若应爻冲世爻，必定因为对面的山峰高耸，或者由于临葬弄错了向山。应爻受克，无碍，改变朝向就可以了。世应中间的间爻为明堂，旺相的，明堂宽大；休囚的，明堂偏斜低陷。

接近世爻的爻为案山，也不可以克世爻。龙为左山，虎为右山。这两山旺相，有环抱的形势；都衰弱，就不能环抱。大体说来，龙山适宜旺相和扶助，这样青龙的头角才轩昂；虎山适宜衰弱和被克，这样白虎的爪牙才能伏住；朱雀遇到刑、冲、克、散及月破、入墓、绝、旬空，主前面的山杂乱无章；玄武逢月破日散，主后面的龙脉空虚。如果世应、龙虎和子孙构成三合局，就是虎踞龙盘的好墓地。

第六爻为上爻，如果逢旬空月破，水口就不牢固；如果逢绝，就会流水干涸，泉源枯竭。看河道的水，不是论水口，必须看卦中的水。休囚而被克，涨满或消退没有规律；逢生扶或化生扶，源远流长，再遇到青龙，更主增加秀气。螣蛇为道路，如果逢冲散，小路一定多；如果旺相，一定有官道。勾陈为田坡，但旺相的才有，衰弱和月破的则没有。

---

①向山：基址或父母山遥对的远山，往往是基址前瞻视线的收束点和对景。

**【原文】**

丑月庚申日，占地形势，得咸卦。青龙持世，日辰临世，来龙由左而至，旺而有气。左右皆无伤克，龙虎环抱。向山未土虽临月破，朱雀亥水为前山，申日生之，必有朝水或是带水，水有其源。蛇为路，上为水口，俱临月破，道路差参，水口散乱。两间爻旺相，明堂宽大。彼曰："果一一无错。此地吉否？"余曰："此乃占地穴之形势耳，非关吉凶祸福。"

**【译文】**

丑月庚申日，占墓地形势，得到泽山咸卦：

父母未土●●　— —应　　螣蛇
兄弟酉金●　　———　　勾陈
子孙亥水●　　———　　朱雀
兄弟申金●　　———世　青龙
官鬼午山●●　— —　　玄武
父母辰土●●　— —　　白虎

青龙持世，日辰临世，来龙从左面来到，旺相有气。左右都无伤克，龙虎环抱。向山未土虽然临月破，但是朱雀亥水为前山，申日生它，必有朝水或是带水，而且这水有源头。螣蛇为道路，上爻为水口，都临月破，主道路参差不齐，水口散漫杂乱。两个间爻旺相，主明堂宽大。他说："果然一一都没错。这地吉不吉？"我说："这是占地穴的形势，无关于吉凶祸福。"

**【原文】**

余笑前贤以一卦而断父子、兄弟、妻财、官禄，余岂效颦耶？若问功名，再占一卦，祷于神曰："安葬此地，我名成否？"以《官禄章》中断之。"发财否？"以《求财章》内断之。"子孙旺否？伤克父母兄弟妻妾否？"皆在《身命章》中、父母兄弟章内断之。若以占形势之卦，兼断六亲及名利者，即如此卦兄弟持世，乃贫寒破耗克妻之神。况卯木财爻伏于午火之下，泄气之木又被金伤，势必兼而断之，乃丧妻死妾、克害奴仆、贫乏艰难、无衣而乏食矣。请试思之，既得如此吉地，若使家徒壁立，抱衾孤眠，亦可谓之吉地耶？所以余得分占之法，实则可以醒世，作千古不易之法也。

【译文】

我笑前代的贤人以一卦来断父母、子孙、兄弟、妻室，钱财和官禄，怎么能效法他们呢？要问功名，就再占一卦，向神祷告说："安葬在这里，我的功名成就吗？"根据《官禄章》中的内容决断。"发财吗？"根据《求财章》的内容决断。"子孙旺盛吗？伤克父母兄弟妻妾吗？"都根据《身命章》、父母兄弟章的内容决断。若以占形势的卦，兼断六亲及名利，比如这一卦兄弟持世，是贫寒破耗克妻的爻神；况且卯木妻财伏于午火之下，泄气的木又被金伤，如果一定要兼断的话，乃是丧妻死妾、克害奴仆、贫乏艰难、无衣缺食的卦了。请试想一想，既得这样的吉地，难道家中徒有四壁，抱着被子孤眠，也可以叫作吉地吗？所以我得到分占的方法，实在可以警醒世人，作为千古不变的方法。

【原文】

或曰："前说父不宜旺，不宜父动、化父，是何说也？"余曰："占地以世爻、子孙爻为主，父动克子，如何不忌？"或又问："前说化克化鬼，兄弟妻子休逢，又何说也？"余曰："凡占地者，世与子孙爻旺，即可用之，至于父母、兄弟、妻财、功名，须宜另占一卦，不可兼断。倘若得地之凶，不待另占，即此占地之卦，而先现出六亲化鬼、鬼化六亲，即是刑伤之地耳。只看六亲动而化克化鬼，不必看衰旺空破刑冲。神兆机于动，动而化凶，显然而告我也，我岂此而不看，又另占耶？"

【译文】

有人说："前文说父母不宜旺相，不宜父母发动、化父母，这是什么意思？"我说："占地以世爻、子孙爻为主，父母发动克子孙，怎么能不忌讳？"有人又问："前文说化克化官鬼，兄弟妻子不要遇到，又是什么意思？"我说："凡占墓地，世爻与子孙爻旺相，就可以用，至于父母、兄弟、妻财、功名，必须另占一卦，不可凭一卦兼断。倘若得到的墓地凶，不用另占，就呈现出六亲化官鬼、官鬼化六亲，就是刑伤的墓地。只看六亲发动而化克化官鬼，不必看衰旺、空破、刑冲。神兆示机同于发动，发动而化凶，显然地告诉我结果了，我怎么能不看这一卦而另占呢?”

## 卜得地于何时章第一百二十一

【原文】

**世为用神，静者逢冲逢值，动者逢值逢合。**

**世空者冲实之秋，世破者填实之候。**

**逢合入墓，须待冲开；独静独发，值之而遇。**

**世若休囚须旺相，若逢旺相待休囚。**

世为坟地，静者逢冲逢值之年月。即如世值子水，静者应于午年月，动者应在丑年月，亦有应子年。余仿此。

世空者冲空实空之年，世破者实破之年。世逢三合六合，或世爻化合，或墓于日辰，或化墓，皆应冲开之日。

卦中一爻独发，一爻独静，亦应逢值之时，动逢合，静逢冲。即如卦中子爻独动，应于丑年；如子爻独静，应于午年。余仿此。

【译文】

**世爻为用神。安静的，逢冲逢值的时候；发动的，逢值逢合的时候。**

**世爻旬空的，冲实的时候；世爻月破的，填实的时候。**

**逢合与入墓，必须等待冲开；独静独发，当值时候遇到。**

**世爻若休囚，须等到旺相的时候；若逢旺相，须等到休囚的时候。**

世爻为坟地，安静的，逢冲逢值的年月得到。比如世爻值子水，安静，应验于午年或午月；发动，应验在丑年或丑月，也有应验在子年的。其余依此类推。

世爻旬空的，应验在冲空实空的年份；世爻月破的，应验在实破的年份。世爻逢三合六合，或者世爻化合，或者墓于日辰，或化入墓，都应验在冲开的日子。

卦中一爻独发或一爻独静，也应验在逢值的时候。发动的要逢合，安静的要逢冲。比如，如果卦中子水爻独自发动，就应验于丑年；如子水爻独自安静，就应验于午年。其余依此类推。

【原文】

又如辰月乙卯日，占何时得地，得复之屯卦。断曰："亥水财爻独发，拱扶世爻，被戌土回头克制。今为月破，九月实破，戌土更旺，交冬水旺而得矣。"彼曰："得在何方？"余曰："占此应此，占彼应彼，如问何方，再占一卦。"

【译文】

又例如，辰月乙卯日占何时得墓地，得到地雷复卦，变为云雷屯卦：

子孙酉金●● — —

妻财亥水 × — —　　　兄弟戌土● ———

兄弟丑土●● — —应

兄弟辰土●● — —

官鬼寅木●● — —

妻财子水● ———世

断卦说："亥水妻财一爻独发，拱扶世爻，被戌土回头克制。现在为月破，九月实破，戌土更旺，所以交冬令水旺的时候就会得到。"他说："在哪个方位？"我说："占这里应在这里，占那里应在那里，要问究竟主哪个方位，需要再占一卦。"

# 得地于何方章第一百二十二

**【原文】**

野鹤曰：卜得地于何时，还以世爻为用；卜得地于何方，当以父爻为用也。已葬之后，皆以父爻为用可也。父值亥子，北方自有吉穴；父临巳午，东南必获牛眠①；父值土爻，得地于辰戌丑未之方；父爻临木，东北寅卯堪寻；父临申酉，地在西南。间有验于墓方者，即如父母爻属木，得地于未方；父母爻属金，得地于丑方。余仿此。

**【译文】**

野鹤说：占什么时候得到墓地，还以世爻为用神；占得墓地于哪个方位，则应当以父母爻为用神。已葬之后，都以父母爻为用神。父母值亥子，西北或北方自有吉穴；父母临巳午，东南或南方必获牛眠穴；父母值土爻，得地于辰戌丑未的方位；父母临木爻，东北寅、东方卯的方位可以寻觅；父母临申酉，地在西南方或西方。偶尔有应验于入墓方位的，比如父母爻属木，得地于未土的方位；父母爻属金，得地于丑土的方位。其余依此类推。

---

①牛眠：又叫牛眠地，指有利于后代升官发财的坟地。典出《晋书·周光传》：陶侃微贱时，丁艰将葬，家中忽然丢了牛，不知在哪。遇到一位老夫说：“前冈见一头牛睡在山污中，那地若能埋葬，就位极人臣了。”说完就不见了。陶侃寻牛得到地，就葬在那里。后来果然位极人臣。

# 占地师章第一百二十三

**【原文】**

**应为用神，旺相生合世爻，虽愚亦用；休囚冲克世爻，贤亦不宜。**

**世应俱空莫访，应临空破非奇。**

应爻旺相，与世爻相生相合，或与世爻作三合，不论应临财鬼兄父，人恶之而无才，我喜之而有缘。休囚冲克世爻者，即使应临官父，他有博学，我被他愚。世应皆空，彼此无缘；应逢空破，无才无德。

**【译文】**

**应爻为用神，旺相而生合世爻，即使愚蠢也应该用；休囚冲克世爻，即使贤良也不适宜。**

**世应爻都逢空，不必再访求；应爻临空破，能力不出奇。**

应爻旺相，与世爻相生相合，或与世爻作三合，应爻不论临妻财、官鬼、兄弟、父母，即使别人嫌地师无才，我还是因与他有缘而欢迎。休囚或冲克世爻的，即使应爻临官鬼父母，主他有博大的学问，我还是会被他愚弄。世应爻都旬空，主彼此无缘；应爻逢旬空月破，主地师既无才又无德。

# 点穴章第一百二十四

**【原文】**

世在初二爻，穴宜下；在五六爻，穴在于上；三四爻，宜于中。水持世爻，穴近于水，或是坑窝之地；世临土者，即于高堆点穴。世临寅木，丛木盛草之方。申酉持世，有块石堆。火乃枯焦，红泥焦土及草木枯焦之处是也。

如未月乙巳日点穴，得大壮卦。此地经过法眼①者，皆言其吉。久占此地，亦许其吉，因屡掘逢石，无处寻穴，央余到坟下得此卦。余曰："世在四爻，穴在中段。"因午火持世，即往中段观看。有一处草木枯焦，有几朵野花红色，别处皆无。余曰："即此穴也，掘之必逢土穴。"东家尚疑，余曰："我有一法。将钱一文，点记红朱，乱入数百钱内，公可设下香案，祷告于天，得红砂钱者即其穴也。"令人遍地洒之，果得朱钱于红花之下。掘之，周围仅有丈余，皆泥土也，余皆石块。此公次年开府，两令郎五年之内俱登甲榜。

**【译文】**

世爻在初二爻位，墓穴宜于低下；在五六爻，墓穴在高处；在三四爻，宜于适中。水持世爻，墓穴接近水，或者是坑窝的地方。世爻临土，就在高坡上点穴。世爻临寅木，在草木盛的地方。申酉持世，主石块石堆。火有焦枯的征象，主红泥焦土，及草木焦枯之处。

例如，未月乙巳日点穴，得到雷天大壮卦：

兄弟戌土●●　— —

子孙申金●●　— —

父母午火●　———世

兄弟辰土●　———

官鬼寅木●　———

妻财子水●　———应

这块地，经眼的人都说吉。我很久以前就占这块地，也许它吉。问卦者因为屡次挖掘都遇到石头，无处寻穴，请我到坟下。占得这一卦，我说："世爻在第四个爻位，墓穴在中段。"因为午火持世，就往中段观看。有一处草木枯焦，有几朵红色的野花，别处都没有。我说："这就是墓穴，挖掘下去，必定遇到土穴。"东家还是怀疑，我说："我有一个办法：把一文钱，点上朱红，混入数百个钱中。您可以设下香案，

①法眼：佛教指能照见一切法门的眼睛；泛指敏锐、深邃的洞察力。

祷告上天，得到红砂钱就是这个墓穴。”令人遍地洒钱，果然在红花下得到朱红钱。挖掘下去，周围只有一丈余的范围全是泥土，其余地方都是石块。这人第二年当了知府，两个儿子在五年内都登上了甲榜。

## 谋地偷葬章第一百二十五

**【原文】**

觉子曰：谋地偷葬，乃损人利己之事；以此丧心之为而问于神，卦若有灵，是神教人而作丧心之事也。殊不知先有心地而后得遇阴地。昔有人恃财倚势，欺陷贫人，谋夺其地以葬亲，后遇识者曰：“此地不发，必无地理；此地若发，必无天理。”既有天理循环之报，能久远昌盛者，未之有也。

**【译文】**

觉子说：谋求墓地而偷偷埋葬，属于损人利己的行为；将这种丧良心的事向神请问，卦若灵验，就是神教人去做丧良心的事了。应当知道，先有心地，后得遇阴地。过去有人恃财仗势，欺负穷人，用阴谋夺别人的墓地，来葬自己的母亲，后来有见识的人说：“这块墓地如果不发达，必定没有地理；这块墓地如果发达了，必定没有天理。”既有天理的循环报应，这样行事而能久远昌盛的，从来也没有过。

## 祖茔旧冢章第一百二十六

**【原文】**

祖父之墓，或葬多年，或葬未久，如来卜者，必有其因，须宜审明，方可决断。有因连年困苦，疑坟茔之不利；有因屡科不发，或有子入场，疑此风水可能发科否？为己者须宜自占，为子孙者命子孙来占。有因仕途蹭蹬，连岁不升，疑其风水有碍；有因子孙不存，疑其风水相关；有因六亲中父母、兄弟、妻儿或自身多生疾病，疑因风水所致；有因连年官非火盗；有因风水被伤，卜其何法而修补；有因闲问祖茔有地脉否；有问祖茔有伤损否，皆以父母为用神。

【译文】

祖上或父辈的墓，或者已经埋葬多年，或者埋葬不久，如果来占问，其中必有原因，必须审查明白，才可以决断。有的因为连年困苦，疑心坟茔不利；有的因屡次科考而不发科甲，或者有儿子参加科考，疑惑这风水能发科吗？为自己的，应当自己占问；为子孙的，应当让子孙来占问。有的因仕途不顺，连年不升迁，疑心风水有妨碍的；有的因为子孙无法存活，疑心与风水有关的。有的因为六亲中父母、兄弟、妻儿或者自身多生疾病，疑心是风水所致；有的因为连年遇到官司、是非、火灾、盗窃；有的因为风水被伤，占用什么方法修补；有的是闲问祖茔有地脉没有；有的问祖茔有伤损没有，所有这些，都以父母爻为用神。

【原文】

**卦遇六冲，全无地脉；卦变化绝，势若倒悬。**

**卦遇伏吟，欲迁不遂；反吟卦现，不迁亦迁。**

**卦变六冲龙已去，子孙有陵替之危；冲中变合运将来，后代有兴隆之象。**

正卦六冲，变卦六冲，全无脉气。卦变化克，如倒悬之势，危之急矣，凶灾立至。伏吟卦地脉全无，虽有迁意而不能迁；卦得反吟，心不欲迁而终迁矣。卦变六冲，有龙已去，子孙从此衰颓；六冲变合，先无地脉，目今地运将兴，后代从此发矣。

**父母旺相，祖坟安然；墓绝休囚，后裔零落。**

已葬之地，父母为用神，宜旺相或日、月、动爻生扶，或动而化生，化日月，化比助，化进神，乃吉地也，儿孙兴发之象，亡者安而生者乐。旺而又遇帝旺长生者，来龙永远，世代兴隆。不宜墓绝空破，及动而破散，化退神，化绝墓，化回头克，化旬空，化破散，乃凶象也，亡者不安，生者寥落。

【译文】

**遇到六冲卦，完全没有地脉；卦变而化绝，形势完全不宜。**

**遇到伏吟卦，要迁移而做不到；遇到反吟卦，不迁移也得迁移。**

**卦变六冲，真龙已经离去，子孙反有衰败的危机；冲中变合，好运即将到来，后代有兴隆的气象。**

正卦遇六冲，或变卦遇六冲，完全没有地脉之气。卦变而化克，如同倒悬的形势，危急得很，主凶灾立刻就会到来。伏吟卦的地脉完全没有，想迁移也做不到；卦得反吟，心里不想迁移，但是终究还得迁移。卦变六冲，主龙已经离去，子孙从此衰落颓败；六冲变合，本无地脉，而当今地运即将兴盛，主后代从此发达。

**父母爻旺相，祖坟自得安然；遇墓绝休囚，后代必然零落。**

已葬的墓地，以父母为用神，宜旺相，或者日辰、月建、动爻生扶，或者发动而化生，化日辰月建，化比助，化进神，这些都是吉地，是儿孙兴旺发达的征象，主死亡者安宁，存活者快乐。旺相而又遇到长生帝旺，主来龙长远，世代兴隆。不宜入墓、遇绝、旬空、朋破，及发动而月破日散，化退神，化绝墓，化回头克，化旬空，化破散，这些都属于凶象，主死亡者不安，在世者寂寥落寞。

【原文】

**世爻变鬼，占者不祥；鬼化六亲，各属不吉。**

世爻变鬼及随墓助伤，所占之人不吉。兄弟妻子动而化鬼，鬼化兄弟、父母、妻子者，查其所犯而断也。又有子命化鬼，鼠命者殃；午命变鬼，马命不利。余仿此。

野鹤曰：古以父爻不宜旺相，父旺父动，子孙不安，余以为谬。占旧坟以父为用神，父母旺及动而化吉，祖父安然，扯到伤克子孙者，是宜旺耶？不宜旺耶？唯子孙动而化鬼，及父动克子孙，不利于子孙是也。

【译文】

**世爻变官鬼，占问者不祥；官鬼化六亲，所关者不吉。**

世爻变官鬼及随墓入墓、助鬼伤身，占问的人不吉。兄弟、妻财、子孙发动而化官鬼，或官鬼化兄弟、父母、妻财、子孙，按爻象所主的人而论断。还有子命人化官鬼，鼠命人遭殃；午命变官鬼，马命人不利的说法。其余依此类推。

野鹤说：古法以为父母爻不宜旺相，父母旺或父母发动，主子孙不安。我以为这话说错了。占旧坟以父母爻为用神，父母旺相及发动而化吉，主祖宗和父母安宁，如果扯到伤克子孙上去，那么是宜旺还是不宜旺呢？只有子孙发动而化官鬼，及父母发动而克子孙的卦，才不利于子孙。

# 因何事所伤章第一百二十七

【原文】

野鹤曰：须宜另占，不可以前卦兼断。专看冲克父母之爻，为忌神。如得六爻安静，父母有气，久后自安，不必补修。

**克神临火或临朱雀，祸必起于窑灶；倘临土动或兼玄武，定因偷葬相伤。**

**金虎因受其惊，木龙蟠根有碍。**

克神以带螣蛇，蛇蚁为巢。

**土鬼勾陈，挖掘动土；玄武临水，水浸衾棺。**

克神临火，恐近处开窑作灶，或因火烛之事。土克父母，兼玄武者必有偷葬。临勾陈螣蛇者，筑墙盖屋以致相伤。金虎地震山摇，木虎砍伐树木。木逢龙动，穴下有竹木根伤；火与蛇兴，冢内有蚁蛇为害。玄武水爻克父母，穴中黑水相侵。

【译文】

野鹤说：问因何事所伤，必须另外占卦，不可以根据前一卦兼断。专看冲克父母的爻，因为这是忌神。如果六爻安静，父母有气，那么不必修补，久后自然安宁。

**克神临火或临朱雀，祸患生于窑灶；倘临土动或兼玄武，偷葬导致相伤。**

**金为白虎，因而受到惊吓；木为青龙，由此有碍蟠根。**

克制之爻带螣蛇，蛇和蚂蚁作巢穴。

**土为官鬼而值勾陈，挖掘动土；玄武临于水爻，水浸棺木。**

克制的爻临火，恐怕近处开窑作灶，或者是与火烛有关。土克父母，带玄武，必有偷葬之类；带临勾陈螣蛇，主由筑墙盖屋导致伤害。金为白虎，地震山摇；木为白虎，砍伐树木。木逢青龙发动，穴下有竹木的根被伤。火与螣蛇兴起，坟内有蚂蚁与蛇为害。玄武值水爻而克父母，穴中有黑水浸蚀棺木。

【原文】

**父母被冲，地风水漫；金克父母，石块山冈。**

**水冲克者，低洼水涌；木爻克父，树木相伤。**

**火克者穴藏蛇蚁，土动者盖造墙垣。**

父母爻被日、月、动爻冲克，及卦动化冲，如在乾兑之宫，卦得亥、卯、未合成木局克父，必有地风冲歪棺椁；如在坤艮之宫，卦得申、子、辰水局克父者，穴中水涌，水泛棺歪；如在离宫，金局冲克者，山罔石块；如在坎宫，逢火局冲克父母者，定因窑火雷惊①。爻中

①如在乾兑之宫……定因窑火雷惊：这一段话的原文是：“如在艮、坤之宫，卦得亥卯未合成木局克父，必有地风，冲歪棺椁；如在离宫，卦得申子辰水局，克父者，穴中水涌，水泛棺歪；如在乾、兑之宫，金局冲克者，山冈石块；如在震、巽之宫，逢火局冲克父母者，定因窑火雷惊。”松原市周易研究会会长张锋指出：艮坤宫父母爻属火，卦得亥卯未合成木局，只能生父母爻火，不可能克父母爻火；离宫父母爻属木，卦得申子辰水局，只能生父母爻木，不可能克父母爻木；乾兑宫父母爻属土，卦得金局，不可能冲克父母爻金；震巽宫父母爻属水，卦逢火局，不可能克父母爻水。据以改正原文如此。

水动，地洼水浸。卦得木动，竹木根滕。火主虫蛇，土因动土，果有犯之，速宜修补。

【译文】

**父母爻被冲，主地风和水漫；金克父母爻，为多石的山冈。**

**水来冲克者，低洼泉涌；木爻克父的，树木相伤。**

**火克的，主穴藏蛇蚁；土动的，将修造墙垣。**

父母爻被日辰、月建、动爻冲克，及发动化冲，比如在乾兑宫，卦中有亥、卯、未合成木局而克父母，主必有地风冲歪棺椁；比如在坤艮宫，卦得申、子、辰合成水局而克父母，主穴中涌出泉水，使棺椁歪斜。父母爻在离宫，如果有金局冲克，就是多山冈石块的墓地；如果在坎宫，逢火局冲克父母爻，一定因为窑火和雷霆惊悚。六爻中有水发动，主地势低洼，有水浸泡。卦中有木发动，主竹木根藤牵扯。火爻发动，主有虫蛇；土爻发动，是因为动土。如果有这样的妨碍，就应当迅速修补。

【原文】

**爻无乱动，须观五行之有无；卦若安逸，又看地支之缺陷。**

爻安静，并无冲克父母之爻者，又看五行之所少也。卦中无土，须筑墙垣。卦无金星，石碑可立。六爻火星缺陷，可立烟灶，或安看守坟茔之宅舍。水爻不现，可作池塘及开河道。木爻不现，多栽树木。此言五行之所少者，非独不上卦也，有现于爻空破、墓绝、无气者，亦如无也。

【译文】

**爻不乱动，须考察五行的有无；卦若安宁，又要看地支的缺陷。**

爻象安静，并无冲克父母的爻，又看五行缺少什么。卦中无土，必须筑墙垣；卦中无金，可以立石碑；六爻中火星有缺陷，可以立烟灶，或者建看守坟茔的宅舍。水爻不出现，可以修池塘及开河道；木爻不出现，可以多栽树木。这是说五行所缺少的，不只是不上卦。有的虽然出现爻中，但只要值旬空、月破、入墓、遇绝、无气，就等于没有。

**【原文】**

如未月己巳日，占得萃之革卦。此位而卜祖冢。予曰："因何事而卜?"彼曰："当年地师曾许此地，葬后必出科甲。愚弟兄四人，俱忝在庠，并无发者，何也?"予曰："坟傍必有大树。"答曰："果有，葬时还小，连年茂盛而长大矣。"予曰："树根长到棺傍，棺被损矣。"彼曰："何法治之?"予曰："须在坟傍，挖一小坑以探之。果有根者，于远处挖一大坑，令人入之，横挖一坑，以到坟傍将利铲轻轻去之。仍命道安坟①，则吉。贵昆仲之发者，须令本人自占。亲翁下科，太岁在午，拱起世爻巳火之官，管许高发。"果依此行，即于午岁登科。

**【译文】**

例如，未月己巳日，占得泽地萃卦，变为泽火革卦：

父母未土●●　— —

兄弟酉金●　———应

子孙亥水●　———

妻财卯木×　— —　　子孙亥水●　———

官鬼巳火●●　— —世

父母未土×　— —　　妻财卯木●　———

这个人占祖坟。我说："为什么事而占?"他说："地师当年曾说，这地埋葬后，必出科甲之人，可我弟兄四人都在学校，却并没有发科甲的，为什么?"我说："坟旁一定有大树。"答回说："确实有，埋葬时还小，一年年长大了，很茂盛。"我说："树根长到棺木旁，棺木被损坏了。"他说："用什么办法调理?"我说："必须在坟旁挖一个小坑加以探看，如果真有树根，就在远处挖一个大坑，叫人下去，再横挖一个坑到坟旁，用锋利的铲子轻轻去掉，再让道士安坟，这样就吉祥了。你们弟兄要发达，必须让本人亲自占问。您下一科考时，太岁在午，拱起世爻巳火官鬼，管保高中发科。"果然依这些话做了，于是在午年荣登科甲。

---

①安坟：通过法事调节坟墓的气场，使之安宁和谐。

# 修补秘法章第一百二十八

【原文】

因窑灶而伤者，命道祭火神①，设火醮②而安之；偷葬及动土相伤，命道设醮以安土神③；因受惊恐而伤者，命道设醮而安坟。

或因有竹木蟠根及石块相伤者，须于坟旁挖坑三尺以探之，轻轻去其竹木石块，仍命道安坟则吉。倘因蛇蚁为巢者，多栽苦楝树，其蛇蚁自散，勿信人言，以焚其巢穴，伤损性命。余曾亲见两家见蛇为巢，用火焚之，后子孙衰败不堪。倘穴中因水淹没者，若有消水之法，设法以消之。倘因地注，终无消水之法，不得不选地而迁也。或因地风吹歪棺木者，前后挖坑二三尺以探之，后果歪者仍归于正向，命道安坟则吉。

【译文】

因窑灶而致伤的，让道士祭火神，设火醮来安抚；偷葬及动土相伤的，让道士设醮来安抚土神；因受惊恐而伤的，间道设醮来安坟。

或者因有竹木蟠根及石块相伤，必须在坟旁挖三尺深的坑来探测，轻轻去掉竹木或石块，也让道士安坟，这样就吉祥了。倘若因为蛇或蚂蚁作巢，就多栽苦楝树，那些蛇或蚂蚁自然会散去，别听信别人的话而焚烧它们的巢穴，伤损它们的性命。我曾经亲眼见到，有两家见蛇作巢，用火焚烧，后来子孙衰败不堪。倘若墓穴中被水淹没，如果有消除水的办法，就设法消除，如果实在没办法消除水，就得迁坟了。如果棺

①火神：中国各民族的火神不一。汉族的火神一般认为是祝融。相传他在帝喾高辛氏时，在有熊氏之墟（今新郑）担任火正之官，能昭显天地之光明，生柔五谷材木，以火施化，为民造福，故被后世尊为火神。

②火醮：火祭。

③土神：又称土地公、土地爷，是民间信仰中的地方保护神，也是道教诸神中地位较低的神祇。土地神的出处很多，难以枚举，故无法确定其姓名。

木被地风吹歪了，要在前后挖二三尺的坑来探测，确实如此的话，就归正后让道士安坟，可保吉祥。

## 再占修补吉凶章第一百二十九

【原文】

**子孙持世，子孙动摇，修之则吉；**

既问修补之吉凶，则以世爻为用。子孙持世，子孙发动，修之必获清安。

**官鬼世，父爻空，迁则获福。**

鬼克世，我必有害，父空破墓绝，再被日、月、动爻伤克者，乃因伤者重，培补亦无益矣，当宜迁之。

觉子曰：古以迁茔之说，谓父母之墓受伤，儿孙一体之感，致生灾祸，理之有也。迁茔改葬不得不行，观世人富者不贵，改祖墓以求荣，有子不富，迁父冢以求富，将父母之遗体为市井之货利。不意天理难容，身之未荣，家产荡尽，财之未发，绝灭儿孙。余之见者，不可胜数，附此戒之。

【译文】

**子孙持世，子孙又动，修补就吉祥。**

既问修补的吉凶，就以世爻为用神。子孙持世，子孙发动，修后必定清净安宁。

**官鬼持世，父母旬空，迁移则获福。**

官鬼克世爻，必定于我有害；父母旬空、月破、入墓、遇绝，再被日辰、月建、动爻伤克，如果伤得重，培补也无益，就应当迁移。

觉子说：关于迁移坟茔，古法说：因为儿女与父母有一体之感，父母的墓受伤，儿女也发生灾祸。这是有道理的，所以不得不迁坟改葬。看世人富而不贵，就迁改祖坟以求荣达，有儿子而不富，就迁移父亲的坟而求富有，这是将父母的遗体作为市井的货与利。也不想想，这是天理难容的事，会导致自身没能荣达，家产就荡尽，财还没发，儿孙就灭绝的结果。我见到这类事不胜枚举，所以附记在这里，作为后人的禁戒。

# 新亡附葬祖茔章第一百三十

**【原文】**

六冲变冲，卦变绝克，父母受伤，内外反吟，且宜他葬。世爻受克，随墓助伤，世动化克化鬼，附葬不宜。父母兄弟妻儿动，而化鬼化克，俱有刑冲伤重，惟喜世及六亲不逢变克，随卦静六合，必得存亡之安。

如子月丙申日，占以父柩附葬祖茔，得复之坤卦。断曰："世爻被克，不宜附葬之。"后仍附葬。数月后不断曰腰疼欲死，欲迁其坟。余曰："坟不必迁。卦中世爻被克，幸而旺相，土来克水，命道安土神则吉。"果于安坟而愈。余曰："目下虽不迁改，终有迁改。"彼曰："何也?"余曰："化六冲不久之象。"果于子年死母，起此冢于他处合葬焉。

**【译文】**

六冲变冲，或卦象变为绝或克，或父母受伤，或内外反吟，都应该另外埋葬。世爻受克，随鬼入墓，助鬼伤身，世爻发动而化克，化官鬼，不宜附葬。父母、兄弟、妻财、子孙爻发动而化官鬼，化回头克，都主有刑伤。只喜欢世爻及六亲不逢变克，卦静而逢六合，存者亡者都必得安宁。

例如，子月丙申日，占将父亲的灵柩附葬在祖坟，得到地雷复卦，变为坤为地卦：

子孙酉金●●　— —

妻财亥水●●　— —

兄弟丑土●●　— —应

兄弟辰土●●　— —

官鬼寅木●●　— —

妻财子水○　——世　　　兄弟未土●　— —

断卦说："世爻被克，不宜附葬。"但后来还是附葬了。几个月后不断地说腰疼得要死，要迁父亲的坟。我说："坟不必迁。卦中世爻被克，幸而旺相，土来克水，让道士安抚土神就吉行了。"果然于安坟后就痊愈了。我说："眼下虽然不迁改，终究还要迁改。"他说："为什么？"我说："化为六冲卦，是不长久的征兆。"果然于子年死了母亲，就把这座坟起到其他处合葬了。

**【原文】**

李我平曰：《海底眼》云："一世二世出王侯，世在五六爻出孤独"，市井语耳，何事刊于大道之书？

《易冒》曰："子孙旺而官父得地者，主贵；子孙旺临财者，主富；子孙旺临帝旺者，多男；旺遇白虎羊刃者，主武夫；子孙衰破者，必出残疾；子孙临空，必出僧道。"疑此为代代单传者而设也。倘子孙十有余人，有富有贵，有文有武，有夭有寿，有多男，有乏嗣，有残疾者，予以为六爻全是子孙，亦难分别。

此揣摩之论，何足为法？以此揣摩之论，自以为之得意，殊不知周易讲理，不尚华辞。文法虽足可观，其实令人喷饭。

**【译文】**

李我平说：《海底眼》说："初爻或二爻持世出王侯，世爻在五六爻出孤独的人。"这只是市井流传的说法罢了，凭什么印于讲大道的书上？

《易冒》说："子孙旺相，官鬼和父母爻得地的，主贵；子孙旺相而临妻财的，主富；子孙旺相而临帝旺的，多男孩；旺相而遇白虎、羊刃的，主成为武夫；子孙衰弱而逢月破的，必定出残疾人；子孙临旬空，必定出僧人道士。”我疑心这是为代代单传的人家而说。倘若子孙有十余人，有富有贵，有文有武，有夭有寿，有多男儿的，有缺子嗣的，有残疾的，即使六爻全是子孙，也难以判别。

这种揣摩性的议论，哪里值得作为法式？凭着这样的揣摩之论，还自以为得意，殊不知《周易》讲道理，不崇尚华美的词藻。文字即使足以观赏，内容上却令人笑到喷饭，有什么用呢？

# 附录一：作者野鹤老人其人其事

本书作者野鹤老人，姓丁，名耀亢，字西生，号野鹤，别号紫阳道人、木鸡道人、辽阳鹤等，是明末清初的著名诗人、剧作家、小说家和易占大师，其文名与当时文坛泰斗李渔相当，人称“北丁南李”。

丁耀亢于万历二十七年（1599）出生于山东诸城的一个官宦世家。其父丁惟宁，嘉靖四十四年（1565）进士，历任直隶清苑知县、四川道监察御史、御史、郧襄兵备副使等，政绩斐然，后来冤枉遭贬而拂衣归隐。据考证，明末著名小说《金瓶梅》的作者兰陵笑笑生，可能就是丁惟宁。

由于家学渊源，丁耀亢自幼饱读诗书，故少年时即“负奇才，倜傥不羁”。二十岁考中秀才，二十一岁负笈江南，投奔到董其昌、乔剑圃门下，师从两位大师。曾于辛酉年（1621）、甲子年（1624）、庚午年（1630）三年三次参加乡试，不幸皆名落孙山。科场屡屡失意，使心高气傲的丁耀亢备受打击，于是另辟蹊径，编成《天史》十卷。他自述：“兹书两经寒暑而就，上下三千多年，阅古今文不下数千帙，凡有关报应者，拈纸记之，五易其稿而后成。”

崇祯壬午年（1642）冬，清兵略地破诸诚，丁耀亢弟侄等率部守城殉难。丁耀亢携老母、孤侄入海避难。清军抢掠、残杀无辜的暴行，使他义愤填膺，以《出劫纪略》中详细记载这段历史。甲申年（1644）三月，他从海路南行，向南明当局提出联合农民起义军抗清主张，但是未被采纳。同年九月，到淮镇谒见刘泽青将军，被授以行军赞划之职。后授纪监司理，同王遵坦共屯东海水营。其间计破安丘之围，舌却涛雒之兵，说服王遵坦离开景芝扎营，使景芝避免了一场劫难。

南明投降后，顺治戊子年（1648）七月，丁耀亢迫于生活，不得已而入北京谋职，由顺天籍拔贡充镶白旗教习。因为才能卓越，当时的名公巨卿王铎、傅掌雷、刘正宗、龚鼎孳等皆与其为友，常在其寓所陆舫饮酒酬唱，于是名声大噪，几乎无人不知。

顺治八年（1651）岁末，丁耀亢教习期满，被授容城教谕，但丁耀亢没有履职。直到十一年（1654）春，才前往容城赴任。这一年，容城大水，民不聊生，饿殍遍地。为帮助容城的灾民度过饥荒，丁耀亢将当年所得俸禄以及微薄的积蓄全数捐给了灾民，搞得自己也衣衫褴褛，穷困潦倒。

由于“哀民忘身，干练多谋”，被赈灾于容城的祝、梁二公连章四荐，丁耀亢迁福建惠安知县。顺治十一年（1654）十月，丁耀亢捧檄赴任。但游历了江浙闽越的山川名胜后，未就任就辞官回转了。辞官原因，史书记载为“以母老不赴”和“以疾告归”。

辞官以后，丁耀亢以著述为事。康熙乙巳年（1665）八月，因所著小说《续金瓶梅》以宋金征战为历史背景，影射明清易帜的悲痛现实，对昏君、佞臣、弊政、恶习等进行严正的批判，丁耀亢被投入北京刑部监狱二百二十天之久，由于众多朋友竭力营救，才被康熙赦免，但前提是必须焚毁全部著述。

接连不断的打击使丁耀亢心灰意冷，双目渐盲。晚年，他游历寺庙，结交高僧，问禅求道，以纾解心中的郁闷。康熙己酉年（1669）冬，他“占《永诀诗》毕，合掌说偈而殁”，享年七十一岁。

丁耀亢一生留下了浩瀚的著作，计有：诗集《野鹤诗抄》十卷，《乐府》二卷，《逍遥游》二卷，《天史》十卷，《出劫纪略》四卷，戏剧十三部，传世四部，小说《续金瓶梅》六十四回、《醒世姻缘传》一百回，《增删卜易》十五卷，《管见》《集古》《问天》《放言》《落叶》《家政须知》各一卷，其涉猎领域之广，字数之多，体裁之多样，质量之高超，为清代三百年中所罕见。

由于丁耀亢的全部著作都在禁毁之列，其著作散佚甚多，没有散佚的，也往往只署化名或道号。《增删卜易》作者野鹤老人是谁，长期以来就一直是个不解之谜。好在近年来许多学者经过深入考证，已经弄清丁耀亢的生平和著作目录，其中与此问题密切相关的重要成果——张清吉先生的《丁耀亢年谱》（南京大学出版社 1996 年出版）和李增坡主编的《丁耀亢全集》（中州古籍出版社 1999 年出版），从前者可以详细了解作者的生平和事迹，从后者可以直接读到《增删卜易》十五卷。

由于《增删卜易》的读者众多，无不希望了解野鹤老人的生平和事迹，况且这对研读本书很有益处，故本书根据有关学者的考证，特写此文，以飨读者。

# 附录二：作者化鹤登仙的传说

《增删卜易》的作者丁耀亢虽然去世近三百年了，他的故事却一直在民间流传，其中关于他化鹤登仙的传说，尤为其家乡人所津津乐道。

丁耀亢在其长篇小说《续金瓶梅》中，讲过这样一个故事：东汉末年，辽东野鹤县华表庄有一个叫丁令威的人，出门学道，久不还乡。多年后的一天，一只丹顶雪衣的仙鹤从空中落华表石柱上，终日不去，引得很多人围观。到中秋这天的半夜子时，丹顶鹤长唳一声，化为一个道人，口中唱道："有鸟有鸟丁令威，去家千年今来归。城郭如故人民非，何不学仙冢累累。"又向街头大声说："五百年后，我在西湖坐化。"到了南宋末年，临安西湖有一位铁匠，自称丁野鹤，弃家修行。他六十三岁这年，向吴山顶上结一草庵，自称紫阳道人，庵门外有一铁鹤。一天，他指着铁鹤对众人说："我要骑它上天，等我叫它先飞，我自骑去。"说完将手一挥，那铁鹤即时飞起，在空中回旋。丁道人在庵中沐浴后，留诗道："懒散六十三，妙用无人识，顺逆两相忘，虚空镇常寂。"写毕，便骑鹤飞走了。为了纪念这件事，人们在庵前为他塑了一尊遗身像。丁仙还留有预言："五百年后，有一位叫丁野鹤的人，是我后身，来此相访。"到了明末，果然有个自称丁野鹤和紫阳道人的人来到这里。

有趣的是，丁耀亢同样自称丁野鹤和紫阳道人。丁耀亢不仅文名极大，而且学究人天，尤精于易占，本来就有一身仙气，所以很多人相信，他是仙人转世。而他在七十一岁时的末后一着，似乎印证了这个猜测。

相传他于康熙八年（1669）腊月辞别家人，骑着小黑驴，来到天台山仙人台，化鹤升天了。只不过，人们对他升天地点的说法有所不同：日照人认为是在涛雒天台山，胶南人说是在小天台山，五莲人说是在九仙山。后来，有一只丹顶鹤从远处飞来，落在大村镇集灵湖东岸的小天台山顶，并不断地唱：“有鸟有鸟丁令威，去家千年今来归。城郭如故人民非，何不学仙冢累累。”从此，人们称此鹤所落的山头为驻鹤顶。丁氏后人还在山顶建了一个亭子，起名“驻鹤亭”，并在亭中塑了一尊题为“丁紫阳鹤化前身”的像。可惜这亭子和塑像后来被作为“四旧”拆掉了。